Tourenübersicht

ERLEBNIS WANDERN

Henning und Ronald Böhme

Schottland

38 Routen durch Edinburgh und Stirling, zu den wichtigsten Castles, durch die Seenlandschaften und über die Highlands, zur Nordküste und zu den Inneren Hebriden

Bruckmann

Einband-Titel:
Eilean Donan Castle im Loch Duich (Tour 32).

Einband-Rückseite:
Kearvaig Bay am Cape Wrath an der Nordküste (Tour 24).

Innentitel:
Abendstimmung am Loch Linnhe mit Castle Stalker (Region VII).

Eine Produktion des **Bruckmann**-Teams, München

Lektorat: Marianne Faiss-Heilmannseder, Dr. Helmut Kremling
Layout: Verlagsservice G. Pfeifer / EDV-Fotosatz Huber, Germering
Umschlaggestaltung: Uwe Richter

Bildnachweis:
Ronald Böhme, Gaienhofen: 2/3, 9, 14, 17, 24, 26, 31, 32, 45, 85, 89, 120, 132, 135, 146/147, 148, 172, 175; Henning Böhme, Gaienhofen: alle übrigen Fotos.

Die Kartenskizzen zu den Touren und die Übersichtskarte wurden vom Ingenieurbüro für Computergrafik Uli Venzl, Haimhausen, erstellt.

Alle Angaben dieses Werkes wurden von den Autoren sorgfältig recherchiert sowie vom Verlag auf Stimmigkeit geprüft. Für die Richtigkeit der Angaben kann jedoch keine Haftung übernommen werden.
Für Hinweise und Anregungen sind wir jederzeit dankbar.
Bitte richten Sie diese an den Bruckmann Verlag, Lektorat, Nymphenburger Straße 86, 80636 München.

Gedruckt auf chlorfrei gebleichtem Papier

Die Deutsche Bibliothek – CIP-Einheitsaufnahme

Böhme, Henning:
Schottland: 38 Routen durch Edinburgh und Stirling, zu den wichtigsten Castles, durch die Seenlandschaften und über die Highlands, zur Nordküste und zu den Inneren Hebriden /
Henning und Ronald Böhme. -
Aktualisierte Neuausg., (2. Aufl.). -
München: Bruckmann, 1998
(Erlebnis Wandern)
ISBN 3-7654-3315-2

Gesamtherstellung: Bruckmann, München
Printed in Germany
ISBN 3-7654-3315-2

INHALT

Vorwort

Im Süden der Highlands, zwischen dem Loch Fyne und dem Loch Long, gibt es einen kleinen Paß mit dem schönsten Namen, den man sich denken kann und der für ganz Schottland zutrifft: »Rest and be thankful« – Verweile und sei dankbar!

So wie mit diesem Namen der Paß zwischen dem 1012 m hohen Beinn Ime (sprich: Ben Ieme) und dem 901 m hohen Beinn an Lochain (B. en Lochin) beschrieben wird, so war auch uns zumute, als wir das erste Mal im Begriff waren, die Highlands und Mountains nach Süden Richtung Glasgow zu verlassen. Am Loch Lomond, wo nach dem Besuch Edinburghs und Stirlings unsere Fahrt in die Seen- und Gebirgslandschaft begonnen hatte, hielten wir am Westufer an und ließen, angeregt durch die zauberhafte Szenerie des Sees, noch einmal zehn Tage Bergtouren und Fahrten durch das herrliche Land an uns vorüberziehen. In der Tat: Wir waren zutiefst dankbar. Schottland vermittelt dem aufgeschlossenen Wanderer alles, was sein Herz begehrt: eine alte, manchmal fast skurrile, oft grausame und auch wieder versöhnliche Geschichte – in den Castles alte, aristokratische Architektur – manch zerstörte Abbey, die in ihrer Romantik an Bilder Caspar David Friedrichs erinnern könnte – dann aber vor allem eine großzügige Weite und Einsamkeit in den Mountains, mit einem Schuß Melancholie versehen, einer Portion Abenteuer auch, wenn man den Weg verliert – und schließlich wundervolle Seen und inselreiche Fjorde. Und gerade diese sind an den langen Abenden des Sommers in gleißendes Licht getaucht; der wolkenreiche Himmel spiegelt sich in ihnen zwischen den Reflexen der tiefstehenden Sonne.

Insofern besitzt Schottland manche Parallele zu Skandinavien; es ist ja geologisch gesehen mit der Kaledonischen Faltung auch dessen Fortsetzung. Allerdings sind die Berge nicht so hoch wie in Norwegen, und die Fjordküste ist nicht 1000 km lang, sondern »nur« 500. Aber auf den auch im Sommer noch Schneereste tragenden Höhen der Mountains fühlt man sich doch sehr an die Fjälle Norwegens erinnert.

Nicht nur wegen seiner landschaftlichen Reize, sondern auch als Kulturlandschaft ist Schottland besonders attraktiv. Das Edinburgh-Festival bringt im August drei Wochen lang internationale Festspiele an Theater und Konzerten. Parallel dazu findet der berühmte Zapfenstreich »Tattoo« bei Fackellicht auf dem Paradeplatz vor dem alten Schloß statt. Die Folklore zeigt sich in den Trachten, im Kilt und dem Tartan, und in Spielen, die im ganzen Land zu verschiedenen Zeiten abgehalten werden.

Im Jahr 1984 hatten wir Schottland in einem Schönwettersommer durchwandert, wie ihn das Land seit 100 Jahren nicht mehr erlebt hatte, und damit das große Los gezogen. Vielleicht um der ausgleichenden Gerechtigkeit willen gerieten wir im Sommer 1993, als wir die meisten Touren erarbeiteten, in den statistisch schlechtesten Juli seit 61 Jahren! Wie man sieht, haben wir die Touren trotzdem durchführen können. Auch die meisten Aufnahmen, die in diesem Buch enthalten sind, entstammen diesem regenreichsten Sommer seit 1932. Und ein Abend vor dem Kaminfeuer der »Landlady« nach einer nassen Tour läßt alle Strapazen vergessen.

Das Ergebnis unserer Schottland-Aufenthalte legen wir mit diesem Buch dem Leser vor – mit dem Wunsch, daß er am Schluß ebenso sagen möge: »Rest and be thankful!«

Henning und Ronald Böhme

FAREWELL to the Highlands, farewell to the North,
The birth-place of Valour, the country of Worth;
Wherever I wander, wherever I rove.
The hills of the Highlands for ever I love.

Robert Burns in »My heart's in the Highlands«

Mein Norden, mein Hochland. Lebt wohl, ich muß ziehn!
Du Wiege von allem, was stark und was kühn!
Doch wo ich auch wandre und wo ich auch bin,
Nach den Hügeln des Hochlands steht allezeit mein Sinn.

Übersetzung von Ferdinand Freiligrath

Ein »Zimmer mit Aussicht« haben diese Camper an der Quiraing-Felsstufe gefunden (Tour 29).

Schottland – Entwicklungsland in einem entwickelten Land

Überblick

Der Zusatztitel »Entwicklungsland in einem entwickelten Land« provoziert natürlich. Aber dahinter steckt mehr als nur ein Wortspiel. Die Wirtschaftsgeographen unterscheiden »Entwicklungsländer«, »entwickelte Länder« und im Übergangsstadium die »Schwellenländer«. Schottland besitzt keines der Symptome dieser drei Landestypen. Oder von allem etwas. Auf jeden Fall nimmt es eine Sonderstellung in Europa ein. Wie ist diese zu beschreiben und zu erklären?

Sie ist **geographisch** zu beschreiben und historisch zu erklären. Der größte Teil Schottlands besteht aus wenig fruchtbarem Hochland, dessen Heideböden und Rauhweiden allenfalls Schafzucht zulassen. Zwar hat die Eiszeit eine Fülle reizvoller Seen entstehen lassen, die fjordähnlich viele Trogtäler ausfüllen; aber ihre Nutzung durch Fischfang bildet eine dürftige Erwerbsgrundlage. Lediglich die *Lowlands* in Mittelschottland besitzen neben Mooren und Heiden fruchtbares Ackerland (8% der Gesamtfläche).

In der **Frühgeschichte** siedelten Kelten, Pikten und Skoten in den *Highlands*, die Wikinger und Norweger vorwiegend an den Küsten; die Römer stießen bis Süd- und Mittelschottland vor. Angelsachsen ließen sich in dem landwirtschaftlich gut nutzbaren *Northumbria* nieder. Später erfolgte die Besiedlung von den alten Königsstädten *Stirling, Linlithgow, Dunfermline* und *Edinburgh* aus. Insgesamt aber blieben die Highlands bis in unsere Zeit ein dünnbesiedeltes Land.

Zu dem rauhen Klima und den unwirtlichen Böden gesellte sich eine wiederholte Dezimierung der Bevölkerung. Damit sind wir bei der **historischen** Erklärung für das Phänomen »Entwicklungsland in einem entwickelten Land«. Schlechte Ernährungsgrundlage, dünne Besiedlung, Ausdünnung der Bevölkerung durch Kriege, Machtansprüche und Rachefeldzüge der Engländer, Hunger und Deportation, oft grausame, feudale Machtstrukturen bis tief ins 18. Jh. und Überfremdung durch die englische Vorherrschaft bis hin zur Unterdrückung der autochthonen Sprache bilden Symptome eines Entwicklungslandes.

Mit der verheerenden Niederlage der Schotten und Stuartanhänger in der **Schlacht von Culloden** 1746 endete die Rebellion der Jakobiter, der Anhänger der Könige eines selbständigen Schottlands. Es war das letzte Aufbäumen der national- und traditionsbewußten Schotten gegen die bereits vollzogene Vereinigung mit England. Denn durch den Zusammenschluß beider Parlamente hatte Schottland schon 1707 seine Unabhängigkeit verloren. 1717 kamen mit der britischen Herrschaft die Hannoveraner ins Land. Wirtschaftlich erfuhr Schottland zunächst nur Nachteile aus der Vereinigung mit England. Die **clearances**, die Vertreibung der Hochländer aus ihren Dörfern zum Zweck der Weidebeschaffung für die lukrativere Schafzucht der Engländer, erreichten ihre Höhepunkte.

Erst das ausgehende 18. Jh. brachte eine gewisse Blütezeit, vor allem auf kulturellem Gebiet. Der **Geist der Aufklärung** zog von England bis in die schottischen Städte. Damit begann das unterentwickelte Schottland von dem geistigen, parlamentarischen und industriellen Fortschritt des südlichen Nachbarn zu profitieren: Es hatte Anteil an dem »entwickelten Land« Großbritannien. Im 19. Jh. milderten Reformen und ein Besuch König Georgs IV. in Edinburgh die noch immer bestehenden Gegensätze zwischen dem entwickelten England und dem zu entwickelnden Schottland. Queen Victoria schließlich liebte Schottland und bereiste es häufig. **Theodor Fontane**,

Wild zerklüftete Klippen kennzeichnen die Steilküste am Cape Wrath. Im Hintergrund die Felsinsel Sta Clò Kearvaig, im Volksmund auch »Die Kathedrale« genannt (Tour 24).

der in der Mitte des vorigen Jahrhunderts durch Schottland fuhr, faßte seine Eindrücke in die Worte:

»Abgeschiedenheit, Armut und das ausschließlich aufs Innerliche gerichtete religiöse Leben des schottischen Volkes vereinigten sich dahin, der Kunst und ihrem nie fehlenden Gefolge, dem Komfort und dem Luxus, die Niederlassung, das Bürgerrecht in diesem Land zu erschweren.«

Auch heute noch fühlt sich Schottland gegenüber England wirtschaftlich benachteiligt. So schöpft die britische Regierung die Gewinne aus dem Nordseeöl vor Schottlands Küsten ab. Die separatistische Scottish National Party (SNP) erlangte daher zeitweise eine hohe Popularität. Dennoch scheiterte noch 1979 ein Referendum über die politische Trennung von England. Gegenspieler der »Sezessionisten« sind die Konservativen, die aber bei Tony Blairs Erdrutschsieg 1997 gerade in Schottland eine vernichtende Niederlage erlitten und kein einziges Unterhausmandat mehr errangen. Tony Blair löste im Zuge seiner »devolution policy« mit einem erneuten Referendum über ein Regionalparlament ein zentrales Wahlversprechen Labours ein. Und diesmal fiel die Entscheidung der Schotten eindeutig aus. Drei Viertel befürworteten ein eigenes **schottisches Parlament**. Zu Wahlen kommt es dann im Mai 1999, bevor sich pünktlich zum Beginn des nächsten Jahrtausends das Parlament konstituiert. Es wird beachtliche politische Macht besitzen. Das Unterhaus in Westminster behält lediglich die Hoheit über zentrale Bereiche staatlicher Souveränität wie Verteidigung oder Außenpolitik. Mit einem Budget von etwa 40 Mrd. Mark hätten die schottischen Abgeordneten auch die nötigen finanziellen Muskeln, um ihre Angelegenheiten selbst bestimmen zu können.

Unabhängig von den jeweiligen Ausschlägen des politischen Pendels hat seit der literarischen und musikalischen Entdeckung Schottlands durch Sir Walter Scott, Theodor Fontane, Mendelssohn-Bartholdy, Chopin u.a. im 19. Jh. die **touristische Erschließung** besonders der Highlands und Seendistrikte große Fortschritte gemacht. Im 19. und 20. Jh. entstanden Eisenbahnlinien bis nach *Thurso* und *Wick* an der Nordküste sowie ein relativ dichtes Netz gut ausgebauter Straßen im Land. Die touristische Infrastruktur wurde durch sehr gut ausgestattete Hotels, gelegentlich untergebracht in modernisierten Castles, durch ein breit gefächertes Angebot von privaten Zimmern (Bed & Breakfast), für den Autotouristen durch zahlreiche Caravan- und Campingplätze und für Wanderer, Jugendgruppen und anspruchslosere Reisende durch viele Jugendherbergen stetig verbessert. Vom Luxushotel Inverlochy Castle bis zum Youth Hostel 3. Grades findet man alle Varianten an Unterkünften. Vor allem aber sorgen Tourist-Informationen, angelegte Wanderwege *(forest walks)*, Wildreservate und *Nature Reserves* für den Erhalt einer ursprünglichen Natur gegenüber den kommerziell übererschlossenen Zentren wie den *Trossachs, Fort William* mit dem *Ben Nevis* oder dem *Cairn Gorm.*

So bildet also Schottland mit dem Widerspruch »Entwicklungsland in einem entwickelten Land« ein ideales Betätigungsfeld für den historisch und kulturell aufgeschlossenen Wanderer. In einer archaisch geformten Landschaft mit hohen Bergen und langgezogenen Seen, mit viel historischem, oft düsterem, aber auch ästhetischem Hintergrund findet er heute die erforderlichen Stützpunkte an Informationen und Unterkünften, die ihm ein sorgloses Durchziehen dieses Landes der herben Schönheit gestatten.

Das Land

Geographie und Geologie

Schottland liegt zwischen dem 55. und dem 60. Breitengrad. Wenn man durch die **Highlands** wandert, ist man von den breiten, langgezogenen Rücken der *Mountains* und den weiten Trogtälern *(Glens)* beeindruckt. In den Hochlagen reißen oft Kare *(Corries)* die Flanken der Bergrücken auf. Je weiter man von Osten nach Westen kommt, desto steiler werden die Berge, desto häufiger die langgestreckten Becken und Moränenseen *(Lochs)*, bis schließlich tief eingeschnittene Mündungen *(Firths)* die Westküste zerlappen. Vor dieser liegt mit den *Hebriden* ein Gewirr von Inseln *(Isles)*, Meerengen *(Sounds)* und Fjorden *(Lochs)*. Auf den Inseln gibt es wiederum Seen mit Inseln und in den Sunden Inseln mit Seen – die Verzahnung von Wasser und Land ist kaum zu entwirren. Vieles läßt Vergleiche mit den ebenso von den Eiszeiten geformten Fjord- und Schärenküsten und den Fjällen Skandinaviens zu. Andererseits findet man in Mittelschottland die Senken der *Lowlands*, in denen verbreitet Landwirtschaft betrieben wird, und im südschottischen Bergland die *Southern Uplands*.

Diese fünf geographischen Landschaftstypen: **Hebriden-Inseln, Northern Highlands, Grampian Mountains** mit den beiden höchsten Erhebungen, dem *Ben Nevis* (1344 m) und dem *Ben MacDui* (1310 m), **Lowlands** und **Southern Uplands** werden durch mehrere Grabenbrüche gegenseitig abgegrenzt: Die Meeresstraße *Minch* trennt die Hebriden vom Festland, das *Glenmore* die Northern Highlands von den Grampian Mountains, und das Senkungsfeld der Lowlands scheidet die Mountains von den Uplands. In ihm kommen sich die innersten Winkel des *Firth of Clyde* und des *Firth of Forth* auf knapp 50 km nahe.

Diese Vielgestaltigkeit ist das Ergebnis einer langen **geologischen Genese**. Auf eine sehr vereinfachte Formel gebracht, könnte man sagen: Die 700 Mio. Jahre alte *Kaledonische Faltung* wölbte diesen Teil des *paläozoischen* Europas auf, Hebungen stellten das schottische Flachland schräg, Brüche gliederten und Verschiebungen verwarfen es, und die Eiszeit mit ihren Gletschern formte es mit Karen und oft seengefüllten Trogtälern aus. Natürlich verlief die Genese komplizierter. Aber der oben erwähnte Vergleich mit Skandinavien ist nicht zufällig: Das Kaledonische Gebirge taucht von Norwegen unter die Nordsee und setzt sich dann in Schottland und Westirland wieder als Landgebirge fort. Fjälle und Mountains, Vatnä und Lochs, Fjorde und Firths haben eine gemeinsame Entstehungsgeschichte. Nur der Gesteinsuntergrund ist verschieden. Während Norwegen aus Gneisen und Graniten aufgebaut ist, findet man in Schottland außer diesen Tiefengesteinen (die den Kern der Grampians ausmachen) Gesteine aus dem Karbon, Devon und Silur, also aus den älteren Schichten des Paläozoikums, z.B. kristalline Schiefer und die mit 2,5 Mrd. Jahren ältesten in Westeuropa bekannten Gneise.

Summa summarum: 700 Mio. Jahre lang haben Tektonik und Erosion (vor allem die eiszeitlichen Gletscher) an den alten Gesteinen genagt, und nun haben wir abgehobelte, relativ sanft wirkende Hochflächen vor uns. Nur an den Rändern der *Corries, Glens* und *Lochs* oder dort, wo Ergußgesteine die Gesteinskruste durchstoßen haben und dann erstarrt sind, wie am *Storr* auf der *Isle of Skye*, oder wo starke Verwitterung dem Sandstein zugesetzt hat, wie am *Stac Pollaidh* an der Nordwestküste, findet man steile Wände.

Schottland ist an Fläche mit knapp 79000 km^2 etwa so groß wie Bayern oder Ungarn. Die Bevölkerung von etwas über 5 Mio. Menschen verteilt sich sehr ungleichmäßig: Über drei Viertel leben in den Lowlands, so daß in dem breiten Graben zwischen Glasgow und Edinburgh die Bevölkerungsdichte stellenweise 500 E/km^2 erreicht. In den Highlands dagegen leben nur 200000 Menschen und auf den etwa 790 Inseln vor der West- und Nordküste sogar nur 70000, so daß hier die Bevölkerungsdichte nur 1 bis 7 Einwohner pro km^2 beträgt. Viele kleine Inseln sind gänzlich unbewohnt.

Landschaftliche Gliederung

Die großräumigste Einteilung Schottlands unterscheidet **drei geographisch-geologische Zonen**: die *Highlands* im Norden, das *Tiefland* im Graben zwischen Firth of Clyde und Firth of Forth und das *Hügelland* im Süden. Der Anteil dieser drei Zonen an der Gesamtfläche Schottlands ist unterschiedlich: Die Highlands und Grampians machen 65% der Fläche aus, die Lowlands nur 15% und die Uplands die restlichen 20%.

Eine etwas differenziertere Gliederung wurde daher bereits im vorangegangenen Abschnitt vorgenommen: *Innere* und *Äußere Hebriden* (12%), *Northern Highlands* (28%), *Grampian Mountains* (25%), *Lowlands* (15%) und *Southern Uplands* (20%).

Die Aufteilung des Buches in sieben Wanderregionen folgt dieser Gliederung nur bedingt. Außer geo- und oro-

Loch Avon in den Cairngorm Mountains – ein Musterbeispiel dafür, wie Seen die von Eiszeitgletschern geschaffenen Trogtäler ausfüllen (Tour 12).

graphischen Aspekten waren historische, siedlungsgeographische und touristische Gegebenheiten zu berücksichtigen. So soll die **Region I** mit der Hauptstadt *Edinburgh* der Einführung dienen. Die **Region II** führt aus den mittelschottischen *Lowlands* mit der letzten Tour (6) bereits in die *Mountains.* Ehe es aber mit Bergsteigen richtig losgeht, wird aus touristischen Gründen die **Region III** als *Seendistrikt der Grampian Mountains* eingeschoben. Von den sieben größeren Binnenseen zwischen den Lowlands und Glenmore werden sechs erwandert. Es folgen mit der **Region IV** die *Cairngorm Mountains,* in die auch die Pässe und Täler bis nach Carrbridge einbezogen werden. In Übereinstimmung mit der geographischen Feingliederung folgen die *Highlands* als **Region V** und die *Isle of Skye* als repräsentativer Vertreter der Inneren Hebriden **(Region VI)**. Die letzte, **Region VII**, greift die Geschichte Schottlands unter dem Motto *Von Castle zu Castle* auf.

Die 38 Routen, die sich auf diese sieben Regionen verteilen, können natürlich keinen Anspruch auf Vollständigkeit erheben. Schottland ist so ausgedehnt und vielseitig, daß sich leicht über 100 Wanderrouten zusammenstellen ließen. So wird der kritische Kenner des Landes die *Uplands* im Süden vermissen, die ganz ausgeklammert bleiben, oder den Distrikt *Grampian* im Nordosten Schottlands, der im Übergang zu dem landwirtschaftlich genutzten Küstenstreifen auch nicht weniger als eineinhalb Dutzend interessanter Castles beherbergt. Für die Autoren galt es, aus der Fülle der Möglichkeiten attraktive Schwerpunkte auszuwählen und sich in ihren Darstellungen auf sie zu konzentrieren. Dabei waren Geschichte und Kultur (Regionen I und VII) ebenso ausschlaggebend wie anspruchsvollere Touren in den Mountains (Regionen IV und V) oder landschaftlich besonders reizvolle Gebiete, wie die Regionen III und VI.

Wetter und Klima

Das **Klima** Schottlands ist betont ozeanisch: milde Winter, kühle Sommer, relativ hoher, allerdings ungleichmäßig über das Jahr verteilter Niederschlag. Der Golfstrom sorgt besonders im Westen für sehr milde Winter, so daß in einigen Parks der Westküste und der Inneren Hebriden sogar subtropische Gewächse gedeihen. In Ullapool am 57. Breitengrad stehen in vielen Vorgärten kleine Palmen! Und im Mai und Juni blühen üppig ganze Rhododendren-Wälder. Der Süden und der Osten Schottlands sind nicht so niederschlagsreich wie der Westen und der Norden, dafür im Winter kälter und im Sommer etwas wärmer. Für den äußersten Norden (Touren 22 bis 26) trifft schon zu, was Fontane so treffend formulierte: *»Die Natur nördlicher Gegenden kommt über ein Herbstgefühl nicht hinaus.«* Was aber für den Mangel an Sonne und Wärme entschädigt, das sind die ungewöhnlichen Lichtverhältnisse, die der schottische Sommer mit seiner Tageslänge bis zu 19 Stunden hervorzaubert und die den Fotografen in eine wahre Begeisterung versetzen!

Das atlantische Gebiet zwischen Neufundland, Island und Schottland gilt als die »Wetterküche« Europas. In ihm bilden sich die Zyklonen aus, die dann ihre Störungsfronten über den Kontinent schicken. Tiefdruckgebiete ziehen also in rascher Folge über Schottland hinweg. Das bedingt, daß »Aprilwetter« im kontinentalen Sinn den normalen Wetterablauf in Schottland bildet. Es gibt aber Ausnahmen: Hochdruckgebiete, die einige Tage anhalten, und auch durchgehende Regentage. In der Regel ändert sich das

Wetter nicht nur täglich, sondern auch stündlich. Da die Wolken in verschiedenen Etagen rasch über das Land hinwegziehen, gibt es ständig wechselnde Chancen für Sonnenschein und Regen.

Das schottische **Wetter** pendelt sich irgendwie zwischen den beiden folgenden Extremen ein. Im August 1984 erlebte Schottland einen Jahrhundertsommer: täglich wolkenloser Himmel, Mittagstemperaturen um + 24 °C, in den Cairngorm Mountains nur noch minimale Schneereste. Glasgow zapfte zur Bekämpfung des Wassermangels den Loch Lomond in einer Weise an, daß weite Teile der sonst überfluteten Ufer trocken lagen. Das andere Extrem des schottischen Wetterspektrums: Der Schriftsteller Alexander Smith berichtete, als er im Sommer 1862 einen Monat auf der Isle of Skye war: *»Während dieser Zeit hatte ich vier Tage nur streckenweise Regen – die restlichen 27 Tage regnete es ununterbrochen.«* Man muß freilich zugeben, daß das schottische Wetter näher an den Erfahrungen von 1862 als an denen von 1984 liegt. Trotzdem: Schönes Wetter und sonnige Tage sind nicht nur möglich; sie treten auch tatsächlich auf. Und der Regen ist anders als in Mitteleuropa. Es sind keine kräftigen Gewittergüsse, sondern eher feine Nieselregen oder kurze Schauer, zwischen denen sich kurzfristig auch wieder die Sonne zeigt. Es gilt eine ähnliche Erfahrung wie in Irland: *»You don't like the Irish weather? Wait a minute!«*

Die höchsten **Niederschläge** werden mit 332 mm/Monat auf dem Ben Nevis gemessen (zum Vergleich der Brocken: 140 mm/Monat). Die Stadt Stirling am Rand der Lowlands meldet im Mittel 82 mm/Monat (Erfurt: 43 mm/Monat). Nach Osten hin lassen die Niederschläge nach. Im Monatsmittel erreichen die **Temperaturen** am Mittag in den Monaten Juli und August in den Low- und Uplands +19 °C, in den Highlands dagegen nur +14 °C bis +15 °C. Die Nachttemperaturen bewegen sich in den genannten Regionen zwischen +11 °C und +9 °C. In den Mountains muß man davon noch die »thermische Höhenstufe« abziehen, so daß in den Gipfelregionen über 1000 m mittags nur +7 °C bis +9 °C herrschen und in wolkenlosen Nächten selbst im Sommer Nachtfröste auftreten können.

Die **beste Wanderzeit** ist in den Monaten Mai bis September. Günstig sind die Monate Mai und Juni. Zwar ist es in ihnen noch recht kühl und in den Bergen kann noch viel Schnee liegen, aber sie sind in den Highlands die niederschlagsärmste Zeit (60 bis 90 mm/Monat): und auch die *midges*, die Stechmücken, treten kaum auf. Am idealsten sind die reinen Sommermonate Juli und August. Juni und Juli werden zusätzlich durch die langen Abende und hellen Nächte bereichert, je weiter man nach Norden kommt. In diesen Monaten entstehen bei tiefstehender Sonne berauschend schöne Lichteffekte, besonders über den Seen und Buchten der Küstenregion. Aber schon der Herbst gilt in den Highlands neben dem Winter als niederschlagsreichste Zeit.

Sollten Sie das schottische Klima bereits kennen, aber Gäste bei sich haben, die sich von den zwar kurzen, aber häufigen Niederschlägen befremdet zeigen, so begegnen Sie ihnen wie mein Sohn mit mir: »Regenwetter werde ich mit dem Hinweis zu entschuldigen haben, daß es ein großes Glück sei, auf die authentische Witterung gestoßen zu sein.« Nehmen Sie sich an den anderen Wanderern ein Beispiel, die mit wasserdichter Kleidung bei Wind und Wetter auf schlammigen Wegen losziehen, um ihr Programm durchzusetzen.

Wolken und Licht – der schottische Himmel ist selten langweilig.

Geschichte und Kultur

Sprache

Es gibt keine »schottische Sprache«, aber Gälisch, Anglodänisch, Scots und Englisch.

Wie würden Sie die im Norden der Isle of Skye auftauchenden Ortsnamen aussprechen? *Sgurr na h-Lolaire* oder *Garbh Bhein* oder *Na Famhairean* oder *Saobhaidh*. Und wie würden Sie die bei North Uist liegenden Inseln und Seen *Kirkibost, Scadavay* und *Gramsdale* sprechen? Und wie schließlich die Wörter *howe* (Höhle) und *wight* (stark, mächtig)? Nur bei den Ortsnamen in den Lowlands gibt es wohl kaum Ausspracheprobleme, wie bei *Dundee, Stirling, Hamilton* usw., wozu Kenntnisse im Schulenglisch genügen. Doch schon die Hauptstadt *Edinburgh* wird gesprochen: [Eddinbere].

In Schottland wurden oder werden noch vier Sprachen gesprochen: Gälisch, Anglodänisch, Scots und Englisch.

Die erste Kostprobe steht für **Gälisch**. Damit Sie die vier Namen erst einmal richtig aussprechen können, werden sie jetzt in Lautschrift geboten: [skur na ljulere, gar wen, na fäweren und söwi]. Das *Gälisch* oder *Gàidhlig* [gälig] ist ein Zweig des keltischen Sprachstammes. Die Pikten hatten, von Irland kommend, als erste nach den Megalithkulturen Schottland im 4. Jh. v. Chr. keltisch besiedelt und diese Sprache mitgebracht. Die in den Highlands noch gesprochenen gälischen Mundarten werden deshalb auch *ersich* (= irisch) genannt. Zwischen dem 2. und 3. nachchristlichen Jahrhundert kamen die Skoten ebenfalls von Irland nach Schottland und übernahmen im wesentlichen das Gälisch. Im 6. Jh. gründeten sie das Königreich *Dalriada*. Im 10. und 11. Jh. breiteten die gälisch sprechenden Könige von *Alba* das Reich der Skoten bis nach Südschottland aus. Mit dem Einfall der Wikinger im 9. und 10. Jh. im Westen und dem Einfluß der Normannen im Süden vom 12. Jh. an wurde das Gälisch wieder zurückgedrängt.

Die zweite sprachliche Kostprobe enthält skandinavische Sprachwurzeln. Sie sind das Ergebnis der Eroberung der Inseln vor der schottischen Westküste und von Teilen derselben durch die Wikinger. Von 1093 bis 1293 wurden alle Rechte der Skoten an den König von Norwegen übertragen. Sprachlich blieb der Einfluß als »skandinavisiertes Englisch« oder auch **Anglodänisch** gering, schlug sich aber in einer Reihe von Ortsnamen auf den Hebriden, Orkney- und Shetland-Inseln und in Caithness nieder. Dafür stehen die drei Beispiele der zweiten Gruppe. Sie werden oft wie die Schrift ausgesprochen oder eben anglisiert, stets aber hart, z.B. *Kirkibost* [Kirkebost *oder* Körkiboast], *Scadavay* [Skadevai *oder* Skädewei], *Gramsdale* [Kramsdeel]. Die bemerkenswert harte Aussprache des Englischen in den Highlands geht wahrscheinlich auf diesen skandinavischen Einfluß zurück.

Ganz andere historische Einflüsse als das Gälisch und Anglodänisch besitzt **Scots**, auch *Scottish* oder *Lallans* genannt. Schon die genauere Bezeichnung *Lowland Scots* verrät, daß es sich vor allem im dicht besiedelten Tiefland angesiedelt hat. Scots hat mehrere sprachliche Wurzeln, vor allem skandinavisches Englisch und Altenglisch, aber auch französisch-normannische und germanische Einflüsse absorbiert. Die Mundart stammt aus Northumberland, verdrängte dort im 11. Jh. das Gälisch und breitete sich im 14. Jh. auch östlich und südlich der Highlands aus. Ab 1424 wurden die schottischen Parlamentsbeschlüsse auf Scots geschrieben. Im 15. und 16. Jh. wurde Scots neben dem Tudor-Englisch zur Hauptsprache in Schottland, teilweise sogar in Nordengland. Mit der schottischen Reformation in der Mitte des 16. Jh. wurde Scots anglisiert, vor allem in der Aussprache. So werden seine Wörter, die heute in keinem englisch-deutschen Wörterbuch stehen, gelegentlich englisch gesprochen, also z.B. *howe* [hau], aber mitunter auch abweichend wie in *wight* [wicht].

Das **Englische** kam im 15. und 16. Jh. aus dem Süden und erreichte Schottland zuerst in den Uplands. Im Grunde war es die Sprache des Gegners der schottischen Unabhängigkeit und der späteren Usurpatoren. Aber in der Kontaktzone der dichter besiedelten Lowlands erkannten die Bewohner, die *Borderans,* rasch die zivilisatorische Überlegenheit der Engländer, paßten sich ihnen im Gegensatz zu den selbstbewußten und stolzen Clans der Highlander an und unterdrückten ihre Minderwertigkeitsgefühle durch Benutzung des Englischen. Scots galt als vulgär – Englisch als fein. Nur die sich ihrer nationalen Identität bewußten Dichter wie Burns u.a. schrieben ihre Balladen und Gedichte teilweise in Scots. Der Adel hingegen zog Vorteile aus der Anpassung an die englische Herrschaft: So wurde der Fünfte *Earl of Roxburghe,* dessen Stammsitz *Floors Castle* bei *Kelso* liegt, 1707 für seine Verdienste um die Union mit England zum Herzog ernannt.

Wie haben sich diese vier **Sprachen** bis **heute** weiterentwickelt? Bis 1603, als James VI. den englischen Thron bestieg, war Scots die Standardsprache in Schottland. Seit der 1707 vollzogenen Real-Union des schottischen mit dem englischen Parlament war Englisch auf dem Vormarsch und drängte Scots zurück. Das Anglodänisch war schon 1293 mit dem Sieg über Haakon IV. von Norwegen in die Defensive geraten und seitdem bis auf einige Ortsnamen allmählich verschwunden. Gälisch, seit dem 11. Jh. ohnehin im Rückzug begriffen, erlitt mit der Niederlage der schottischen Clans 1746 einen entscheidenden Schlag. Nach der Schlacht von Culloden wurde den Highlandern durch die *Disarming Act* neben Dudelsack und Clanstracht mehr oder weniger auch die eigene Sprache verboten. Die *clearances,* die Vertreibung der Highlander zugunsten der Schafzucht und Jagd des englisch-hannoveranischen Adels, warfen das Gälisch auf schwer zugängliche Täler, die Westküste und die Hebriden zurück. Aber selbst hier verkümmerte es zur Sprache der Bauern, Alten und Isolierten, weil das Englisch der Eroberer zur Sprache des sozialen Aufstiegs und des Prestiges geworden war.

Ein Zeichen für die Renaissance des Gälischen: zweisprachige Ortsschilder.

Dieses Siechtum der gälischen Sprache wurde bis zum Ende des vorigen Jahrhunderts durch staatliche Verordnungen sanktioniert. 1872, als es noch 300000 gälisch sprechende Schotten gab, wurde Gälisch durch die *Education Act* als Unterrichtssprache verboten. So entstand, ähnlich wie in Irland, eine Volksgruppe, die ihre eigene Sprache kaum noch lesen und schreiben konnte und der man über die Schulen weiszumachen suchte, daß ihre Kultur wertlos sei. Selbst auf dem Schulhof war Gälisch verboten; bis 1934 wurden auf den Äußeren Hebriden Schüler verprügelt, wenn sie gegen dieses Verbot verstießen. Nach der Zählung von 1931 gab es in Schottland noch 136000 gälisch Sprechende, nach anderen Quellen heute nur noch 80000. Das sind nur 1,5% der schottischen Bevölkerung. Die Menge derer, die *nur* Gälisch sprechen können, beträgt einige Tausend; sie leben auf abgelegenen Inseln der Äußeren Hebriden, z.B. auf *Benbecula,* wo einige Familien die große Vertreibung durch die *clearances* überlebten.

Die Zahl von 80000 gälisch Sprechenden ist wieder langsam im Steigen begriffen. Die Renaissance des Gälischen begann 1891 mit der Gründung von **An Comunn Gaidhealach** [an kommen gälach], der Gesellschaft zur Wahrung und Verbreitung der gälischen Sprache und des gälischen Brauchtums. An Comunn organisiert seitdem jährlich ein Gesangs- und Musikfest in Gälisch, kurz *Mod* genannt. Heute gibt es gälische Rockbands, z.B. *Runrig,* Feriensprachkurse in Gälisch, zweisprachige Ortstafeln usw. Aber es ist sozusagen eine posthume kulturelle Identitätssuche, eine »Sprache aus zweiter Hand«, künstlich gefördert, nicht mehr autochthon.

Historisch interessant bleiben die literarischen Aufzeichnungen. Bei den Gälen, wo die Dichtung bis ins 16. Jh. nur mündlich überliefert wurde, sind es Bardendichtungen, ossianische Balladen, Hymnen, Zauberlieder und Volksmärchen. Zahlreiche Autoren haben die alten Dichtungen gesammelt, übersetzt und bearbeitet. Die älteste schriftliche Überlieferung in Scots stammt von 1376, als das epische Gedicht »Brus« von John Narbour entstand. Dichter des 18. und 19. Jh. schrieben in Scots; der bekannteste von ihnen ist *Robert Burns* (1759–1796). Als Romanschriftsteller wurde *Sir Walter Scott* (1771–1832) weltbekannt. Im 20. Jh. wurde *Hugh Mac Diarmid* der bedeutendste schottische Dichter. Auch Werke von *Neil M. Gunn* (1891–1973) wurden in viele Sprachen übersetzt.

Umgangssprache ist heute in Gesamtschottland das Englisch. Nur wird es in vielem anders gesprochen als in England, so z.B. das *ch* ähnlich wie im Deutschen und das *r* betont rollend. Im wesentlichen, abgesehen von Edinburgh und Inverness, wird das schottische Englisch härter gesprochen als im Mutterland. In einigen Dialekten werden die Vokale wie im Deutschen und Norwegischen betont.

Im Rahmen der Touren dieses Buches, die mit den Inseln Skye und Mull nur bis zu den Inneren Hebriden führen, kommen Sie als Tourist überall mit einem elementaren Wortschatz aus dem Schulenglisch voran. An Ihrer Aussprache wird man Sie wahrscheinlich sofort als Ausländer und Gast erkennen und entsprechend höflich behandeln.

Kommen im Text bei den Routenbeschreibungen gälische oder schottische Ortsnamen vor, so ist ihre Aussprache als Lautschrift in [eckige Klammern] dahinter gesetzt, damit Sie gegebenenfalls unterwegs richtig fragen können. Sind die Namen inzwischen anglisiert worden, so steht (engl.) dahinter. Die Unterstreichung steht für die Silbenbetonung.

Geschichte

Der Geist des Mittelalters reichte bis in das 19. Jahrhundert.
In historischer Zeit kamen als erste Besiedler die *Pikten*, ein keltischer Volksstamm, nach Schottland. Sie wanderten im 4. Jh. v.Chr., vermutlich aus dem Nahen Osten kommend, über Irland und die Westküste ein. Die *Römer* haben Schottland nie dauerhaft besetzt, sondern begnügten sich mit Schutzwällen und wiederholten Feldzügen gegen die »Kaledonier«, wie sie die *Kelten* nannten. Vom 2. bis 5. Jh. wanderten, ebenfalls aus Irland kommend und ebenfalls keltischen Ursprungs, die *Skoten* ein, verdrängten allmählich die Pikten, vermischten sich mit ihnen oder zwangen sie zur Auswanderung. Durch diesen Anstoß kam es vermutlich zu einer zusammenhanglosen und weltweiten Wanderbewegung der **Kelten**.

Wie eine Art Vorbeben der ost- und mitteleuropäischen Völkerwanderung mutet es an, wenn man erfährt, daß sie vorübergehend Rom besetzten, Delphi plünderten und im 3. Jh. bis Anatolien kamen. Im 4. Jh. fanden die keltischen Sprachen ihre weiteste Verbreitung. Damals wurde nicht nur auf den Britischen Inseln, sondern auch in Gallien, Spanien und den Alpenländern, in Süddeutschland und Böhmen, in Oberitalien, auf dem Balkan und bei den Galatern in Kleinasien Keltisch gesprochen. Aber es wurde eben nur gesprochen und nichts aufgeschrieben; denn die Kelten besaßen keine Schrift. So gibt es weder Dokumente noch literarische Zeugnisse der Kelten. »Sie ließen sich nicht in die Akten gucken. Sie hatten keine« (Karl Maute). Nur über Außenstehende, von Nicht-Kelten, wissen wir einiges über sie: aus den »Commentarii de bello gallico« von Julius Caesar und von irischen Mönchen, die vom 6. bis 11. Jh. mündlich überlieferte Sagen und Legenden aufzeichneten. So bildeten die Kelten im frühen Mittelalter eine lose Zivilisation ohne feste Strukturen und Grenzen, kein Reich, aber von enormer Ausdehnung. »Sie kamen von nirgendwoher und gingen nach ein paar hundert Jahren auf in vielen anderen.« (Karl Maute)

Unter den **Skoten** entstand die erste, selbständige politische Struktur: Sie gründeten das Königreich *Dalriada* im Nordwesten. Im 7. Jh. gab es in Schottland vier Reiche: im Nordwesten das der Skoten, im Osten die Pikten, im Süden das Königreich der Briten und im Südosten das der Angeln. Im Jahr 843 oder 844 vereinigte der Skotenkönig *Kenneth MacAlpin* das Land zum gemeinsamen Königreich *Alban*.

Mit dem Jahr 945 setzt die wechselvolle und spannungsgeladene Geschichte Schottlands in seinem Verhältnis zum südlichen Nachbarn ein. Sie

Torosay Castle auf der Isle of Mull besitzt einen Barockgarten mit Brunnen und Skulpturen.

ist bis auf den heutigen Tag das eigentlich Faszinierende an der schottischen Geschichte. Fast genau 800 Jahre dauerte das Pokern um die königliche Macht, ehe 1746 die **Engländer** als endgültige Sieger hervorgingen. Zunächst beginnt das Verhältnis mit der Einverleibung des Königreichs der Briten in das Alban-Reich unter *Malcolm I.* (945). Dann aber wechseln in dichter Folge die Verleihung der schottischen Krone als englisches Lehen (1175), ein gescheiterter Einfall *Alexanders II.* in England mit erneuter Lehensabhängigkeit (1216), Thronstreitigkeiten, die zu einem ersten (1290–1292) und zweiten Interregnum Englands führen (1296–1306), und schließlich 1314 ein totaler Sieg der Schotten unter *Robert Bruce* über die Engländer in der *Battle of Bannockburn* bei *Stirling.*

Die dadurch erlangte Anerkennung der schottischen Unabhängigkeit (1327) wird untergraben, indem nach 1329 Schotten und Engländer Könige und Gegenkönige aufstellen, was zwangsläufig zu unaufhörlichen Kriegen führt. Zudem erstarkt in den Highlands das Clansystem und schwächt die Macht der schottischen Krone. Als 1528 König *Jakob V.* aus dem Hause *Stuart,* das 1371 an die Macht gekommen war, den Einfluß des schottischen Adels bricht, verlöscht sein Stern bald wieder nach einem fehlgeschlagenen Einfall in England. Die Spannungen Königtum /Adel werden noch vertieft durch die Einführung der Reformation. Der calvinistische Reformator *John Knox* bläst zum Bildersturm; zahlreiche Abteien brennen. 1560 führt das schottische Parlament den Calvinismus ein, während die 1561 aus Frankreich zurückkehrende **Maria Stuart** am Hofe den Katholizismus beibehält.

Der im Schillerschen Drama dargestellte Konflikt mit *Elisabeth I.* hat so nicht stattgefunden. Die Tragik der Maria Stuart war fast noch schlimmer: Ihr erster Mann, der französische König *Franz II.,* stirbt, der zweite Ehemann wird ermordet, und weil sie sich schon drei Monate danach nach protestantischem Ritus erneut trauen läßt, wird sie wegen ihres dritten Mannes von Gegnern verhaftet, muß abdanken, flieht nach England und wird von Elisabeth, bei der sie Schutz sucht, inhaftiert und nach 19 Jahren hingerichtet. Elisabeth selbst hat sie nie gesehen.

Mit Marias Hinrichtung war im Grunde der Traum von einem unabhängigen Schottland ausgeträumt. Zunächst entsteht 1603 eine englisch-schottische Personalunion, als *Jakob VI.* von Schottland zugleich als *Jakob I.* den englischen Thron besteigt. Sie war eine Art Vorwegnahme der 1703 gebildeten Real-Union. Dazwischen gibt es noch einmal Gemetzel, als die Schotten den zu ihnen geflohenen *Charles I.* nach einer Niederlage ausliefern müssen und dieser 1649 hingerichtet wird. *Cromwell,* durch den englischen Bürgerkrieg inzwischen an die Macht gekommen, vernichtet das schottische Heer bei *Dunbar* (1650). Es folgt eine Rückkehr der Stuarts auf den englischen Thron und mit ihnen eine Art Gegenreformation. Dann wird *Jakob II.* wieder abgesetzt, *Wilhelm von Oranien* folgt im Zuge der *Glorious Revolution,* und das Presbyterianertum erstarkt in Schottland wieder.

Während auf dem Kontinent 1648 der Dreißigjährige Krieg beendet wird, tobt der Glaubenskampf in Schottland noch 50 Jahre lang weiter. Wie so oft weitet er sich zum reinen Machtkampf aus und erreicht seinen Höhepunkt, als in den frühen Morgenstunden des 13. Februar 1692 im Hochmoor von *Glencoe* 38 Männer, Frauen und Kinder des katholischen MacDonald-Clans erbarmungslos von regierungsfreundlichen Truppen des presbyterianischen Campbell-Clans niedergemetzelt werden. Dieses »Massaker von Glencoe« ist bis heute tief verwurzelt im schottischen Geschichtsbewußtsein. Es war nicht das letzte Massaker.

Mit Hilfe von Bestechungsgeldern gelingt es der englischen Regierung 1702, die Mehrheit des schottischen Parlaments für eine Union beider Königreiche zu gewinnen. Dabei kommt ihr der Haß der Lowlander, die schon lange mit den Engländern sympathisieren, auf die Highlander, die sie als Hindernis auf dem Weg zur Union ansehen, zugute. Fünf Jahre später schließen sich England und Schottland zur *Real-Union* zusammen, und es wird das *United Kingdom of Great Britain* proklamiert. Doch wenn man glaubte, mit dieser Union sei der Konflikt zwischen England und Schottland endgültig aufgehoben, sah man sich enttäuscht. Die Anhänger des Hauses Stuart versuchten noch zweimal (1715 und 1745) in den sog. »Jakobiteraufständen«, Schottland für die Stuarts zurückzugewinnen.

Der zweite Aufstand, hoffnungsvoll unter *Bonnie Prince Charlie* mit Hilfe eines schottischen Volksheeres begonnen, das *Edinburgh* einnahm und bei *Prestonpans* die Engländer in die Flucht schlug, endete mit einer Katastrophe. Auf seinem Marsch nach Süden war das Heer bereits bis 160 km vor London vorgedrungen, wo König *Georg II.* schon die Koffer packte. Streit und Desorganisation zwangen am 6. Dezember 1745 Prince Charles zur Umkehr. Noch einmal siegte er auf heimatlichem Boden bei *Falkirk*, dann organisierte der aus Deutschland zurückgerufene *Duke of Cumberland* eine straffe, schlagkräftige Armee, darunter 6000 Hannoveraner. Am frühen Morgen des 16. April 1746 trafen bei **Culloden** das vom langen Winterlager jeden Elans beraubte schottische Volksheer und das nicht nur zahlenmäßig, sondern auch an Kriegstechnik weit überlegene Heer der Engländer aufeinander. Die Schotten hatten von Anfang an keine Chance, viele Clans flohen in den Norden; Prince Charles gab die Schlacht sehr bald verloren und floh abenteuerlich über die Isle of Skye nach Frankreich. Verwundete und Gefangene wurden noch auf dem Schlachtfeld ermordet, die Fliehenden in die letzten Täler verfolgt, dort ganze Dörfer geplündert und verbrannt und die in ihnen lebenden Frauen und Kinder niedergemacht. Selbst einige von Cumberlands Offizieren berichteten in Briefen, die Schlächter von Culloden-Moor »*looked like so many butchers rather than Christian soldiers*«.

Solch martialisches Gemetzel brach in dieser politischen Zwangsehe noch

Die Abteiruinen der Borders sind Zeugen der wechselnden Geschichte zwischen England und Schottland. Melrose Abbey gilt vielen als die schönste dieser Abteien.

Pipe bands paradieren auf der Princes Street anläßlich der Eröffnung des Edinburgh International Festivals.

einmal aus, obwohl man schon die Mitte des 18. Jh. schrieb. Zwar war nun der 800jährige Streit um die schottische Krone endgültig zugunsten der Engländer entschieden, aber der Krieg hatte mit dem Massaker von Culloden eine neue Dimension erreicht. Während zur gleichen Zeit im Dresdner Zwinger und im hannoveranischen Schloß Herrenhausen die barocke Lebensfreude kulminierte, schlachteten die Soldaten desselben hannoveranischen Hauses, das mit König *Georg I.* auf den britischen Thron gelangt war, schuldlose Zivilisten ab. Es scheint, daß in Schottland die Uhren langsamer gingen als auf dem Kontinent. Kriegsgreuel wie im Dreißigjährigen Krieg vollzogen sich 100 Jahre später in Schottland. Und ebenfalls 100 Jahre später als in Frankreich begann hier die Aufklärung erst nach 1740 mit Leuten wie dem Nationalökonomen *Adam Smith*, dem technischen Genie *James Watt*, dem Schriftsteller *Tobias Smollett* und dem Architekten *Robert Adam*.

Der Krieg gegen die einfachen schottischen Menschen ging auch in der Real-Union weiter. Nach der Schlacht von Culloden wurden die Clan-Verfassung aufgelöst, das Gälisch verboten, die Kultur der Highlander systematisch unterdrückt und die Vernichtung ihrer Saaten erwogen. Die englischen

Grundbesitzer des 18. und 19. Jh. ließen in den *clearances* die Bevölkerung massenweise nach Kanada und Australien deportieren, um Platz für die lukrativere Schafzucht und später für Jagdreviere des Adels zu schaffen. So haben Szenarien, die »ethnischen Säuberungen« gleichkamen, bis ins 19. Jh. in Schottland gewütet.

Aufbauend auf dem Rest, der diese Schikanen überlebte, haben neue Formen der Landwirtschaft und vor allem das Tourismusgeschäft die Täler wieder besiedelt. Aber die Hochflächen sind von einer fast melancholischen Einsamkeit.

Heute sieht man nichts mehr von der grausamen Vergangenheit. In den Festivals blühen Kunst, Theater und Literatur und in der Folklore, in den Kilts, im Dudelsack und den Tänzen die Tradition. Trotzdem: Wer hier um die Vergangenheit weiß, für den wird Historie zur Gegenwart.

Clans und Castles

Die Highlands im Westen und Norden Schottlands waren mit ihren schwer zugänglichen Tälern geradezu prädestiniert zur Herausbildung einer patriarchalischen Gemeinschaft, den Clans. Nachdem sich Pikten und Skoten, beide keltischen Ursprungs, anfangs bekriegt, später vermischt hatten, gaben sie als »Schotten« dem Land seinen Namen. Um die Besiedlung zu stabilisieren, entstand eine bestimmte Struktur: die für jedes Tal ansässige familiäre Sippe, der Clan. Es ist ein gälisches Wort und bedeutet soviel wie »Kinder«. Der »Vater« der Kinder war der *Chieftain.* Das **Clansystem** ist also eine vorwiegend skotische Kultur- und Siedlungsform.

Der Zusammenhalt des Clans war oberstes Gebot und Ehrensache. Der Clan bot seinen Mitgliedern zugleich aber auch Schutz vor Überfällen durch die Nachbarclans. Bei der Kargheit des Bodens und der Rauheit des Klimas boten bereits das Überwechseln von Herdentieren von einem Tal ins andere, die Zerstörung eines Zaunes oder einer Grenzmauer und ähnliche Bagatellen Anlaß zu blutigen Fehden. So kam es, daß das Verhalten eines Clans zu anderen oft durch eine unerbittliche, durch die Generationen sich vererbende Feindschaft gekennzeichnet war. Jeder Clan war im Grunde auf sich selbst gestellt, wirtschaftlich autark und auf die kollektive Unterstützung seiner Mitglieder angewiesen. Die Abgeschiedenheit der Täler führte auch zur allmählichen Herausbildung einer für jeden Clan typischen Tracht. Allerdings sind die berühmten »Schottenröcke« in der heutigen Form nie von den Highlandern getragen worden. Die heutige Clantracht ist eigentlich das Ergebnis einer Standardisierung im 18. Jh. zur Unterscheidung schottischer Regimenter. Sie besteht aus einem Rock (dem *kilt*), einer Weste, kniehohen Socken, einer Mütze *(bonnet)* und einem Umhang *(plaid)*, dessen Musterung *(tartan)* sozusagen das Erkennungszeichen des Clans war. Z. B. trugen die *Mackays* grünkarierte, die *Hamiltons* rot-blaue, die *MacLeods* schwarz-gelb-rote Tartans. Insgesamt gab es etwa 700 verschiedene Muster. Sie leben heute als Folklore fort und werden vorwiegend bei Festen, Volkstänzen, Dudelsack-Darbietungen und dem Military Tattoo, dem großen Zapfenstreich auf dem Castle von Edinburgh, getragen.

Das traditionelle Clansystem bestand bis 1746, als es nach der katastrophalen Niederlage der Schotten in der Schlacht von Culloden aufgelöst und verboten wurde. Eventuell verbliebenen Resten machten die *Highland clearances* den Garaus. Ihre Mitglieder

Highland Beasts – die fotogenen Punks unter den Rindern.

verstreuten sich über ganz Schottland. Kleinere Clans emigrierten geschlossen nach Kanada, Australien, Neuseeland oder in die Vereinigten Staaten von Amerika. Dort lebte das Clansystem in abgewandelter Form weiter, indem es sich den modernen Wirtschaftsverhältnissen anpaßte. Es bildeten sich sog. Gesellschafts- und Wirtschaftsclans aus, die in der High-Society tonangebend sind oder ganze Firmen dominieren.

Vom 19. Jh. an erlebten die schottischen Clans indessen eine gewisse Wiedergeburt. Schottland war bei den Engländern in Mode gekommen; Schriftsteller interessierten sich für das verarmte, ausgebeutete Land in romantischer Verklärung. Jedes Jahr reisten nun ehemalige Clanmitglieder zu Tausenden aus allen Ecken und Enden der Welt nach Schottland, um hier große Familientreffen zu feiern. Mit ihnen lebten auch der Dudelsack, die Kilts und Tartans wieder auf und entwickelten sich, als sich im 20. Jh. auch die Fremden und Touristen dafür begeisterten, von der nostalgischen Traditionspflege zur spektakulären Folklore.

Im Clansystem muß man aber auch negative, feudalistische Züge erkennen. So bot der Clan seinen Mitgliedern nicht nur Schutz, sondern die Chieftains ließen sich diesen Schutz von ihren Untergebenen auch deftig honorieren. Z.B. mußten diese für ihre Herren in unentgeltlicher Fronarbeit **Burgen und Schlösser** erbauen. Zunächst waren es einfache, befestigte Wohntürme, später mittelalterliche Burgen, die Castles. Viele von ihnen wurden zerstört und erinnern als ausgedehnte Ruinen an blutige Clanzwiste, wie z.B. *Slains Castle* an der *Cruden Bay*. Andere wurden restauriert wie das aus dem 13. Jh. stammende *Eilean Donan Castle* im *Loch Duich* (Tour 32). Im 15. Jh. wurden die Clans immer mächtiger und unterhielten zum Teil eigene Armeen. Diese bedrohten sogar die Macht der Krone. So besiegte der MacDonald-Clan 1431 die königlichen Truppen in der Schlacht bei *Inverlochy* (Tour 33). Ein anderer Clan, der Douglas-Clan, besiegte 1488 die Armee König Jakobs III., der dabei getötet wurde.

Mit der zunehmenden Macht wurden auch die Castles immer aufwendiger und erreichten den Stil von Renaissancepalästen. In den Lowlands, wo auch die wirtschaftlichen Verhältnisse besser waren als in den Highlands, lag z.B. der **Palace of Linlithgow**, in dem 1542 Maria Stuart geboren wurde (Beim Wechsel von Tour 2 nach Tour 3 kann man seine Reste besuchen.) Im Januar 1746 wurde der Palast ein Opfer der einquartierten Soldaten des Herzogs von Cumberland, die beim Abzug die wärmenden Feuer hatten brennen lassen. Andere Castles wurden mit üppigen Parks umgeben, wofür **Floors Castle** in den Uplands, die Privatresidenz des *Duke of Roxburghe*, ein Musterbeispiel bildet. Die Nähe des mächtigen Nachbarn England brachte auch französisch-bretonische Einflüsse nach Schottland. Mancher Chieftain sympathisierte mit den Engländern und unterstützte sie heimlich, wofür er sich zwar den Haß der Highlander zuzog, andererseits durch eine Ernennung zum Earl oder Duke durch die englische Krone hofiert wurde. So kamen zu den wirtschaftlichen Gegensätzen zwischen High- und Uplandern noch die politischen.

In friedlichen Zeiten folgten die Castles französischen oder italienischen Vorbildern. Im 17. Jh. wurde **Holyrood Palace** in *Edinburgh* (Tour 1) von William Bruce im palladianischen Stil erweitert. Das britische Königshaus erwarb im 19. Jh. **Balmoral Castle** in den östlichen *Grampians* und ließ es durch den aus Coburg stammenden *Prinz Albert,* den Gemahl der *Queen Victoria,* im Scottish-Baronial-Stil, einer Art Neugotik, umbauen. Es ist heute Sommerresidenz der britischen Königin.

Ein Musterbeispiel an aufwendiger Repräsentation bietet schließlich **Inveraray Castle** am *Loch Fyne* (Tour 37). Es ist seit dem 15. Jh. Stammschloß der Herzöge von *Argyll,* der Chiefs des *Campbell Clan.* Der 3. Duke of Argyll ließ das alte Schloß und das Dorf Mitte des 18. Jh. abreißen. Anschließend ließ er Dorf und Schloß neu aufbauen, die Siedlung mit städtebaulicher Symmetrie, das Schloß in einer Großzügigkeit und einem üppigen französischen Innendekor, bei dem nirgends gespart wurde. Seither bilden Stadt und Schloß Inveraray mit dem See eine optische Einheit (ein Analogon zu Rheinsberg in der Mark Brandenburg). Die Campbells konnten sich den Luxus leisten, weil sie beim zweiten Jakobiteraufstand 1745 den hannoverschen König in London unterstützt hatten.

Heute ist **Ian Campbell, 12. Duke of Argyll**, nicht nur Herr auf Inveraray, sondern auch Elektronikspezialist und Direktor einiger Computerfirmen. Mit sicherem Instinkt für Macht haben es die Dukes durch den Wandel der Zeiten verstanden, ihre Chips auf die richtigen Felder zu setzen. Aber es hindert den 12. Duke of Argyll nicht daran, in Bluejeans die Touristen durch sein Schloß zu führen. Als er noch jünger war, setzte er sich gelegentlich auch einmal ins Pförtnerhäuschen, um die Eintrittsgelder zu kassieren – nicht schottischer Geiz (den es übrigens gar nicht gibt), eher ein schottischer Spleen.

Bedeutende Persönlichkeiten

Im 19. Jh. kommen Prinzen, Literaten und Musiker: Albert von Sachsen-Coburg-Gotha, Fontane, Mendelssohn-Bartholdy, Chopin.

Schottland hat, besonders seit endlich im 18. Jh. die Aufklärung das Land erreichte, bedeutende Philosophen, Erfinder und Forscher hervorgebracht: den Empiristen **David Hume**, den Nationalökonomen **Adam Smith**, den Erfinder der Dampfmaschine **James Watt**, den Missionar und Afrikaforscher **David Livingstone**, den Begründer der elektromagnetischen Feldtheorie **James Maxwell**, den Erfinder des Telefons **Graham Bell**, den Entdecker des Penizillins **Alexander Fleming** usw. Hinzu kommen bedeutende Schriftsteller wie **Robert Burns** (1759–1796) und **Sir Walter Scott** (1771–1832). Zwar hat die literarische Bedeutung Scotts heute mehr historischen als aktuellen Wert, aber im 19. Jh. begründete er den europäischen historischen Roman. Er sammelte Volkslieder und Balladen und schrieb selbst Rittergedichte und Novellen.

Sie alle trugen den Namen Schottlands in die Welt. Gleichsam, als würde dieser wissenschaftlich-literarische Export reflektiert, erwachte im 19. Jh. das Interesse an Schottland, nicht nur beim ehemaligen Gegner England, sondern in ganz Europa. Aus Schottland empfing man romantische Impulse für

Tondichtungen, Reisebeschreibungen usw. Um die Jahrhundertwende galt es als chic, nach Schottland zu reisen.

1822 kam **König Georg IV.** nach Edinburgh. Sein Großvater hatte noch in der berüchtigten Schlacht von Culloden 1746 der schottischen Unabhängigkeit den Todesstoß versetzt. Nun sollte sein Besuch der Aussöhnung dienen. Und **Prinz Albert von Sachsen-Coburg-Gotha**, der spätere Gemahl der *Queen Victoria*, kaufte 1852 Balmoral Castle für 130000 Pfund, um es als Sommerresidenz für das britische Königshaus umbauen zu lassen. Die Queen ließ sich zusätzlich am Loch Muick ein Cottage bauen.

Der Meister der subtilen Landschaftsdarstellung **Theodor Fontane** bereiste Schottland 1858 und schrieb darüber sein Buch »Jenseits des Tweed«. Er schildert darin nicht nur Land und Leute, sondern auch die Städte, wie z.B. Edinburgh. Als Fontane das Land bereiste, erreichte die romantische Begeisterung für alles Schottische ihren Höhepunkt. Aber der märkische Dichter hatte ein offenes, kritisches Auge und befand z.B. über die Trossachs:

»All dies ist sehr schön, … man … hat aber das Gefühl, sehr ähnliche landschaftliche Physiognomien schon oft gesehen zu haben, und wendet sich endlich von all der Herrlichkeit wie von einem Frauenkopfe ab, dessen Schönheit man gelten läßt, aber dessen Reiz man leugnen kann, weil die Art seiner Schönheit nichts ist als eine höhere Form der Alltäglichkeit.«

Vor der Isle of Skye schließlich hat die romantische Mode den Dichter wohl endgültig verlassen. Fontane kehrte vor ihr um, weil ihm diese *»gottverlassene, baumlose Insel nichts als Nebel und Öde«* zu verheißen schien.

Felix Mendelssohn-Bartholdy war erst 20 Jahre alt, als er Schottland auf der Suche nach unberührter Natur be reiste. Beim Besuch der vor der Isle o Mull gelegenen Insel Staffa regte sicl das musikalische Genie in ihm: Beein druckt von der Fingalshöhle verwan delte er seine schwärmerische Bewun derung in die berühmt gewordene »Hebriden-Ouvertüre«. Gleichwoh dauerte die Umsetzung der in Schott land 1829 gewonnenen Eindrücke ir die Musik seiner »Schottischen Sinfo nie« volle 13 Jahre, weil ihm bei de Komposition seine Italienreise und de ren Niederschlag in der »Italienischer Sinfonie« dazwischenkamen. Als No tiz, die sich dann ins Andante con mo to der Introduktion der »Schottischen« umsetzte, brachte er über die Holyrooc Abbey die Zeilen mit:

»Der Kapelle daneben fehlt nun da Dach; Gras und Efeu wachsen viel dar in, und am zerbrochenen Altar wurde Maria zur Königin von Schottland ge krönt. Es ist alles zerbrochen, morsch und der heitere Himmel scheint hinein Ich glaube, ich habe heut da den An fang meiner ›Schottischen Sinfonie‹ ge funden.«

Weniger glücklich war **Frédéric Chopins** Reise nach Schottland im Jah 1848. Von der Tuberkulose gezeich net, die sich auf Mallorca statt sich zu bessern noch verschlimmert hatte, wa er bereits ein todkranker Mann, als e Schottland betrat. Auf dem Höhepunk seines Ruhmes hatten eine seine Schülerinnen in Paris und ihre Schwe ster eine Konzertreise nach Englanc und Schottland vorbereitet. Nach ei nem Konzert in Edinburgh reichter ihn seine beiden Betreuerinnen vor Lord zu Lord weiter: Hamilton Palace Johnston Castle, Keir House usw. Cho pin spuckte bereits Blut, und jede Gastgeber war froh, wenn er ihr dem nächsten Lord weiterempfehler konnte.

Wirtschaft

Siedlungen in Schottland

In Schottland trifft man von der Fast-Millionen-Stadt Glasgow bis zum Einzelhaus an der Nordwestküste oder auf den Hebriden alle Siedlungsformen. Aber diese sind natürlich regional begrenzt.

Der Einzelhof ist in den extrem dünn besiedelten Landstrichen auf den Hebriden und in den Highlands die angemessene Siedlungsform. Viele der Einzelhäuser sind heute verlassen. Dieser Rückzug der Bevölkerung gilt auch für ganze Dörfer auf den Hebriden und den südlich von ihnen liegenden kleineren Inseln. So wird von der Insel *Jura* berichtet, daß im vorigen Jahrhundert hier reges Leben herrschte, wohingegen heute nur noch 200 Personen auf ihr wohnen. Ein besonders trauriges Los traf die Bewohner von **St. Kilda** auf einer der westlichen Inseln vor Schottland. Peter Sahla (Peter Sahla/Karl-Heinz Raach, »Schottland«, Bildband, Bruckmann) berichtet darüber:

»An einem ruhigen, sonnigen Morgen im Jahre 1930 zogen die letzten Mitglieder der Gemeinde St. Kilda ihre Sonntagskleidung an, sprachen ihre Familiengebete, legten in jedem ihrer Häuser eine geöffnete Bibel und ein Häufchen Hafer auf den Tisch und verließen zum allerletzten Mal ihre elf armseligen Steincottages... Diese Evakuierung der gesamten Inselbevölkerung beendete eine ganz besondere Inselkultur, die über 1000 Jahre lang hier existiert und sich stark von den Gebräuchen der anderen Inseln unterschieden hatte... Die Inselbewohner zahlten ihre Pacht in Naturalien. Kein Bewohner von St. Kilda hat aber je Steuern gezahlt oder in einer Unterhauswahl seine Stimme abgegeben. Es gab kein Verbrechen, kein Polizist setzte je einen Fuß auf eine der Inseln, es gab kein Geld, sondern nach guter keltischer Sitte wurde alles im Tauschverfahren abgewickelt. Sie lebten in einer Art sozialistischer Republik mit stark patriarchalischer Ausrichtung ... Bis 1860 lebten die St. Kildans in fensterlosen Black Houses. Zusammen mit ihren Tieren schliefen sie auf festgetretenen Dungböden. Trotzdem... waren die Bewohner... wohl ein zufriedenes, lustiges Völkchen. Das alles fand im 19. Jahrhundert ein Ende, als neben anderen zivilisatorischen Erscheinungen Priester und Missionare erschienen und ihnen die Furcht Gottes lehrten... Eine gedrückte Stimmung, ja Schwermut breitete sich aus... Die Bewohner verbrachten nun mehrere Stunden am Tage beim Gottesdienst und gefährdeten so die ohnehin brüchige Ökonomie der Inseln.«

Die Häuser, auch in den Dörfern, besitzen in der Regel nur ein Stockwerk, oft mit Mansarde unter dem Dach, und sind über den Mauersteinen weiß gekalkt, so daß sie in der Landschaft leicht auszumachen sind. Heute werden die kleinen Dörfer oft durch den Weggang der jungen Leute entvölkert, die besseren Erwerb in den Städten und der Industrie suchen. Diese Dörfer überaltern; in manchen trifft man nur noch Über-Sechzigjährige. Hingegen pulsiert in den Fischerdörfern an der Küste ein farbenprächtiges, buntes Leben mit Guest Houses und Pubs, wofür Ullapool am Loch Broom (Tour 27) ein treffendes Beispiel ist.

Städte entstanden seit Ende des 15. Jh. Dafür waren zunächst die Lowlands prädestiniert. Im 16. Jh. entwickelte sich in ihnen mit Marktplätzen, Mauthäusern und Wohnhäusern der Kaufherren ein eigener Stil, der *medieval burgh*. Culross am inneren Firth of Forth ist ein typisches Beispiel hierfür. Im 19. Jh. wurden die großen Städte von heute durch eine geschlossene Planung vorbereitet, wie die *New Town* in Edinburgh oder Glasgow, das noch zur Zeit der Queen Victoria als eine der schönsten Städte Großbritanniens galt. Dieses Image ging mit der Industrialisierung verloren, als sich Schiffbau und Schwerindustrie hier ansiedelten und mit tristen Arbeitersiedlungen die Einwohnerzahl auf über 500 000 hochschnellen ließen.

Glasgow, das gleichwohl auf eine alte Geschichte zurückblicken kann und in seinem Kern eine prunkvolle Repräsentationsarchitektur aufweist, entwickelte sich neben der Hauptstadt Edinburgh zur wirtschaftlichen Metropole. Die Weltwirtschaftskrise 1932 brachte die ersten Einbußen. Einen letzten Boom erlebte Glasgow im 2. Weltkrieg durch den Schiffsbau. Danach vollzog die Metropole die Umstellung von der Fertigungsindustrie auf den Dienstleistungssektor schleppender als das übrige Großbritannien. Eine hohe Arbeitslosenquote und die Bildung von ausgesprochenen Slums waren in den 60er und 70er Jahren die Folge. Heute haben Stadtverwaltung, Umstrukturierung und Subventionen die Stadt aus ihrem Niedergang herausgeholt und 1990 zur »Kulturhauptstadt Europas« avancieren lassen.

Bemerkenswert frühzeitig wurden im »unterentwickelten« Schottland **Universitäten** gegründet: 1411 *St. Andrews*, die älteste schottische Universität, gefolgt von *Glasgow* im Jahr 1451 und *Aberdeen* 1495. So kam es, daß Schottland bereits Ende des 15. Jh. drei Universitäten besaß, zu einer Zeit, als in Mitteleuropa gerade Prag (1348), Leipzig (1409) und Rostock (1419) sich als Universitätsstädte bezeichnen konnten. Erst knapp 100 Jahre später folgte die Hauptstadt *Edinburgh* mit der Gründung ihrer University nach (1582).

Seit dem 2. Weltkrieg hat sich in den Tälern der **Highlands** ein **neuer Siedlungstyp** entwickelt, der ein Ergebnis des Tourismus und auch für uns Wanderer von Bedeutung ist. Oft um einen alten Dorfkern, manchmal auch ohne diesen, gruppieren sich an touristisch attraktiven Punkten – z. B. neben alten Castles, am Ende von Seen, oder einfach an Straßengabelungen – Jugendherbergen, Caravan- und Campingplätze, Tourist-Information, Post und Telefon, sozusagen ein infrastruktureller Knotenpunkt ohne nennenswerte Dauerbesiedlung (Touren 5, 7 bis 12, 15, 16, 21 usw.). Ohne Zweifel haben hier die Trossachs am Loch Katrine (Tour 7) schon im vorigen Jahrhundert eine Vorreiterrolle gespielt, was Fontanes kritischer Blick nicht eben lobenswert fand. Aber für rasche Standortwechsel von Tour zu Tour sind uns solche »Infraknoten« schon recht willkommen.

Im Sommer und in den vier Wintersportzentren wohl auch im Winter ist Schottland sicher ein »entwickeltes« Land. Aber die Highlands und die Isles im November, im Februar oder März?

Infrastruktur, Industrie und Nature Reserves

Die dichteste **Infrastruktur** findet man in den Lowlands. Mit der Höhe der Gebirge und der Abgeschiedenheit der Inseln läßt die Erschließung entsprechend nach. Der Tourismus steht natürlich wie überall in der Welt im

Man zeigt Flagge in Schottland: das blau-weiße Andreaskreuz ist den meisten Schotten lieber als der Union Jack.

Spannungsfeld zweier Anliegen: einerseits möglichst große Teile des Landes in seinem ursprünglichen Zustand zu bewahren – andererseits touristische Scharen zur Hebung des Bruttosozialproduktes nicht nur ins Land zu locken, sondern auch für deren Unterbringung zu sorgen.

Dem ersten Anliegen kommt die dünne Besiedlung der **Highlands** entgegen. Hier findet man die stillen Glens, die malerischen Lochs, die einsamen Mountains, dazwischen Ruinen alter Castles und kleine Dörfer nicht nur auf Prospekten, sondern eben in Natur auch tatsächlich vor. In den **Uplands** ist das schon etwas schwieriger, aber durchaus noch möglich. In den **Lowlands** verstecken sich die Sehenswürdigkeiten im Häusermeer der großen Städte oder zwischen Motorways und Hochspannungsleitungen.

Die größten Eingriffe in die Natur hat die Erschließung der **Wintersportgebiete** hervorgerufen, vor allem am Cairn Gorm (Tour 12), gefolgt von Glencoe und Glenshee. Die Bedürfnisse der Skitouristen haben hier Hotels, zahlreiche Lifte, österreichische, schweizerische und norwegische Skischulen sowie eine Après-Ski-Unterhaltungsindustrie entstehen lassen. Und doch, gemessen an Verbier oder Saas-Fee in der Schweiz, hält sich alles noch in maßvollen Grenzen. Sommergäste sind gegenüber den Wintersportlern in der Regel mobiler, so daß hier Hotelburgen bislang vermieden werden konnten. Und bei Tour 12 benutzen wir den vorhandenen Lift nur als Aufstiegshilfe in die einsamen Weiten um den Ben MacDui.

Um die wertvollsten und schönsten Gebiete Schottlands vor dem Zugriff der Tourismus-Manager zu schützen, wurden die **Nature Reserves** geschaffen. Sie entsprechen den deutschen Naturschutzgebieten; in ihnen gelten strenge Gebote und Verbote. Umstritten ist die Einrichtung von **Nationalparks**. Für sie spricht die Notwendigkeit der Regeneration der Natur, nachdem diese Gebiete im Sommer oder Winter zu den unterschiedlichsten touristischen Aktivitäten genutzt worden sind. Gegen sie spricht die Anziehungskraft von Nationalparks, die die Einrichtung von Kiosken, Park- und Picknickplätzen fördert. Die Grundbesitzer außerhalb der Nationalparks könnten sich veranlaßt sehen, die Wanderer auf Nationalparks zu verweisen und ihnen das Betreten ihres Besitzes zu verbieten.

Farben gegen Frust. Frisch geweißelt oder blau getüncht wird dem Grau des Himmels Paroli geboten.

Weniger auf Erhalt der ursprünglichen Natur als vielmehr auf deren Pflege und Ausgestaltung sind die **Country Parks** bedacht, die unseren Landschaftsschutzgebieten entsprechen. Einen gewissen Schutz genießen auch die wenigen Wälder. Obwohl Schottland im Mittelalter noch durchaus bewaldetes Gebiet war, wurde es später durch die Torfgewinnung fast ganz von Wäldern entblößt. Eine Wiederaufforstung ist seit 1919 im Gang, aber sie ist schwierig und teuer, so daß es nur vereinzelte Forests gibt. Ihr ästhetischer Reiz hält sich zudem in Grenzen, da die beste und billigste Verbreitung schnell wachsende Monokulturen versprechen und deshalb auch dominieren.

Schottland kann nicht allein vom Tourismus und seinen Komponenten, den Highland Games, dem Kunsthandwerk und dem Whisky-Export leben. Es braucht, zumindest in den Lowlands und den großen Hafenstädten, eine tragfähige Industrie. Zukunftversprechend ist vor allem die **Elektronikindustrie**, die gute Gewinne abwirft. In dem Industriegürtel Central Belt zwischen Glasgow und Edinburgh finden neue Industrieansiedlungen bereits eine gute Infrastruktur, einen hohen Ausbildungsstand der Fachleute und eine fast 200jährige industrielle Tradition vor. Über 300 Elektronikunternehmen beschäftigen hier 45 000 Mitarbeiter. Der Central Belt ist für die Natur schon lange verloren. Die Ausweitung der Elektronikindustrie ist aber für den Naturschutz insofern von Bedeutung, als sie, wenn sie in die Uplands oder Grampians ausweicht, dort als eine im wesentlichen umweltverträgliche Industrie keine nennenswerten Schäden anrichten kann.

Strategien zum Wandern in Schottland

Wenn man in einem Land von der Größe Bayerns 38 Wanderungen unternehmen will, die in unterschiedlicher Dichte auf die historisch-kulturell wichtigsten und landschaftlich schönsten Gebiete verteilt sind, so setzt dies in erster Linie eine hohe Mobilität voraus. Daraus folgt, daß die Mitnahme des **eigenen Wagens** eine optimale Lösung darstellt. Denn die öffentlichen Verkehrsmittel sind dünn gesät und verkehren manchmal nur in größeren Zeitabständen. Eisenbahnen gibt es nur wenige und meistens dort, wo man gar nicht wandern will. Und Mietwagen sind teuer. Für anspruchslose, körperlich gut trainierte Jugendliche oder Sportler kann man durchaus das Fahrrad zum Zwecke von Standortwechseln empfehlen. Der motorisierte Wanderer kann nach Beendigung einer Tour den Standortwechsel zum Ausgangspunkt der nächsten Tour rasch vollziehen und im Fall von überfüllten Quartieren bequem weitersuchen. Einen nicht wandernden Fahrer vorausgesetzt, hat er zusätzlich die Chance, z.B. bei Paßüberschreitungen oder langen Uferwanderungen nicht eine Rundtour oder Hin-und-Zurück-Wanderung, sondern die viel reizvollere Streckenwanderung durchführen zu können, wenn ihn am Ende derselben ein abholbereites Auto erwartet.

Diese Strategie stößt freilich bei Paaren rasch an ihre Grenzen. Denn man kann schwerlich davon ausgehen, daß der eine fährt, der andere läuft. Hier wird man auf die Rundwanderung zurückgreifen müssen, auch, wenn sie zur Hin-und-Zurück-Tour herabgestuft werden muß. Dieser Misere wird man enthoben, wenn sich drei bis fünf Personen zusammentun. Dann kann die Verteilung der Fahrer und Wanderer in wechselnden Rollen durchgeführt werden, so daß niemand zu kurz kommt.

Wichtig ist: Führen Sie stets einen **ausreichenden Benzinvorrat** mit sich. Tankstellen gibt es zwar genug, auch in den Highlands, aber die Entfernungen sind groß und die »single roads« bewirken einen hohen Benzinverbrauch.

Schottland ist ein Reiseland für Individualisten! Sie müssen sich nicht pedantisch an die Reihenfolge der hier angebotenen Touren halten. Haben Sie den Mut, die Reihenfolge Ihres **»Wandermenüs à la carte«** sich selbst zusammenzustellen, je nach Interessenlage, Wetterbedingungen usw. Dazu gehört auch, sich unterwegs Zeit zu nehmen. Wenn Sie Ihr Quartier vorbestellt haben oder ein Auto Sie am Ende der Route erwartet, dann können Sie sorglos in den Abend hineinlaufen; es bleibt von Mai bis Juli bis 22 Uhr hell. Unter Umständen zwingt Sie auch einmal Dauerregen, sich Zeit zu lassen. Zur Mobilität gehört auch, beim Standortwechsel die Sehenswürdigkeiten nicht zu übersehen. Dazu werden am Ende vieler Touren unter den »Nützlichen Informationen« sehenswerte Dinge »In der Nähe« angegeben.

Für die **Highlands**, die seit den clearances als Weideland genutzt werden, gelten besondere Regeln für das Vorankommen und Verhalten unterwegs. Erwarten Sie außerhalb der Forest Walks kein geschlossenes Wegenetz, wie es in Mitteleuropa üblich ist! Wandern ist für die Landbevölkerung eine Erfindung des Tourismus und allenfalls für ein B&B-Quartier interessant. Beachten

Sie daher folgende **Verhaltensregeln** für unterwegs:

1. Wenn weglose Passagen in der Route nicht ausgesprochen vorgesehen sind (z.B. Touren 12, 24 und 29), bleiben Sie auf den Wegen!
2. Weite Teile der Highlands sind Weideland. Deshalb Gatter wieder schließen und Zäune auf den vorgesehenen Stiegen *(stiles)* überschreiten. Müssen Sie Zäune oder Gatter überklettern, tun Sie es vorsichtig, ohne Eigentum zu beschädigen.
3. Werden Sie angerufen, bleiben Sie stehen und erklären Sie dem Besitzer höflich Ihr Vorhaben und daß Sie fremdes Eigentum zu respektieren gewohnt sind.
4. In der Nähe trächtiger Tiere zur Lammzeit sich langsam bewegen und jedes Erschrecken der Tiere (auch durch herumtollende Kinder) vermeiden.
5. Brutstätten völlig meiden!
6. Wasserstellen sauberhalten!
7. Feuerrisiko vermeiden. Abfall mitnehmen.
8. Markierung von Wanderwegen ist nicht die Regel. Dafür geben, besonders auf Hochflächen, Steinhaufen *(Cairns)* die Richtung an.
9. Stets das Wetter im Auge behalten. Fällt Nebel ein, dann eine Weile warten, ob er sich wieder verzieht. Nur bei breiten, gut erkennbaren Wegen und nahen Siedlungen weiterlaufen, andernfalls umkehren. In den Hochlagen (Touren 6, 12, 13, 25, 28 und 34) auf keinen Fall bei Nebel wandern!

Über Unterkunftsmöglichkeiten und über die unterschiedliche Qualität der Wanderwege informiert Sie der Anhang »Allgemeine nützliche Informationen«. Wichtig für eine Wanderung ist die richtige Ausrüstung. Abgesehen von einigen Stadtwanderungen oder leichten Wanderungen in gut erschlossenen Gebieten (Touren 1–3, 8, 35) ist folgende **Bekleidung** wichtig:

1. Atmungsaktiver Regenschutz (z.B. Anorak und Hose aus Goretex oder ähnlichem). Er schützt zugleich vor Wind. Gegen Dauerregen hilft nur gummierter Regenschutz.
2. Feste, knöchelhohe Wanderschuhe mit guter Profilsohle. Gummistiefel mögen bei der Durchquerung von Furten praktisch sein; man kann aber in ihnen nicht wandern, ohne Blasen zu bekommen.
3. Gegen Schlamm und nasses Gras haben sich Gamaschen sehr gut bewährt. In den Highlands und auf der Isle of Skye ist ein Teleskop-Skistock für die Überquerung von Bächen und Flüssen sehr ratsam.
4. Wollpullover, für die Hochlagen auch Handschuhe und Pudelmütze.
5. An sonnigen Tagen bei Touren an Seen oder an der Küste auch Badezeug.
6. Insektenschutz gegen Stechfliegen, evtl. Moskitonetz.
7. In Hochlagen, in einsamem Gelände und bei bedecktem Himmel Kompaß mitnehmen!
8. Für unterwegs empfiehlt sich eine großflächige Kartentasche zum Umhängen.

Kurz: Wer Alpenerfahrung besitzt, nehme einfach die gleiche Ausrüstung wie bei einer soliden Bergtour mit. Dazu gehört auch ein Rucksack, um gegebenenfalls nicht benötigten Regenschutz sowie Getränke und Tagesverpflegung in ihm deponieren zu können.

Und schließlich: Mindestens einer in der Gruppe sollte über die Fähigkeit zu einer bescheidenen Konversation in **englischer Sprache** verfügen, um seine Anliegen bei den Tourist-Informationen, im Quartier oder bei den Banken richtig vortragen zu können. Bedenken Sie bitte: Der Brite erwartet, daß alle Welt Englisch spricht!

I. Das »Athen des Nordens«: Edinburgh

Grundinformation und Sehenswürdigkeiten

Edinburgh gilt als eine der schönsten und originellsten Städte Großbritanniens. Dank seiner Architektur und der jeden Sommer in seinen Mauern stattfindenden, weltberühmten Festivals durchpulst die Halbmillionenstadt ein kosmopolitisches Flair.

Edinburgh verdankt seinen Namen *Edwin*, König von *Northumbria* (616–633). Das Attribut »Athen des Nordens« sollte sich eigentlich auf den 100 m über der Stadt aufragenden Burgfelsen beziehen, auf dem *Edinburgh Castle* thront und die Stadt beherrscht. In der Tat haben die auf drei Seiten aus den Felsen wachsenden Befestigungsmauern manche Ähnlichkeit mit der Athener Akropolis.

Aber eine Kopie des Parthenon steht nicht auf dem Burgfelsen, sondern auf dem **Calton Hill** am Ostende der *Princes Street*. Mit seinem Bau wurde 1822 zum Andenken an die während der Napoleonischen Feldzüge gefallenen Schotten begonnen. Der Bau wurde allerdings aus Geldmangel nie vollendet, so daß das Gebäude etwas von seiner beabsichtigten Monumentalität eingebüßt hat und abfällig »Edinburgh's disgrace« genannt wird. Heute begeben sich Besucher Edinburghs und besonders Fotografen gern auf den Calton Hill, weil man von ihm einen ausgezeichneten Blick über die Princes Street und zur Burg hat.

Mit diesem Bild überblickt man sozusagen auch die Geschichte Edinburghs. Aus der Zeit vor 1544, als ein großer Brand (1530) und die englische Eroberung fast die ganze Stadt vernichtet hatten, sind nur noch drei Gebäude übriggeblieben: die Burg, die High Kirk of St. Giles und die Kapelle von Holyrood. Die königliche **Burg** wurde nach 1128 erbaut. Im Jahr 1215 versammelte sich hier das erste schottische Parlament. Mitte des 15. Jh. löste Edinburgh die Stadt Perth als Hauptstadt Schottlands ab, als es von den Stuarts zur Kapitale erhoben wurde.

Die **High Kirk, St. Giles Cathedral** enthält in ihren Pfeilern noch Reste der 1120 erbauten, 1385 zerstörten normannischen Kirche. Der hochgotische Bau birgt im Innern ein kunstvoll geschnitztes Chorgestühl, Bronzeleuchter in Form von Engeln und wappengeschmückte Fenster. Die High Kirk hat im Laufe ihrer Geschichte nicht nur vier Konfessionen gedient, sondern auch als Gefängnis, höhere Schule, Büro des Stadtschreibers und als Markthalle. Jetzt hängen, um den Wandel der Zeiten zu vervollständigen, alte Regimentsfahnen in ihr.

Der **Palace of Holyroodhouse** entstand ursprünglich zur gleichen Zeit wie die Burg unter König David, wurde im 16. Jh. unter James V. neu erbaut und 1671 umgebaut. Älteste Teile sind der King James Tower und die Kapelle, die die Brände von 1530 und die Eroberung von 1544 überstanden. Der im Stil des Palladianismus ausgeführte Schloßkomplex ist heute offizieller Wohnsitz der Königin, wenn sie sich in Edinburgh aufhält. Am 12. Dezember 1992 fand hier der EG-Gipfel statt, der die letzten Hindernisse auf dem Weg zum Vertrag von Maastricht ausräumte.

Die Burg, High Kirk of St. Giles und Holyroodhouse bilden Endpunkte und Mittelpunkt einer Achse, längs derer

Vom Outlook Tower am Castle Hill erblickt man die hügelige Stadtlandschaft der schottischen Metropole: Die National Gallery of Scotland überbrückt den Stadtgraben (Mound), dahinter liegt Waverley Station, flankiert vom neogotischen Scott-Monument. Im Hintergrund erhebt sich Calton Hill mit dem leicht mißglückten Versuch einer Akropolis-Attrappe.

sich die Altstadt entwickelte. Die Hauptstraße, **The Royal Mile**, besteht aus dem Burghof *Esplanade, Castle Hill, Lawn Market, High Street* und *Canongate*. In deutlichem Gefälle zieht die Royal Mile mit einer leichten Linksbiegung an ihrem Ende nach Holyrood Palace. Der Bau des *Flodden Walls* nach der Niederlage von 1513 zwang die Bewohner der *Old Town*, auf engem Raum zu wohnen. So bauten sie schon im 17. Jh. in die Höhe.

In vollkommenem Gegensatz zu der düsteren *Old Town* steht die im 18. Jh. im georgianischen Stil angelegte **New Town**. Sie wird von der Old Town und der Burg durch ein tiefes Tal getrennt, wodurch einerseits die Eisenbahn unsichtbar bleibt, andererseits sich die Anlage der *Princes Street Gardens* anbot. An deren Nordrand verläuft die *Princes Street* als Prachtstraße, sozusagen die »Kö« von Edinburgh. Mit den großen Architekten und Stadtplanern wie Robert Adam und Thomas Hamilton wurde ein Areal von geraden Straßen und weiten Plätzen angelegt, wie dem *Drummond Place* und *St. Andrew's Square* im Nordwesten.

Zwischen ihnen entstand eine einheitliche Bebauung im Stil georgianischer Reihenhäuser. Eleganz zog in die New Town ein. Wir werden diesem Stadtteil bei unserem Rundgang (Tour 1) unser Augenmerk widmen.

1582 erhielt Edinburgh seine Universität. Die Religionskämpfe dauerten bis 1688. Frieden und Wohlstand kehrten erst 1707 mit der Unterzeichnung des Unionsvertrages mit England im (damaligen) *Parliament House* ein. Von da an begann für Edinburgh (während in den Highlands die »clearances« wüteten) eine Blütezeit. Die New Town wurde angelegt, der Hafen ausgebaut, der *Nor'Loch* trockengelegt und die *North Bridge* zur Verbindung zwischen Alt- und Neustadt gebaut. Dichter und Denker wählten Edinburgh als Wohnort: David Hume, Adam Smith usw. In der *Hanover Street* wurden Konzerte gegeben, hielten Dickens und Thackeray Vorträge und Gladstone politische Reden.

Neben der Royal Mile, Calton Hill und der New Town mit ihren Plätzen und Museen, wie der *Royal Scottish Academy* und der *National Gallery of Scotland* (beide in *The Mound*) sowie der *Scottish National Portrait Gallery* und dem *Royal Museum of Scotland* (beide am *St. Andrew's Square*) gibt es einen vierten Schwerpunkt an Sehenswürdigkeiten. Er liegt etwas südlich der **High Street** und hat mehr den Geist und die Seele als die schönen Künste zum Gegenstand. *Heriot's School* ist eine vom Goldschmied James' VI. 1628 ins Leben gerufene große Schule. Am Südende der *George IV. Bridge* liegt die 1547 gegründete *Magdalen Chapel*. Und etwas östlich davon an der *Chambers Street* die *Edinburgh University*, ein Bau in klassizistischem Stil.

Alle Sehenswürdigkeiten und Museen aufzuzählen würde hier den Rahmen sprengen und auch die Möglichkeiten von zwei Stadtwanderungen übersteigen. Alles anzusehen, dazu müßte man mindestens eine Woche in Edinburgh bleiben. Die Stadt besitzt fünf Theater und 24 Museen und Galerien. Die verwirrende Fülle des Sehenswerten, mittelalterliche Gassen, breite Alleen, die großen Parks von *Dalmeny House* und *Hopetoun House* im Westen der Stadt, Hafen und Küste – das alles wird im Sommer noch zusätzlich durchpulst von den über 100 Veranstaltungen des *International Edinburgh Festivals* wie auch des *Festival Fringe* (eine Art Alternativ-Angebot auf Straßen, Plätzen und in Pubs).

Der Besuch Edinburghs eignet sich sowohl als Ouvertüre wie auch als Finale einer Schottland-Wanderreise. Nicht zu Unrecht wird die Stadt gern als »Eingangstor zu Schottland« bezeichnet. Man kann von den beiden angebotenen Stadtwanderungen aber auch je eine an den Beginn und an das Ende der Reise setzen. Anlaß dazu gibt der Umstand, daß die Festivals und der große Zapfenstreich *Military Tattoo* (Tour 2) in der zweiten Augusthälfte stattfinden. Wenn Sie also im Juli mit Ihren Wanderungen beginnen, dann heben Sie sich den Besuch der Burg und des Edinburgh Tattoo als grandiosen Abschluß auf!

Endete hier die Artus-Sage? (Arthur's Seat)

Artus, König der Briten um 500 n.Chr., ist eine Gestalt, die von Sagen, Geheimnissen, Märchen und viel Dichtung umwoben ist. Historisch verbürgt ist kaum etwas über ihn, außer, daß es ihn wirklich gab und er als britannischer Heerführer sein Volk gegen die eindringenden Sachsen verteidigte. Ein etwa um 680 verfaßtes Original der *Historia Brittonum*, das 826 von *Nennius*

Gußeiserne Geometrie – nahezu filigran wirkt die Konstruktion der Haupthalle des Royal Museum of Scotland.

bearbeitet wurde, nennt ihn *Dux Bellorum.* Aber da war der Heerführer schon 300 Jahre tot.

Schon des Artus' Geburt ist von Geheimnis umwittert. Als Sohn *Uthers* und der *Ygerne* beschützt ihn der Zauberer *Merlin.* Später (1136) wird er in der *Historia regum Britanniae* als Sieger über Sachsen, Pikten und Skoten gerühmt und als Eroberer Irlands, Islands und Galliens. Der Mythos erhebt ihn sogar zum Kaiser gegen Rom. Auch König Artus' Ende ist mysteriös. Vor seinem Aufbruch nach Rom soll Artus Gattin und Reich seinem Neffen *Mordred* anvertraut haben. Doch der betrog ihn um beides, und nach der Rückkehr aus Rom soll Artus in der Schlacht gegen Mordred schwer verwundet worden sein. Zur Heilung seiner Wunden wurde der Britenkönig auf einem Schiff auf die Feeninsel *Avalon* entführt.

Die Legende besagt auch, daß Artus nicht gestorben sei, sondern wiederkommen und seinem Volk und Reich neuen Ruhm und neue Macht bringen werde. Solche Mythen waren im Mittelalter nichts Ungewöhnliches, wenn ein großer König oder Kaiser verschollen blieb oder auf unerwartete Art zu Fall kam. Vergleiche mit der Barbarossa-Sage drängen sich auf. So wie der Barbarossa-Mythos den Stauferkaiser vom Salef in Kleinasien in den Kyffhäuser transportierte, so verfrachtete die Artus-Sage den schwer Verwundeten von der Insel Avalon in eine riesige Höhle unter den Eildon Hills bei Melrose in den Borders. Es könnte aber auch ein Platz unter der höchsten der drei Kuppen von Holyrood Park gewesen sein. Diese Hypothese wird stark angezweifelt. Träfe sie zu, dann wäre *Arthur* die anglisierte Form des keltisch-lateinischen Namens Artus. Andere Deutungen gehen von dem gälischen Wort *Ardna-Said* aus (= Höhe der Pfeile) oder *Ard Thor* (= Höhe des Donnergottes Thor). Ethymologisch könnte es auch eine Abwandlung von *Archer's Seat* sein, was sich als Sitz des Bogenschützen mit der gälischen Deutung decken würde. Wie dem auch sei, der Berg heißt heute **Arthur's Seat**. Er ist 250 m hoch, und man hat von ihm eine prächtige Aussicht über Edinburgh.

Übrigens hat die Artussage nachhaltig die Literatur beeinflußt. Im 12. und 13. Jh. entstanden große Versromane französischer Dichter, in denen die Feen in Damen und die Zauberwelt von Merlin in eine höfische Welt verwandelt wurden. Besonders haben sich die Minnesänger *Hartmann von Aue, Gottfried von Straßburg* und *Wolfram von Eschenbach* der Artussage angenommen.

1 Arthur's Seat in Holyrood Park and New Town

Heriot's School – Greyfriars Friedhof – Royal Museum of Scotland – University – Arthur's Seat in Holyrood Park – Holyrood Palace – Calton Hill – St. Andrew Square – Princes Street – Royal Scottish Academy – National Gallery – Princes Gardens – Charlotte Square

Tourencharakter: Ausgedehnte Stadtwanderung, die hufeisenförmig um das alte Zentrum der Royal Mile und des Castles herumführt. Dabei werden mit Holyrood Park und Calton Hill zwei hervorragende Aussichtspunkte berührt, die einen Überblick über die Stadt verschaffen. Zum Schluß wird der Besuch von mehreren Museen angeboten.
Gesamtgehzeit (ohne Besichtigungen): 4 1/2 Std.

Es gibt wohl kaum eine Stadt auf der Welt, die eine so eigenwillige Physiognomie besitzt wie **Edinburgh**. Das gilt sowohl für ihre Lage wie auch für ihre Architektur und Kunst.

Die Lage Edinburghs rings um den Burgfelsen und beiderseits eines tief eingeschnittenen Tals läßt ahnen, wie geschickt die historische Entwicklung und wie zielstrebig die späteren Stadtplaner das Gelände genutzt haben: Die *Burg* blieb dominanter Endpunkt einer Achse; das Tal überspannen Brücken, unter denen wiederum Straßen entlangführen; die tieferen und breiteren Teile des Tals wurden zum Park gestaltet; auf einem Damm stehen bedeutende Museen, und im vorigen Jahrhundert wurde in das Ende des Tals der Bahnhof gelegt, so daß man die Züge nur hört, aber nicht sieht. Bis an die Bahnsteige können die Taxis fahren.

Besonders gediegen ist die *Architektur*. Die *Royal Mile* säumen noch immer die alten Hochhäuser aus dem 17. Jh., heute zum Teil frisch verputzt. Von dieser Zeit an aber dachte Edinburgh daran, »eine schöne Stadt sein zu wollen« (so Fontane). Das Ergebnis ist nun sichtbar: Wo immer man hinschaut – alles ist auf Repräsentation ausgerichtet. Vom *Place of Parliaments*, einem Glanzstück der *Old Town*, bis zur *Royal Bank of Scotland*, von der schottischen Renaissance in *Heriot's School* bis zu den klassizistischen Museen auf dem *Mound*, vom *Universitätsbau* von 1789 bis zum *Balmoral Hotel* oder *Jenner's Kaufhaus* in der *Princes Street*: Alles atmet das Bedürfnis nach Repräsentation. Ob Neopalladianismus, ob georgianischer Geschmack oder viktorianisches Zeitalter – immer galt es, in der Architektur Geltungsbedürfnis zur Schau zu stellen.

Weil es auf Repräsentation ankam, mußte der Stil nicht originär sein; im 19. Jh. wurden ohnehin alle früheren Stile kopiert. Das Repräsentationsbedürfnis ging so weit, daß z.B. beim *Observatorium* auf dem *Calton Hill* die vorhandenen Mittel und mehr als diese für die Architektur im Stil eines antiken Tempels verbuttert wurden, so daß zum Schluß kein Fernrohr mehr angeschafft werden konnte. Was dieses Konglomerat an Bauten zusammenhält, ist die Feststellung: Hier haben sich im Laufe der letzten drei Jahrhunderte Macht, Ansehen, Geltungsbedürfnis, auch Reichtum etabliert. Über Geschmack läßt sich bekanntlich streiten.

Was außerdem der Stadt eine besondere Note verleiht, ist die Ansammlung von *Kunst*. Um die zahlreichen Museen mit Namen versehen zu können,

Der im Stil des Palladianismus ausgeführte Palace of Holyroodhouse ist offizieller Wohnsitz der Queen, wenn sie sich in Edinburgh aufhält.

mußte man die Worte »Royal«, »Academy«, »Gallery« und »Scotland« immer neu vertauschen. So gibt es die *»Royal Scottish Academy«*, die *»National Gallery of Scotland«*, das *»Royal Museum of Scotland«*, die *»Scottish National Portrait Gallery«* usw. Von den weltberühmten spanischen und italienischen Malern des 14. und 15. Jh. ist über die Holländer, die französischen Impressionisten bis zu den Modernen alles vertreten.

Summa summarum: Wenn man durch Edinburgh geht, hat man stets das Gefühl, in einer Hauptstadt zu sein. Wenn es politisch diese Funktion auch seit der Realunion 1707 verloren hat, so ist geblieben: eine Kapitale ohne ein zu regierendes Land.

Die Stadtwanderung

Wir beginnen unsere »Edinburgh-Rundwanderung« an der **Heriot's School** ① auf der Nordseite des *Lauriston Place*. Sie liegt etwa 800 m südlich der *Waverley Station*, gegenüber dem *Royal Infirmary* (Krankenhaus). Der im repräsentativen schottischen Renaissancestil aufgeführte Bau liegt hinter einem Park und umschließt einen großen Innenhof. Die Schule wurde 1628 vom Goldschmied Heriot, der Juwelier am Hofe König James' VI. war, gegründet. 1886 wurde sie als private Jungenschule der gehobenen Schicht wiedereröffnet; seit 1979 ist sie koedukativ. Während der Schulferien können Führungen durch den Schulkomplex organisiert werden. Vom Außenhof hat man einen schönen, umfassenden Blick zum Castle.

Vom Eingangstor gehen wir links auf den *Lauriston Place*, biegen wieder links in die *Forrest Road*, die vom *Greyfriars Place* abgelöst wird und gehen nochmals links auf den **Greyfriars-Friedhof** ②. Hier stehen sehenswerte Grabsteine und Epitaphien teilweise aus dem 16. Jh. Außer den Grabstätten der Honoratioren befindet sich am Eingang auch ein Gedenkstein für Bobby, eine treue Hundeseele, die 14 Jahre lang nach dem Tode ihres Herrn an dessen Grab ausharrte.

Vom Friedhofseingang überqueren wir die Straße und gehen in die *Chambers Street*. Rechts steht das **Royal Museum of Scotland (RMS)** ③, in dem nicht nur die Exponate (u.a. das Skelett eines Blauwals), sondern vor allem die viktorianische Gußeisenkonstruktion der Haupthalle unbedingt einen Besuch lohnen (Eintritt frei). Der schöne, alte Bau wird durch einen modernen Anbau ergänzt. Gegenüber befindet sich die ehemalige **Heriot-Watt-University** ④, eine technische Hochschule des 19. Jh. Neben dem RMS steht der massive Bau der **Edinburgh University** ⑤. Die Gründungsakte ist mit 1582 datiert; der klassizistische Bau, dessen imposanten Innenhof man von der *South Bridge* aus betritt, stammt aus dem Jahr 1789.

Nach dem Verlassen der Universität gehen wir links die *South Bridge* bis zur Kreuzung mit der *Royal Mile*. Wir schwenken rechts in diese und laufen durch ihren östlichen Teil, die *Canongate*, zum *Palace of Holyroodhouse*. Wir widmen diesem Teil am folgenden Tag unsere Aufmerksamkeit, so daß wir uns jetzt nicht mit Besichtigungen aufhalten.

Statt dessen besteigen wir heute **Arthur's Seat** ⑥, der sich auf dem höchsten der drei Hügel von Trimontium in der Mitte von *Holyrood Park* erhebt. Von Park ist allerdings nichts zu sehen, sondern es handelt sich um eine grasbewachsene, baumlose Hügelgruppe mit felsigen Abbrüchen – ahnungsvolle Vorfreude auf die Grampians und Highlands. Mit dem Rücken zum Holyrood Palace begeben wir uns auf *The Radical Road*. Am Fuß einer ca. 50 m hohen Abbruchkante, den *Salisbury Crags*, steigen wir an, bis wir in einer Senke westlich des Haupthügels stehen.

Nach links geht es nun auf einem steilen Pfad, der teilweise mit Holzplanken befestigt ist, aufwärts. Dabei schwenken wir allmählich in Südrichtung, so daß wir Arthur's Seat von Norden her erreichen. Dieser höchste der drei Hügel ist 250 m hoch und baumlos, so daß man von jedem Punkt einen großartigen Überblick über die Stadt besitzt. Wir verlassen Arthur's Seat nordwärts über den *Velvet Walk* (oder *Long Row*) bis *St. Anthony's Chapel* ⑦. Theodor Fontane urteilt über die Ruine:

»...das landschaftliche Bild, dessen man von ihm aus genießt, ist ganz eigentümlicher Natur und wenn schon weder groß, noch lieblich, noch grotesk, so ist es doch in vollstem Maße das, was ich als die schottische Landschaft par excellence bezeichnen möchte.«

Von hier aus gehen wir westwärts zurück zum Parkplatz, wobei rechts unter uns der kleine See *St. Margaret's Loch* liegt.

Wir begeben uns wieder zu Holyrood House und an diesem vorbei in die *Calton Road*. Nach 200 m führt rechts hinter einem roten Backsteinhaus unausgeschildert ein Steig auf die *Regent Road*. Am Oberrand des *New Calton Burial Ground* (Friedhof) stehen eine Rotunde für Robert Burns ⑧ und der klassizistische Bau des *Crown Council*. Hinter diesem steigt man auf

Von Calton Hill mit seiner für den Philosophen Dugald Stewart errichteten Rotunde überblickt man die Stadt bis Edinburgh Castle.

den **Calton Hill**. Er war im Vorspann als die »Akropolis Edinburghs« erwähnt worden. Das 33 m hohe *Nelson-Denkmal* ⑨ und die unvollendete Nachbildung des *Parthenon* ⑩ (nur zwölf Säulen statt der 46 des Originals) geben den Aufbauten eine historisch-pathetische Atmosphäre. Im alten *Observatorium* ⑪ informiert eine dreidimensionale Dia-Show über die Geschichte der Stadt. Etwas stadteinwärts steht eine zweite Rotunde, die für den Philosophen Dugald Stewart errichtet wurde.

Was aber eine Besteigung des Calton Hill am meisten lohnt, das ist der Blick über die Stadt und zur Burg; beiden ist man jetzt viel näher als auf Arthur's Seat. Das Zentrum wird von einem tiefen, begrünten Tal durchzogen, das die *Old Town* von der *New Town* trennt. Bis 1830 lag hier ein See, der *Nor'Loch*, nach dessen Trockenlegung zunächst Sumpfgelände zurückblieb. Später wurde auch dieses trockengelegt, *the Mound* als Damm errichtet und das Tal als Park gestaltet. In ihm liegt auch der Bahnhof *Waverley Station*, der von der *North Bridge* überspannt wird. Die Technik ist dadurch den Blicken des Betrachters entzogen. Was bleibt, ist eine Symbiose aus Urbanität und Grün.

Dieser für Edinburgh spezifische Charakter wird noch verstärkt, wenn man von Calton Hill herabsteigt und über den *Waterloo Place* auf der *Princes Street*, vorbei am links liegenden *Tourist Centre* und dem *Walter-Scott-Denkmal* ⑬ von 1844, zu den beiden berühmten Museen *Royal Scottish Academy* und *National Gallery of Scotland* vorgeht. Sie stehen beide als klassizistische Bauten auf der Ostseite des *Mound*, zwischen Old und New Town.

Blickt man nach Westen über *Princes Gardens* zur Burg, glaubt man in einem

Tour 1: ① ***Heriot's School,*** ② ***Greyfriars Friedhof,*** ③ ***Royal Scottish Museum,*** ④ ***Heriot-Watt-University,*** ⑤ ***Edinburgh University,*** ⑥ ***Arthur's Seat,*** ⑦ ***St. Anthony's Chapel,*** ⑧ ***Rotunde für R. Burns,*** ⑨ ***Nelson-Denkmal,*** ⑩ ***Parthenon,*** ⑪ ***Observatorium,*** ⑫ ***Balmoral Hotel,*** ⑬ ***Scott Monument,*** ⑭ ***Royal Scottish Academy,*** ⑮ ***National Gallery,*** ⑯ ***Portrait Gallery/Royal M.,*** ⑰ ***St. George's Church,*** ⑱ ***Bute/Georgian House.***

Tour 2: ⑲ ***Holyrood House,*** ⑳ ***Canongate Tolbooth,*** ㉑ ***Huntly House,*** ㉒ ***The Scottish Experience,*** ㉓ ***John Knox House,*** ㉔ ***Still's Gallery,*** ㉕ ***Collective Gallery,*** ㉖ ***City Art Centre,*** ㉗ ***High Kirk of St. Giles,*** ㉘ ***House of Parliament,*** ㉙ ***Outlook Tower,*** ㉚ ***Edinburgh Castle.***

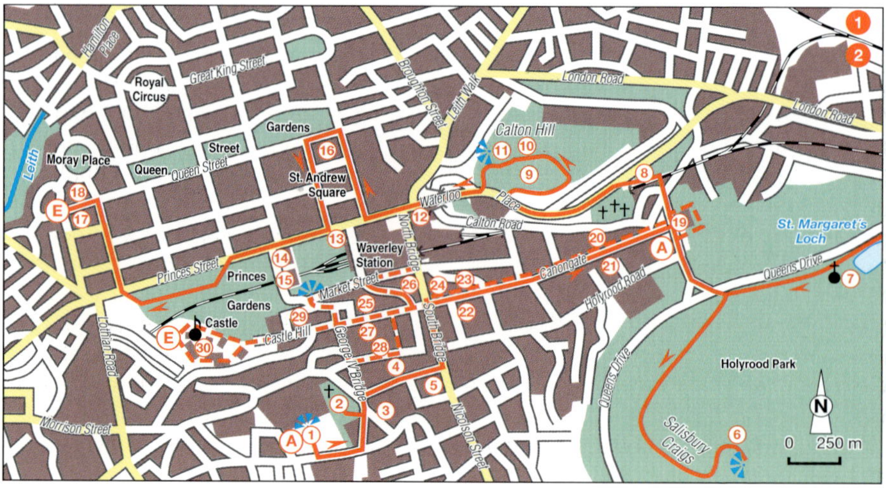

i Nützliche Informationen

Ausgangspunkt: Heriot's School am Lauriston Place, etwa 800 m südlich der Waverly Station.
Gehzeiten (ohne Besichtigungen): Heriot's School – Palace of Holyrood House 1 Std., Arthur's Seat 2 Std., Holyrood House – Charlotte Square 2 Std.
Sehenswürdigkeiten: Siehe Stadtrundgang. Einheitliche Öffnungszeiten für alle Museen: Mo.–Sa. 10–17, So. 14–17 Uhr. (Ausnahmen: Palace of Holyrood House: So. 10.30–16.30 Uhr, Observatorium auf dem Calton Hill: tägl. 10–16 Uhr, Vorführungen alle 30 Min.)
Information: Edinburgh and Scotland Information Centre, 3 Princes Street, EH2 2QP, Waverley Station, Tel. (01 31) 5 57 17 00, Mo.–Sa. 9–18 (Juli–Aug. 20), So. 10–18 Uhr.
Unterkunft: **1.** Die Edinburgh-Broschüre mit Verzeichnis der Unterkünfte in Deutsch erhält man durch British Tourist Authority, Tanusstraße 52–60, 60329 Frankfurt/M., Tel. (0 69) 23 80 70.
2. JH: 7 Bruntsfield Crescent, EH10 4EZ, Tel. (01 31) 4 47 29 94, 160 Betten.
3. JH: 18 Eglinton Crescent, EH12 5DD, Tel. 3 37 11 20, 158 Betten.
4. JH: Edinburgh Central Y. H., Robertson Close, Cowgate, EH1 1LY, Tel. 2 29 86 60, 100 Betten.

Gebirge zu sein: Ein tiefes Tal zieht nach Westen, flankiert von steilen Bergwiesen und schließlich im Süden von den Felsen des Burgbergs begrenzt. Wendet man sich dagegen um, steht man vor erlesener Architektur und Kunst, denn in der **Academy** ⑭ werden zeitgenössische schottische Werke der Malerei und Bildhauerkunst und in der **Nationalgalerie** ⑮ europäische Gemälde des 14. bis 19. Jh. gezeigt.

Wenn Sie noch mehr Gemälde sehen wollen, diesmal mehr auf die schottische Geschichte bezogen, dann gehen Sie 250 m auf der *Princes Street* zurück und dann links zum *St. Andrew Square*, wo die **Scottish National Portrait Gallery** steht. Im selben Gebäude ist das **Royal Museum of Scotland** ⑯ untergebracht. Von hier gehen wir auf der *St. David Street* direkt zum Scott-Monument zurück. Die Straßen der New Town präsentieren sich z.T. im typisch georgianischen Stil. Ihre Namen sprechen für sich: *Queen Street – George Street – Princes Street – Hanover Street – Castle Street.*

Wenn wir die *Princes Street* wieder erreicht haben, lassen wir den Rundgang in einem Flanierbummel ausklingen: Rechts stehen die aufwendigen Repräsentationsbauten des Viktorianischen Zeitalters, berühmte Kaufhäuser wie *Jenner's*, dessen Verkaufshallen wieder einfallsreiche Eisenkonstruktionen zeigen, und teure Hotels wie das *Caledonian Hotel* oder bei der North Bridge das *Balmoral Hotel* ⑫ und *Royal British Hotel*. Links dagegen liegen die zum Park ausgestalteten Tallandschaften, die *Princes Gardens*, auf deren Terrasse mit der originellen Blumenuhr man schlendern kann, wenn man vom Trouble und der Geschäftigkeit der Princes Street genug hat.

Am *Charlotte Square* rechts vom Ende der Princes Street endet unsere Stadtwanderung. Wer noch aufnahmefähig für Architektur ist, studiere die Bauten, die diesen schönsten georgianischen Platz Edinburghs umstellen: *St. George's Church* ⑰ an der Westseite, wo im *West Register House* Ausstellungen zur schottischen Geschichte gezeigt werden, und die stilreinen *Bute House* (Privatresidenz des Schottlandministers) und *Georgian House* ⑱ an der Nordseite des Platzes.

2 Royal Mile: Die ersten Hochhäuser Europas

Palace of Holyroodhouse – Abbey Strand – Canongate – High Street – Cockburn Street – Market Street – Parliament Square – High Street – Lawn Market – Castle Hill – Esplanade – Edinburgh Castle

Tourencharakter: Zweite Stadtwanderung durch Edinburgh, diesmal durch das alte Zentrum der Royal Mile und ihre Nachbarstraßen mit über einem Dutzend Sehenswürdigkeiten. Den Beginn bildet der Besuch von Holyrood House und den Abschluß der Besuch von Edinburgh Castle; im August zur Festivalzeit zusätzlich das Erlebnis des großen Zapfenstreichs Military Tattoo.
Gesamtgehzeit: $1^1/_2$ Std..
Besichtigungszeit: bis zu 5 Std.

Die reichlich 2 km lange **Royal Mile** erstreckt sich vom *Palace of Holyroodhouse* bergansteigend und meist schnurgerade bis zur Burg. Sie bildet das Kernstück der *Old Town*.

Um die Mitte des 16. Jh. war nach der verlorenen Schlacht von Flodden (1513), zwei großen Bränden (1430) und der Eroberung durch die Engländer (1544) von Edinburgh wenig übriggeblieben: Nur die alte *Burg* und die *High Kirk of St. Giles* standen noch. Auch Holyrood Palace war Ruine geworden. Diese drei Punkte wurden durch eine (für damalige Zeit) breite Straße verbunden, die Royal Mile. Hier begann der Wiederaufbau Edinburghs. Nach den Erfahrungen von 1513 und 1544 wollte man die Stadt künftighin nicht mehr schutzlos gegenüber den Engländern bleiben lassen. So wurde der Bau des *Flodden Wall* beschlossen, der das wiederaufzubauende Edinburgh auf engem Raum umgab.

Die Stadt entwickelte sich rasch, und das durch den Flodden Wall begrenzte Areal erwies sich bald als zu klein. Kaum jemand aber wagte in diesen unruhigen Zeiten *vor* dem Schutzwall zu siedeln. So war man gezwungen, in die Höhe zu bauen. Die Royal Mile enthält die ältesten Hochhäuser Europas. Mit bis zu 14 Stockwerken ragten damals die Gebäude in die Höhe, heute sind sieben bis acht üblich. Da die Häuser aus grauem Stein errichtet und die Fassaden kaum aufgelockert sind, erwecken sie zunächst einen düsteren Eindruck. Kein Geringerer als Fontane beschreibt dieses Bild:

»Grau, steinern, schmucklos steigen sie in die Luft, unmalerisch einzeln, aber pittoresk als Ganzes und immer wirksam durch Masse und Proportionen.«

Heute befinden sich an der Royal Mile und den sie kreuzenden Gassen und Brücken nicht weniger als fünf Galerien, fünf Museen, die Kathedrale, der schottische Gerichtshof, ein Theater, vier Büros der Edinburgh Festivals, die Nationalbibliothek und das Scotch Whisky Heritage Centre. Das ehemalige Grau ist zumindest in den Erdgeschossen durch Geschäfte und Reklame mit ihren bunten Tupfern ersetzt. Einzelne Häuser wurden auch schon farbig verputzt. Vor der Kathedrale spielen oft Straßenmusikanten klassische Musik. Die Royal Mile ist also sozusagen die Halsschlagader Edinburghs. Lassen wir uns überraschen!

➡ Edinburgh Town Walk

Es empfiehlt sich, diese zweite Edinburgh-Tour in der zweiten Augusthälfte durchzuführen, weil das offizielle und das Fringe-Festival dann auf Hochtouren laufen.

Während des Edinburgh Festivals entfaltet der Aufmarsch des Military Tattoo vor der erleuchteten Burg die ganze Fülle schottischer Pracht: Militärisches Zeremoniell vereinigt sich mit spielerischer Folklore.

Wir beginnen unseren zweiten Gang durch Edinburgh am **Palace of Holyroodhouse** ⑲. Den Palast sollten wir besichtigen. Er ist, wenn nicht gerade Staatsbesuch zugegen ist, täglich geöffnet. Man kann die »Historic and State Apartments« besuchen. In der Gemäldegalerie hängen *»111 Portraits«* schottischer Könige, die Jacob de Wet von 1684 bis 1685 schuf. Die Fließband-Pinselei von 111 Gemälden in knapp zwei Jahren war das Ergebnis eines Kontraktes, der den Maler zur »Lieferung« von Portraits und das Government zur Beschaffung der »Originale« verpflichtete. Da diese längst tot waren, behalf sich der »Künstler« mit ein oder zwei Leuten von der Straße als Modellen. Nun ähnelt ein König dem anderen, und die Portraits sind im Grunde so wertlos, daß Fontane meinte, *»daß es niemandem auffallen würde, wenn man die Nummern durcheinander werfen und ihre Namen hinterher durch Los bestimmen wollte«*. In den Gemächern der Königin kennzeichnet eine Messingtafel die Stelle, an der 1566 Darnley und sein Verschwörer den piemontesischen Sekretär Maria Stuarts, Rizzio, ermordeten, weil sie ihn für einen Agenten des Papstes hielten. In der Gemäldegalerie fand die Hochzeit Maria Stuarts mit Bothwell statt. Der zweimal vom Verdacht des Mordes an seinem Vorgänger, Lord Darnley, freigesprochene Bothwell verschaffte der Königin viele Feinde und mußte schließlich fliehen; denn wahrscheinlich war er es doch gewesen. Holyrood Abbey, 1128 gegründet, enthält in seinen Überresten die ältesten Teile des Schlosses.

Die **Royal Mile** ist in sechs Teilstücke gegliedert, die verschiedene Namen tragen. Unser Start liegt in *Abbey Strand,* dem Zugang zu Holyrood House. Wir begeben uns westwärts in den zweiten Abschnitt *Canongate.* Hier wohnten bis zur Mitte des 18. Jh. Herzöge, Grafen und Lords in ihren Palästen. Davon ist heute nichts mehr zu sehen.

Linker Hand liegt bei Nr. 142 **Huntly House** ㉑, Edinburghs wichtigstes Heimatkundemuseum. Rechts steht schräg gegenüber (Nr. 163) das mit Türmchen und vorgezogener Uhr verzierte **Canongate Tolbooth** ⑳ aus dem Jahr 1591, in dem *The People's Story* untergebracht ist. Sie schildert Leben und Arbeit der kleinen Leute von Edinburgh, der Handwerker, Schiffsbauer, Drucker usw., informiert aber auch über Gewerkschaften und Sozialwesen (Eintritt frei).

Nach der Einmündung der *New Street* von rechts geht die Canongate in den dritten Abschnitt über, die *High Street.* Sie bildet das Hauptstück der Royal Mile und nimmt fast die Hälfte ihrer gesamten Länge ein. Links befinden sich **The Scottish Experience (Living Craft Centre)** ㉒ und bei Nr. 2 das **Museum of Childhood** (Eintritt frei), das eine Spielzeug- und Puppensammlung enthält und wegen der vielen Kinder gern als »geräuschvollstes Museum der Welt« bezeichnet wird. Etwas zurück auf der rechten Seite steht das **John Knox House** ㉓ (Nr. 5), ein mittelalterliches Haus, in dem der fanatische Reformator von 1566 bis zu seinem Tod 1572 gewohnt hat. Er gilt als Begründer der presbyterianischen »Church of Scotland«. In dem Haus rechts daneben (Nr. 3) ist das **Netherbow Theatre** untergebracht. Gleich danach liegt ebenfalls rechts im *Chalmer's Close* das **Brass Rubbing Centre**, ein Museum für Messingbeschläge. Noch vor der Ecke zur *North Bridge* (Nr. 105) befindet sich schließlich **Still's Gallery** ㉔, in der zeitgenössische Fotografien schottischer, britischer und internationaler Künstler gezeigt werden. An der Kreuzung mit der North Bridge ist links in der **Tron Kirk** eine Ausstellung über die Old Town.

Um in die im Tal gelegene *Market Street* zu gelangen, gehen wir nach der Kreuzung rechts hinab in die schmale Gasse *Cockburn Street.* Links befindet sich in Nr. 28–22 die **Collective Gallery** ㉕, eine zeitgenössische Kunstgalerie mit Designladen. An der Einmündung in die Market Street liegt das *Edinburgh Tattoo Office* (falls Sie Karten kaufen wollen). Unter der North Bridge ist in Nr. 2 das **City Art Centre** ㉖, einer der führenden Ausstellungsorte Großbritanniens. In der Market Street gehen wir schließlich wieder Richtung Burg. Links liegt das *Edinburgh Festival Office*, wo man seine Wünsche auch in Deutsch vortragen kann.

Wenn die Market Street endet, ist man schon nahe der Burg. Wir steigen links durch die *North Bank Street* zur

i Nützliche Informationen

Ausgangspunkt: Palace of Holyroodhouse, Abbey Strand.
Gehzeiten (ohne Besichtigungen): Royal Mile 3/4 Std.; Castle 3/4 Std.
Sehenswürdigkeiten: Siehe Stadtrundgang. Einheitliche Öffnungszeiten für alle Museen: Mo.–Sa. 10–17, So. 11–17 Uhr (Ausnahmen: Still's Gallery Di.–Sa. 11–17.30 Uhr, Collective Gallery Di.–Sa. 11–17 Uhr).
Festival-Büros: **1.** Internationales Edinburgh Festival, 21 Market Street, Tel. (01 31) 473 20 00.
2. Edinburgh Festival Fringe, 180 High Street, Tel. 2 26 52 57 oder 59.
3. Edinburgh Military Tattoo, 33–34 Market Street, Tel. 2 25 86 16.
4. International Film Festival, 88 Lothian Road, Tel. 2 29 25 50.
5. Internationales Jazz Festival, 116 Canongate, Tel. 5 57 16 42.
6. Edinburgh Book Festival, 137 Dundee Street, Tel. 2 28 54 44.
7. Royal Highland Show, Ingliston, Tel. 3 33 30 36.
8. Scottish Chamber Orchestra, 4 Royal Terrace, Tel. 5 57 68 02.
9. Scottish International Children's Festival, Laurie Street, Inverleith Park, Tel. 5 53 77 00.
Unterkunft: siehe Tour 1. In der Zeit der Festivals (vorwiegend August) sind alle Unterkünfte ausgebucht, so daß rechtzeitige Vorbestellung unerläßlich ist.

George IV. Bridge auf. Aus der *Bank Street* zweigt noch einmal links eine schmale Gasse ab, die *St. Giles Street.* Sie führt direkt auf den *Parliament Square* zu. **High Kirk of St. Giles** ㉗, wie der offizielle Name der Kathedrale lautet, ist die Hauptkirche Edinburghs. Die vier achteckigen Pfeiler, die den Turm mit der Krone von St. Giles tragen, sollen noch Reste der 1120 erbauten und 1385 zerstörten normannischen Kirche enthalten. Das in strenger Gotik erbaute Gotteshaus wurde 1633 von Karl I. zur Kathedrale erhoben. In der Südostecke der Kirche befindet sich die 1911 erbaute kleine, reich geschmückte *Chapel of the Order of the Thistle,* die Kapelle des ersten und höchsten schottischen Ritterordens. An ihrem Portal ist ein »schottischer Engel« mit Kilt und Dudelsack zu sehen.

Die High Kirk ist umgeben von stattlichen Repräsentationsbauten, wie der *Signet Library,* dem ehemaligen *House of Parliament,* dem *District Court, The City Chambers* usw. Hier war das kirchliche und politische Zentrum Schottlands. Im **Parliament House** ㉘ trat bis zur Realunion mit England im Jahr 1707 das schottische Parlament zusammen. Vom Jahr 2000 an wird es hier nach 300jähriger Pause wieder tagen.

Wir betreten nun den vierten Abschnitt der Royal Mile, den **Lawn Market**. Rechts befindet sich neben der Gasse *James Close* das alte, 1620 vollendete Hause **Gladstone's Land**, ein sechsstöckiges Stadthaus mit schönen Deckenmalereien. Bald danach folgt im Übergang zu *Castle Hill* eine besondere Edinburgher Attraktion: Unter dem Dach des weißen Fachwerkturmes, des **Outlook Tower** ㉙, ist eine riesige Camera Obscura aus dem Jahre 1850 untergebracht, die an schönen Tagen das Bild der umliegenden Häuser auf eine weiße, konkave Tischplatte wirft. Das alte Stück wird ergänzt durch ein Ergebnis moderner Lasertechnik: Es werden faszinierende Hologramme gezeigt. Am Ende des Castle Hill (Nr. 354) steht links das **Scotch Whisky Heritage Centre**, in dem die Geschichte des Whiskys dargestellt wird.

Wir sind nun auf der *Esplanade* angelangt und betreten **Edinburgh Castle** ㉚. Auf diesem Parkplatz stehen Denkmäler berühmter Schotten. Die Burg hat im Laufe der Jahrhunderte als Kastell, Garnison, Gefängnis und Königspalast gedient. Sie hat viele Belagerungen, Eroberungsversuche und Zerstörungen erlebt. Jetzt wird sie Sommer für Sommer von den in Scharen herbeiströmenden Touristen »erobert«, allein schon wegen des herrlichen Ausblicks auf den Firth of Forth, der sich von der Festungsmauer aus bietet. Der eigentliche Schloßkomplex steht auf dem Gipfel des Burgberges. Ältester Teil ist die kleine *St. Margaret's Chapel* aus dem Jahr 1073. Man betritt das Schloß durch einen Torweg an der Ostseite des Hofes.

Man kann die *Great Hall* auf der Südseite besichtigen, wo das erste schottische Parlament zusammengetreten ist. Später wurde die Halle für Bankette genutzt. Nach der letzten Sitzung des schottischen Parlaments am 21. März 1707 wurden die schottischen Throninsignien in einer Eichentruhe versiegelt. 111 Jahre lang lagen sie im verborgenen, bis Sir Walter Scott eine königliche Vollmacht erhielt, die Truhe zu öffnen. Danach wurden die Kronjuwelen für die Öffentlichkeit ausgestellt. Im *Royal Office* kann man die königlichen Gemächer und seit 1993 auch Originale der schottischen Kroninsignien mit einer einführenden historischen Darstellung besichtigen. Sehenswert ist auch die im 15. Jh. gegossene Kanone *Mons Meg,* die selbst Cromwell das Fürchten gelehrt haben soll. Bei einem Salut 1681 platzte das Kanonenmonster.

Das Edinburgh Festival

Es besteht seit 1947. Im Anfang fand es drei Wochen lang im August statt. Mit der Zeit gesellten sich zum eigentlichen Edinburgh Festival weitere Festspiele, so daß man heutzutage unterscheiden muß zwischen dem:

- *Schottisch-Internationalen Kinderfestival, Ende Mai;*
- *Schottisch-Internationalen Festival der Fotografie, Anfang Juni;*
- *Meadows Festival, Anfang Juni; Altstadtfest, Mitte Juni;*
- *Leith Festival, Mitte Juni;*
- *Leith Jazzfestival, 3. Juniwoche;*
- *Royal Highland Show, Ende Juni;*
- *Internationales Jazzfestival, 2. Augustwoche;*
- *Edinburgh Tattoo, Anfang bis Ende August;*
- *Edinburgh International Science Festival, August;*
- *Internationales Filmfestival, 2. Augusthälfte;*
- *Buchmesse in Edinburgh, 2. Augusthälfte;*
- *Internationalem Edinburgh-Festival, Mitte August bis Anfang September;*
- *Edinburgh Festival Fringe, Mitte August bis Anfang September;*
- *Scottish Storytelling Festival, 2. Oktoberhälfte.*

Das sind 15 Festspiele. Es gibt keine Stadt auf der Welt, die in der Sommerzeit ein so dicht gedrängtes Programm an Aufführungen, Ausstellungen, Musik, Filmen, Lesungen usw. hat. Diese Festivals bieten Spitzenleistungen auf jedem Gebiet der Kunst: Oper, Ballett, Orchesterkonzerte, Kammermusik, Schauspiel, Malerei, Kino, Fotografie usw. Im Rahmen des Filmfestivals finden täglich sechs bis zehn Vorstellungen statt. Zählt man alle Behelfsbühnen und Improvisationen des Fringe Festival mit, so hatte Edinburgh z. B. im August 1993 142 Theater!

Während das offizielle **International Edinburgh Festival** dem etablierten Kunst- und Kulturbetrieb gehört, bietet das zeitgleich stattfindende **Fringe Festival** Raum für alternative und experimentierfreudige Veranstaltungen. »Fringe« – das heißt wörtlich »Rand«. Doch ist das Fringe Festival heute weitaus mehr als eine Randveranstaltung. Es hat sich aus ursprünglich bescheidenen Anfängen, gedacht als Ergänzung und Kontrast zur subventionierten und renommierträchtigen »Hochkultur«, inzwischen zum integralen Bestandteil der Festspiellandschaft gemausert. Fast könnte man sagen, daß es im Begriff ist, dem offiziellen Festival den Rang abzulaufen, denn es ist das Fringe Festival, das mit seiner bunten Palette Flair und Ambiente in der Stadt prägt. Turn- und Fabrikhallen, Kirchen, Hotels und Hinterhöfe werden kurzerhand zu Spielstätten umgerüstet. Theatergruppen aus ganz Großbritannien, darunter besonders viele studentische Bühnen, geben sich ein Stelldichein, die »buskers« (Straßenkünstler) erobern Bürgersteige und Plätze, und in vielen Kneipen kann man sein »pint« bei live music oder dem Vortrag eines »stand-up-comedians« genießen.

Eine besondere Attraktion bildet der berühmte Zapfenstreich **Military Tattoo**. Er verläßt das Castle durch das große Eingangstor und entfaltet auf der Esplanade seine ans Artistische grenzenden Künste des Tambourmajors, die Dudelsackmusik und den stolzen, selbstbewußten Paradeschritt der Hochlandregimenter in ihren Kilts und Tartans. Volksfeststimmung, Folklore, militärisches Zeremoniell, Feuerwerk – alles vermischt sich. Der Tattoo wird beendet, wie sollte es anders sein, durch die Nationalhymne. Es geht eben auch in Schottland sehr britisch zu.

II. Aus den Lowlands in die Highlands

Grundinformation und Sehenswürdigkeiten

Die vier Touren, die in der zweiten Region vorgesehen sind, liegen in dem Gebiet, das sich von den dicht besiedelten und verkehrstechnisch sehr erschlossenen *Lowlands* zwischen *Firth of Forth* und *Firth of Clyde* bis in die Anfänge der südlichen *Highlands* um den *Ben Lomond* erstreckt. Es ist eine Übergangsregion, in der naturgemäß am südlichen Rand die historische Bedeutung (Tour 3) und im Westen und Norden die landschaftliche Schönheit überwiegen (Touren 4–6).

Am Nordrand der Lowlands befinden sich drei Orte hohen historischen Ranges für die Geschichte Schottlands: *Linlithgow, Stirling* und *Bannockburn.* Linlithgow können wir auf der Fahrt von Edinburgh nach Stirling besuchen, wo es auf halbem Wege links neben dem Motorway liegt (Ausfahrt 3). Stirling bildet den Anfang unserer Wanderung Nr. 3. Das »Battlefield of Bannockburn« können wir bei der Ankunft am Vortag vom Auto aus sehen.

Linlithgow ist die historische Hauptstadt der Grafschaft *West Lothian.* Die vielen schönen, alten Häuser der Stadt werden von der Ruine von *Linlithgow Palace* überragt. Der Palast war jahrhundertelang eine der Residenzen der schottischen Könige und im 16. Jh. im Besitz der Stuarts. Hier wurde am 8. Dezember 1543 **Maria Stuart** als Tochter des schottischen Königs James V. und der Französin Marie de Guise geboren. Der Vater starb eine Woche nach der Geburt seiner Tochter, so daß sie bereits als Baby zur Königin von Schottland erklärt wurde. Sie war als letzte unabhängige Monarchin eines stolzen Schottlands eine tragische Figur. Mit 15 Jahren heiratete sie den französischen Thronfolger. Französisch erzogen und katholischen Glaubens, geriet die Königin in Konflikt zur Reformation und zu einem Teil des protestantischen Adels, so daß sie 1567 im Alter von 25 Jahren abdanken mußte und gefangengenommen wurde. Zehn Jahre später konnte sie aus der Gefangenschaft entfliehen, versuchte ein Comeback, aber ihre Truppen unterlagen in der Schlacht bei Langside der Armee des protestantischen Adels. Ohne Hausmacht floh sie nach England zu Elisabeth I., die sie jedoch ins Gefängnis sperrte und 19 Jahre später hinrichten ließ. So hat sie 29 von 37 Jahren ihres königlichen Erwachsenseins hinter Mauern verbringen müssen.

Während des zweiten Jakobiterraufstands unter Bonnie Prince Charlie waren in Schloß Linlithgow von 1745 bis 1746 hannoveranische Truppen einquartiert. Bei ihrem Abzug am 31. Januar ließen sie die Lagerfeuer brennen, die sich zu den Strohlagern durchfraßen und so das herrliche Schloß zerstörten. Die Ruine von Linlithgow Palace kann Mo.–Sa. 9.30–19 und So. 14–19 Uhr besichtigt werden.

Stirling ist eine alte Stadt mit 30000 Einwohnern und viel Sehenswertem: *Old Stirling Bridge* über den *River Forth, Argyll's Lodging* von 1633, das Zunfthaus *Guildhall, Mar's Wark* aus der Renaissance und die erhalten gebliebene mittelalterliche Kirche *Holy Rude.* Überragt wird die Stadt von der auf einem Felsen thronenden Burg **Stirling Castle**, die von 1538 bis 1542 unter James V. erbaut wurde. Die weit-

Stirling Castle, erbaut im 16. Jh., bildet eine weitgehend erhaltene, weitläufige Burganlage.

gehend erhaltene Burganlage war eine Lieblingsresidenz des Hauses Stuart. Hier wurde im Alter von neun Jahren Maria Stuart zur Königin von Schottland gekrönt. In der Schloßkapelle wurde ihr Sohn James VI. getauft. Sie hatte ihn kurz nach seiner Geburt aus einem Fenster in Edinburgh Castle in einem Korb über eine Felswand abgeseilt, weil sie einen Anschlag auf ihn befürchtete. Nach ihrer Abdankung bestieg er als *Jakob VI.* den schottischen und als *Jakob I.* den englischen Thron, womit die Personalunion beider Länder begründet wurde. Bis zur Realunion tagte in der *Great Hall* zeitweise das schottische Parlament.

Das **Battlefield of Bannockburn** liegt nur 3 km südöstlich der Burg von Stirling. Die Schlacht fand 1314 statt und war eine der wenigen, in denen die Schotten gegenüber den Engländern erfolgreich blieben. Kein Wunder also, daß die Schotten ihrer besonders gern gedenken und schon bei der Aussprache, so will es scheinen, die gesamte Schlacht im Geiste nochmals auskämpfen: *»The Battlefield of Ba-nockburrrn«* mit dem Sieger *»Rrrobert the Brrruce«* (zu sprechen wie ein Konsonanten-Trommelfeuer). In den sieben Jahren vor der Schlacht hatte Robert I. die meisten der von den Engländern besetzten Burgen und Schlösser gestürmt. 1314 wurde als eine der letzten Stirling Castle belagert. Der englische Kommandant hatte eine Befreiung mit der Ankündigung provoziert, daß er kapitulieren würde, wenn ihn die Engländer nicht bis zum Johannestag entsetzen würden. Diese nahmen die Aufforderung an, und so kam es am

24. Juni zur entscheidenden Schlacht bei Bannockburn. Das Zahlenverhältnis war 3:1 zugunsten der Engländer. Trotzdem gelang es den Truppen Roberts I. im Vertrauen auf ihre gerechte Sache und auf Grund ihrer besseren Ortskenntnis nicht nur den Sieg zu erzwingen, sondern auch Edward II. mit vielen seiner Truppen in die Flucht zu schlagen. Nach gescheiterten diplomatischen Versuchen, auf dem Umweg über Rom die Unabhängigkeit Schottlands für illegal zu erklären, akzeptierten die Engländer die neue Lage. Im Vertrag zu Edinburgh gab Edward am 17. März 1328 alle Ansprüche auf Schottland auf. Und 1964, am 650. Jahrestag der Schlacht, enthüllte hier Queen Elizabeth II. ein Reiterstandbild. Das Battlefield of Bannockburn kann man von der A91 linker Hand sehen, nachdem man vom Motorway M9 an der Ausfahrt 9 auf die A99 nach Norden gefahren ist.

Lowlands and Highlands

Schon die Namen verraten Gegensätze. In den Lowlands sprach man Englisch, in den Highlands dagegen Gälisch. Die Lowlander paßten sich rascher dem südlichen Nachbarn an und hatten auch Sinn für seine verfeinerte Kultur – die Highlander dagegen galten als primitiv, waren aber stolzer und selbstbewußter als die Lowlander. In den Lowlands liegen heute die großen Städte *Edinburgh, Dundee, Perth, Dunfermline, Stirling, Glasgow, Paisley* usw., hat die Verkehrsdichte einen hohen Grad erreicht, befinden sich vor allem um Glasgow bedeutende Industrien. In den Highlands dagegen dominiert die durch Seen und Berge charakterisierte, oft herbe Landschaft, ist die Besiedlung dünn, heute mehr durch Tourismus als durch Schafzucht geprägt, immer noch Nachwirkungen der einstigen »clearances«. Die Lowlands machen etwa 15% der Landmasse aus, aber in ihnen leben 85% der Bevölkerung. In den Highlands dagegen leben auf 55% des Territoriums nur 3% der schottischen Bevölkerung. Die Lowlands sind eine fruchtbare Region, in der Landwirtschaft betrieben werden kann. An Bodenschätzen besitzen sie Kohle- und Erzvorkommen. Die Highlands dagegen sind karges, ödes Bergland, das allenfalls zur Schafzucht taugt. An den Küsten wird zusätzlich Fischerei, Fährbetrieb zu den Inseln und etwas Handel getrieben.

Gleichwohl vollzieht sich der landschaftliche Übergang aus den Lowlands in die Highlands nicht abrupt, sondern recht allmählich. So durchwandern wir z.B. bei Tour 3 ein sanftes Hügelland, dessen Höhen zwischen 350 und 570 m liegen, gelegentlich mit felsigen Rändern versehen, und in dessen Mulden sich zahlreiche kleine Stauseen befinden. Und der *Loch Lomond* (Touren 4–6) öffnet sich im Süden den Lowlands mit sanften Ufern und einer breiten Wasserfläche, in der ein Dutzend großer und kleiner Inseln für optische Belebung sorgen. Nach Norden aber stößt er fjordartig schon tief in die Highlands vor und wird mit dem *Ben Lomond* (974 m) und dem *Beinn Ime* (1011 m) von zwei »Munros« flankiert – so nennen die Schotten alle Berge, die über 3000 feet hoch sind.

Der **Loch Lomond** ist mit 40 km Länge und 12 km Breite im Süden der größte britische Binnensee. Zusätzlich wird er von vielen auch als schönster See Schottlands bezeichnet.

»Großflächig, wuchtig, aber nicht drohend stößt der See wie ein Keil von Süden gen Norden und trennt die bis über 900 m hohen Berge«, so beschreibt ihn Peter Sahla in seinem detaillierten Schottlandbuch.

Auch in den Festen gibt es Unterschiede. Sind es in den Lowlands die Edinburgh-Festivals, so beleben im Gebirge die **Highland Games** das Land. Von Mai bis September finden an mehreren Orten und zu verschiedenen Zeiten diese Spiele statt, die die 1000jährige Tradition pflegen: Wettläufe, Steinstoßen, Baumstammwerfen, aber auch Volksfeste mit Dudelsackmusik, Tanz und viel Folklore. Im Winter, wenn die Seen zugefroren sind, wird auf ihnen Curling gespielt, nicht nur von Einheimischen.

Whisky wird überall im Land gebrannt, aber so, daß ihm jeder Ort seine eigene Note und damit seinen eigenen Namen verleiht. 1994 feierten die Schotten das 500jährige Jubiläum dieser feucht-fröhlichen Tradition. Es gibt über 110 Brennereien in Schottland. Ob die *Glenfiddich Distillery* in *Dufftown* in den Grampians, ob die kleinste Destillerie mit nur drei Mitarbeitern in *Edradour*, immer wieder werden Sie auf Brennereien treffen, in denen Sie das Nationalgetränk der Schotten, von dem es über 2000 verschiedene Marken gibt, nicht nur probieren und kaufen, sondern auch seine Herstellung durch kostenlose Führungen studieren können.

Am Südufer des Carron Valley Reservoir blickt man immer wieder auf den ausgedehnten Stausee.

3 Stirling und Carron Valley Reservoir

Besichtigung von Stirling Town und Stirling Castle.

(King's Park – Torbrex – Shielbrae – Carron Bridge) – Forest Walks – Carron Valley Forest – Carron Valley Reservoir – Todholes

Tourencharakter: Kombination der Stadtbesichtigung eines der bedeutendsten historischen Zentren Schottlands mit einer Landschaftstour. Am Vormittag Besuch der Altstadt mit Stirling Castle. Am Nachmittag Wanderung an einem schönen Stausee durch viel Wald. Die Verbindung zwischen beiden Teilen wird im Normalfall mit dem Auto hergestellt, kann aber für extrem Wanderfreudige auch zu Fuß oder mit dem Rad bewältigt werden. Auch ein Ausbau zur Zwei-Tage-Tour ist denkbar.
Reine Gehzeit: a) Stirling 1½ Std., b) Carron Valley Reservoir 2½ Std.

Stirlings Altstadt basiert noch auf dem mittelalterlichen Plan. Zum Burgberg ziehen die *St. John Street* und *Upper Castlehill* hinauf, während *St. Mary's Wynd* und die *Upper Bridge Street* an dessen Osthang zur *Old Stirling Bridge* führen. Beide nahezu parallel laufende Straßen werden durch drei Querstraßen miteinander verbunden, während die übrigen Abzweige meist als Sackgassen enden. Viele anfangs aus Holz errichtete Häuser wurden später in Stein aufgeführt und säumen noch heute die *Broad Street* wie reich verzierte Kaufmannshäuser, das Rathaus *(Tolbooth)* von 1705 oder *Mar's Wark*, ein unvollendet gebliebener Grafenpalast von 1572, am oberen Ende.

Durch Stirlings Altstadt zu laufen ist also wie ein steinernes Bilderbuch seiner Geschichte. Das **Castle** war oft umkämpft, hatte viele Belagerungen und Besitzerwechsel, mitunter verbunden mit Bränden, zu bestehen. Wenn die Burg heute gleichwohl in einem guten Zustand besucht werden kann, so verdankt sie das einerseits ihrem Wiederaufbau in der Zeit der Stuartkönige im 15. und 16. Jh., als Stirling eine Zeit des Wohlstands erlebte, andererseits aber auch einer Restaurierung von 1964, anläßlich des Besuchs der Königin, nachdem britische Soldaten die Burg als Kaserne genutzt und in einem reichlich beklagenswerten Zustand hinterlassen hatten.

Der wiederholte Kampf um Stirling Castle ist die Folge des Umstands, daß die Stadt bis zum Beginn der Neuzeit die einzige befestigte Nord-Süd-Verbindung zwischen Highlands und Lowlands darstellte. Wer die Burg besaß, beherrschte das Umland, besonders nach Osten. Denn *Old Stirling Bridge*, wo unsere Wanderung beginnt, war landeinwärts die erste Brücke über den *River Forth*. Westlich von ihr lagen versumpfte Niederungen, und östlich von ihr wurde der Forth so breit, daß mittelgroße Schiffe bis Stirling fahren konnten. Auf diese Weise besaß die Stadt vom 12. Jh. bis zum 2. Weltkrieg einen Hafen.

Im 12. Jh. entstand südöstlich der Burg, dank der Verleihung des königlichen Marktrechts, die Marktstadt mit einer eigenen Kaufmannsgilde. Diese erste Blütezeit wurde im 13. und 14. Jh. durch Unruhen und wechselvolle Kämpfe mit den Engländern beendet. Erst im 15. und 16. Jh. herrschte unter den Stuarts erneuter Wohlstand. Das 17. Jh. brachte nochmals mit dem Einmarsch Cromwells, der Restauration unter Karl II. und Jakob II. und den Aufständen gegen den wiedererstarkten Katholizismus unruhige Zeiten. Die

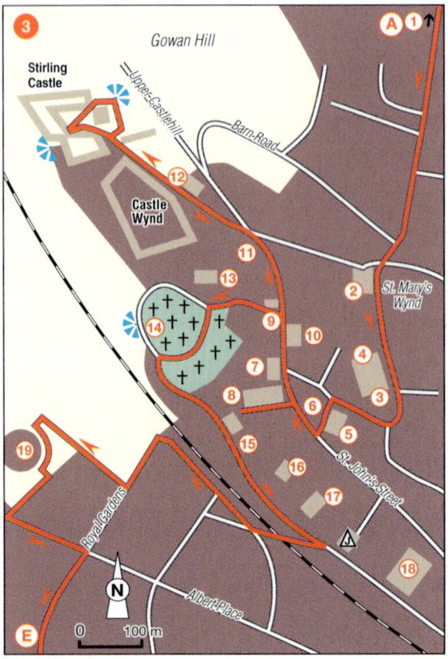

① Old Stirling Bridge, ② Stadthaus der Cowane-Familie, ③ Mercat Cross, ④ Norrie's House, ⑤ Tolbooth (Rathaus), ⑥ ehem. Platz des Galgens, ⑦ Mar's Wark, ⑧ Church of the Holy Rude, ⑨ Grammar School (Hotel), ⑩ Argyll's Lodging, ⑪ King's Stable Inn, ⑫ Visitor Centre, ⑬ Martyr's Pyramid, ⑭ Lady's Rock, ⑮ Guildhall, ⑯ Bowling Green, ⑰ Militärgefängnis, ⑱ Old High School (Hotel), ⑲ King's Knot.

Zeit nach 1685 hieß »Killing Time«. Erst die Realunion leitete wenigstens für Stirling friedlichere Zeiten ein.

Die Geschichte Stirlings entbehrt gleichwohl nicht gewisser skurriler, typisch schottischer Elemente. 1456 wurde der 1414 begonnene Bau der **Church of the Holy Rude** vollendet. Zwei Jahrhunderte später kam es zum Streit zwischen zwei Pastoren. Der Rat der Stadt reagierte darauf mit der Anordnung, eine Trennmauer quer durch das Kirchenschiff zu ziehen, um die Gottesdienste der beiden Streithähne getrennt abhalten zu können. Erst 1936 wurde das Unikum bei der Restaurierung und Vollendung der Kirche beseitigt.

Aus der Hinterlassenschaft des Kaufmanns Cowane war von 1634 bis 1639 die **Guild Hall** im schottischen Renaissancestil erbaut worden. Sie war zunächst für verarmte Mitglieder der Kaufmannsgilde bestimmt und daher mit Alkoholverbot belegt. Da aber zu jener Zeit das Wasser verschmutzt, der Tee teuer und der Kaffee noch unbekannt waren, blieb Bier das einzig hygienische Getränk. Und gerade dies war den Armen verboten. Die Folge war, daß die »Sozialstation der reichen Gilde« unbenutzt blieb, bis man sie im 18. Jh. zu einem Treffpunkt der Gilde umfunktionierte.

Wer mehr von den skurril-schauerlichen Episoden aus der Stadtgeschichte erfahren will, der schließe sich an einem Sommerabend dem höchst amüsanten **Stirling Ghost Walk** an, der vom *Portcullis Hotel* seinen Ausgang nimmt. Schauspieler führen die Teilnehmer zu Friedhöfen und alten Gemäuern und stellen dort, durchsetzt mit viel schwarzem Humor, einige der blutrünstigeren Kapitel nach. Gute Englischkenntnisse sind allerdings Voraussetzung, um den makabren Spaß richtig genießen zu können (siehe auch »Nützliche Informationen«).

Heute ist Stirling eine Mittelstadt von Format. Ihre Nord-Süd-Ausdehnung beträgt 9 km, durchzogen von einer Stadtautobahn; Gartenstädte umgeben die Innenstadt als breiter Gürtel. Seit dem 12. Jh. gab es Schulen, im 15. Jh. eine lateinische Grammar School, seit Mitte des 19. Jh. die Old High School. Diese Tradition im Bildungswesen kulminierte, als die Stadt 1964 gegen die Konkurrenten Falkirk und Inverness den Zuschlag für eine vierte schottische Landesuniversität erhielt.

Das zweite Thema unserer heutigen Wanderung bildet **Carron Valley Forest** mit einem fast 5 km langen Stausee. Um von Stirling hierher zu gelangen, fährt man über den Stirling-Vorort *Torbrex* und das Gehöft *Graystale* bis zur Gabelung in *Shielbrae.* Hier wählt man den linken Abzweig, passiert den *North Third Reservoir,* bis man auf eine ebenfalls von Stirling kommende, breitere Straße trifft. Hier biegt man scharf rechts zurück und fährt noch 7 km über *Carron Bridge* zum Parkplatz der *Forest Walks.*

Stadtwanderung Stirling Town

Wir beginnen unsere Stadtwanderung an der **Old Stirling Bridge** ①, von wo man die Altstadt und den Burgberg überblicken kann. Die aus dem 15. Jh. stammende Steinbrücke war jahrhundertelang der einzige Übergang über den *River Forth.* Von der Old Bridge begeben wir uns durch eine Straßenunterführung Richtung Burgberg (P) und vorbei am *Gowan Hill* aus der *Lower Bridge Street* rechts aufwärts in die *Upper Bridge Street* (Ww. »Stirling Castle«). An einer Linksbiegung geht sie in *St. Mary's Wynd* über. Hier steht rechts **The Settle Inn** (1773), ein Lokal, das behauptet, älteste Kneipe Stirlings zu sein. (*King's Stable Inn* am Zugang zur Burg behauptet das auch.) Es folgen die Ruinen des **Stadthauses der Cowane Family** ② (17. Jh.), aus der der Gründer der *Guild Hall* stammt (Info-Tafel).

Wir laufen 20 m auf St. Mary's Wynd, bis rechts die *Broad Street* abzweigt. Gleich am Anfang steht **Mercat Cross** ③, das Marktkreuz. Rechts von ihm befindet sich **Norrie's House** ④, das Haus eines Rechtsanwaltes und Stadtschreibers. Links steht **Tolbooth** ⑤, das Rathaus von 1705 mit seinem hohen Turm. An der Westseite des Gebäudes stand bis 1843 der Galgen für öffentliche Hinrichtungen ⑥ (Info-Tafeln). Am Ende der Broad Street stößt man auf **Mar's Wark** ⑦, eines der Wahrzeichen Stirlings. Der 1572 im Stil der französischen Renaissance erbaute Palast des Grafen Mar ist nie vollendet worden, wurde aber als Windschutz für den Markt stehengelassen. Links von Mar's Wark erhebt sich die **Church of the Holy Rude** ⑧, in der 1567 Jakob VI. gekrönt wurde, der 1603 zugleich als Jakob I. von England die Personalunion beider Königreiche begründete. Links hinter der Kirche steht der schöne Bau der **Guild Hall** in strahlendem Weiß (1639). Sehenswert ist die *Great Hall* im Innern des Baus.

Nun gehen wir die *Upper Castlehill* zur Burg hinauf. Links ist die alte *Grammar School* ⑨ aus dem 15. Jh. (heute Hotel), rechts **Argyll's Lodging** ⑩ aus dem 16. Jh. Dieses schöne, erhaltene Stadthaus im Renaissancestil mit geräumigem Innenhof wurde, nachdem es 150 Jahre als Armeehospital gedient hatte, 1950 in eine Jugendherberge umgewandelt. Jetzt wird der respektable Bau als Bibliothek und Museum für

Argyll's Lodging, ein großartiges Stadthaus im Renaissancestil, beherbergt heute eine Bibliothek und ein Museum für schottische Geschichte.

In strahlendem Weiß präsentiert sich die Anfang des 17. Jh. erbaute Guild Hall.

schottische Geschichte genutzt. Die neue Jugendherberge befindet sich 150 m weiter in der *St. John Street* in einem modernen Bau hinter der Fassade einer ehemaligen Kirche. Sie gehört mit ihrer komfortablen Inneneinrichtung zu den besten Schottlands.

Im Aufgang zum **Stirling Castle** kommt man rechts zum *Visitor Centre* ⑫, wo man Karten für die Burgbesichtigung erhält und mit einer audiovisuellen Schau zur Burggeschichte konfrontiert wird. Das *Torhaus*, die *Great Hall*, der *Palace* und die *Royal Chapel* wurden in der Zeit von 1503 bis 1594 erbaut. Noch immer wird restauriert, und anstelle des alten Interieurs sind viele Räume mit Ausstellungen gefüllt. In einer interessanten Restaurationsphase befindet sich die Great Hall, weil hier die modernen Arbeiten und die Darstellung früherer Handwerksberufe Hand in Hand gehen.

Vom Castle gehen wir wieder zurück bis Argyll's Lodging. Ihm gegenüber zweigt an der Old Grammar School ein schmaler Asphaltweg über die *Esplanade* ab. Rechts befindet sich *Martyr's Pyramid* ⑬, ein Mahnmal für religiös Verfolgte. Der Weiterweg geht nach links durch das offene Tor über den Friedhof zu *Lady's Rock* ⑭. Das ist ein Aussichtspunkt, von dem früher die Hofdamen den Ritterkämpfen zuschauen konnten, während wir heute die Aussicht auf die Burg und in das Umland genießen.

Wir verlassen den Friedhof am Fuß des Granithügels und gehen links abwärts auf den asphaltierten *Back Walk*. Dieser Weg an der Westseite des Burghügels wurde bereits 1703 angelegt. Unterhalb der *Old High School* (heute Hotel ⑱) führt rechts scharf zurück ein geteerter Weg in die Straßen der Südstadt. Man kann noch über *Royal Gardens* in das Terrassengelände von **King's Knot** ⑲ spazieren. Er war um 1630 Teil einer Gartenanlage, die heute im Volksmund »Cup and Saucer« (Tasse und Untertasse) genannt wird.

Wanderung im Carron Valley Forest

Der **Carron Valley Forest** besteht zwar im wesentlichen aus Fichtenwald, aber er ist keine Monokultur. Besonders in Ufernähe, wo unser Wanderweg verläuft, wird der Wald durch einzelne Kiefern, Birken und Buchen, auch durch Waldwiesen, Schonungen und Lichtungen aufgelockert. Der Weg in Nachbarschaft des Sees ist durch die Höhenunterschiede, die Wegkrümmungen und die immer wieder auftauchenden Ausblicke auf den See und seine Ufer besonders abwechslungsreich. Oft blühen am Wegrand Lupinen, Ginster und andere Gewächse.

Unsere Wanderung beginnt am Parkplatz *Forest Walks* hinter *Muirmill* an der B 818. Wir gehen an den Hütten vorbei, lassen auch den Hinweis »Forest Walks« links liegen und wandern geradeaus nach Westen, bis der östliche Staudamm und ein davor liegendes Häuschen sichtbar werden. Vor

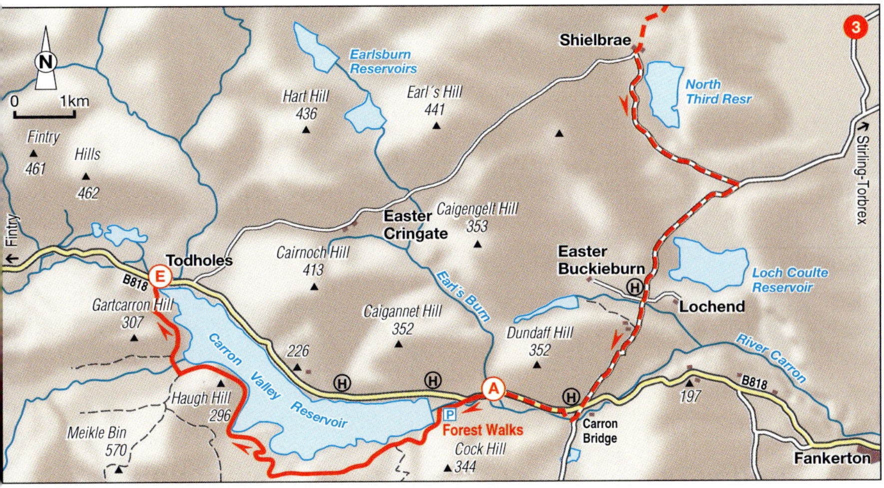

dem Haus biegen wir links ab, steigen bis in Höhe des Seespiegels auf und passieren eine Schranke. Von nun an gibt es kaum Wegprobleme. Wir bleiben auf dem breiten Schotterweg, der auch für Radfahrer geeignet ist, so daß der See immer zu unserer Rechten liegt und alle Abzweige nach links ignoriert werden. Die einzige Stelle, an der man aufpassen muß, erreichen wir nach etwa 1 Stunde in einem Tal. Unmittelbar nach einer Steinbrücke wendet sich unser Wanderweg scharf rechts zurück, während es geradeaus zum *Meikle Bin* [Miekl Bin] gehen würde.

Kurz nach der Rechtskurve sieht man an einer weiteren Brücke eine gelbe »2«. Nun beginnt der schönste Teil der Wanderung. Ausblicke auf den See und 2 km auf dem Hochufer lassen uns so recht die Wald-Wasser-Landschaft genießen. Zum Schluß steigen wir neben dem nördlichen Staudamm hinab zur Straße bei der Farm *Todholes*.

i Nützliche Informationen

Ausgangspunkt: **a)** Old Stirling Bridge; **b)** Parkplatz Forest Walks, 2 km westlich Carron Bridge.
Gehzeiten: **a)** Stirling 1 1/2 Std.; **b)** evtl. Stirling – Carron Valley Forest 3 Std.; Carron Valley Forest 2 1/2 Std.
Sehenswürdigkeiten: Stirling: siehe Stadtwanderung nach Plan. Zusätzlich Stirling Ghost Walk, Ende Juni bis Mitte Sept., Di.–Sa., jeweils 19.30 und 21.30 Uhr, Treffpunkt Portcullis Hotel, Castle Wynd, Tel. (01786) 447150.
Information: Stirling: **1.** Tourist Information Centre, 41 Dumbarton Road, Tel. (01786) 475019, geöffn. tägl. 9–18 Uhr. **2.** Visitor Centre am Zugang zu Stirling Castle, Tel. 479901, geöffn. tägl. 9.30–18 Uhr.
Unterkunft: **1.** Stirling – FK8 1DU: JH, St. John Street, Tel. 473442, 126 Betten, ganzjährig, Voranmeldung ratsam; FK8 1NZ: JH, Stirling YH Annexe, Union Street, Tel. 473442, 64 Betten; 11 Hotels, 11 Guest Houses, 65 B&B.
2. Lochend Farm – K6 5JJ: Tel. (01324) 822778, 4 Betten.
3. Carron Bridge Hotel: Tel. (01324) 823459.
4. Fintry – G63 0LW: Culcreuch Castle Country Park, Tel. (01360) 860228, 860555; G63 0XN: Clachan Hotel, Tel. 860237; 2 B&B.
5. Drymen: siehe Tour 4.

4 Drymen und der südliche Loch Lomond

Drymen – Buchanan Castle – Milton of Buchanan – West Highland Way – Conic Hill – Craigie Fort – West Highland Way – Campingplatz Cashel – Sallochy – Rowardennan

Tourencharakter: Maßvolle Wanderung mit recht abwechslungsreichen Motiven: Aus der Kleinstadt Drymen über zwei Aussichtsberge und auf dem »West Highland Way« an den Ufern des Loch Lomond entlang und durch Wald Richtung Unterkunft am schmalen Seeteil.
Reine Gehzeit: 4–5 Std.

Der **Loch Lomond** gilt vielen Schotten als der schönste ihrer Seen. Geologisch entstand er in einer Bruchzone senkrecht zur Verwerfungslinie, die die Highlands von den Lowlands trennt. Die Bruchzone reicht von *Rowardennan,* das wir am Ende der Tour erreichen, bis *Inverarnan* an der Nordspitze des Sees. In ihr ist der See schmal und lang und von hohen Bergen umgeben. Hingegen öffnet er sich nach Süden als zunehmend breiter werdender und von einem Dutzend kleinerer und größerer Inseln durchsetztes Gewässer den Lowlands. Möglicherweise bestand in prähistorischer Zeit eine direkte Wasserverbindung über den *Loch Long* zum *Firth of Clyde* und damit zum Ozean.

Heute ist der Loch Lomond mit 73 km^2 Wasserfläche der größte Binnensee Großbritanniens. Sein Wasser besitzt eine vorzügliche Qualität, weshalb täglich über 2 Mio. hl in das Industriegebiet rings um Glasgow abgepumpt werden. Unsere Wanderung ist dem breiten Südteil mit seinen flachen Ufern und zahlreichen Inseln gewidmet. Deren Größe schwankt zwischen 10 m^2 und 1,5 km^2. Der Wasserspiegel liegt 14 m über NN. Von zwei Aussichtsbergen bei Balmaha, dem *Conic Hill* (358 m) und der Halbinsel *Craigie Fort* können wir das Geflecht von Wasser und Land schön überblicken. Im Gegenlicht der Nachmittagssonne bieten sich dabei herrliche Motive für den Fotografen.

Der Wanderweg

Unsere Wanderung beginnt am südlichen Ortsausgang von *Drymen* [Drümmen], wo beim Schild »Buchanan Castle/Golf Club« eine asphaltierte Straße von der B 858 nach Westen abzweigt. Sie führt durch ein Nobelgelände. Rechts kann man durch die Büsche die weißen Häuser eines Ponyhofes sehen. Bei einer darauffolgenden Gabelung verläuft der Weg geradeaus zum *Buchanan Castle* [Bukänen C.], während wir links dem Schild »Golf Club« folgen. Rechts stehen Bungalows. Bei den beiden nächsten Kreuzungen gehen wir geradeaus und kommen auf eine Lichtung. Kurz, nachdem wir wieder Wald betreten haben, führt der Weiterweg im rechten Winkel rechts ab. Nach einiger Zeit tauchen links Bungalows auf, und beim Schild »St. An-T-Sagairt« [An Tagerscht] treffen wir auf die B 837. Auf ihr müssen wir 450 m nach links laufen, bis an den Häusern von *Milton of Buchanan* scharf rechts zurück eine erst asphaltierte, dann geschotterte Straße abzweigt. Sie führt wie eine Allee unter schönen, alten Eichen entlang. Im Wald geht es dann steil aufwärts.

Beim Schild »Creity Hall« treffen wir auf den *West Highland Way,* dem wir nach links folgen (gelber Pfeil und das West-Highland-Way-Symbol). Auf diesem ersten Weitwanderweg Schottlands bleiben wir nun bis zum Ende

Am Pier von Craigie Fort am südlichen Loch Lomond warten Wanderer auf die Ankunft des Schiffes.

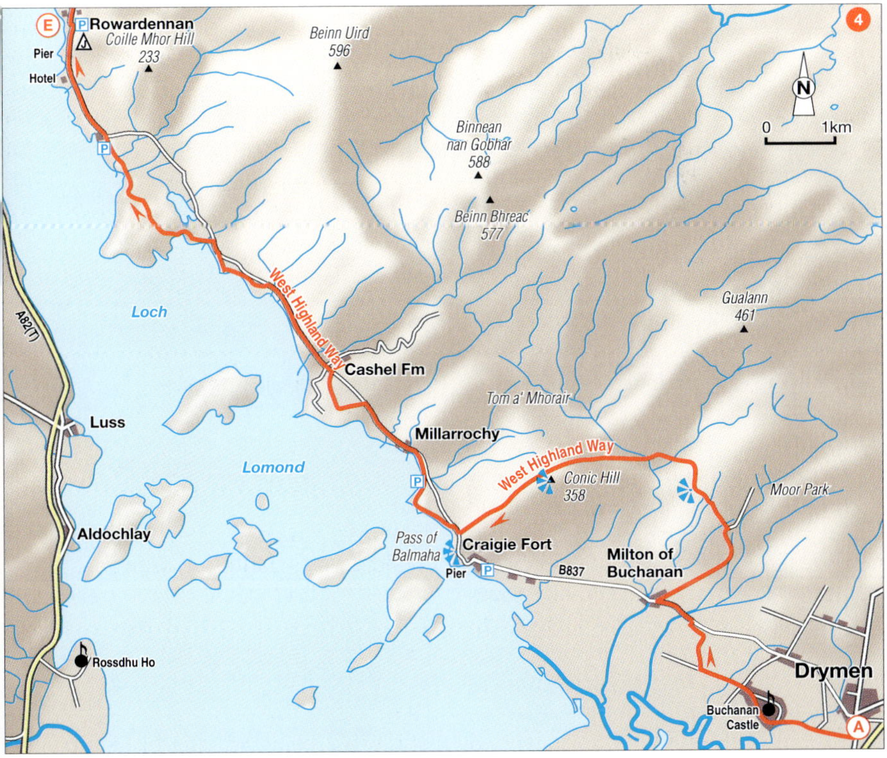

Nützliche Informationen

Ausgangspunkt: Drymen, südlicher Ortsausgang.
Gehzeiten: Drymen – Conic Hill 2 Std.; Conic Hill – Cashel 1 1/2 Std.; Cashel – Rowardennan 2 Std.
Information: Drymen: Tourist Information Centre, Tel. (01360) 660068, tägl. 10–17 Uhr.
Unterkunft: **1.** Drymen – G63 0BL: The Winnock Hotel, Tel. (01360) 660245; Buchanan Highland Hotel, Tel. 660588; 9 B&B.
2. Cashel Campsite – G63 0AW: Camping, Tel. 870234.
3. Rowardennan – G63 0AR: JH, Tel. 870259, 80 Betten, Juli–Aug. Voranmeldung; Hotel, Tel. 870273, 15 Zimmer und 2 Lodges mit Selbstversorgung; Fährbetrieb auf dem Loch Lomond.
4. Arden (am SW-Ende des Loch Lomond) – G83 8RB: JH, Alexandria Castle, Tel. (01389) 850226, 200 Betten, Voranmeldung.

der Tour; wir brauchen uns nur an das Symbol zu halten. Hatten wir bereits im Anstieg einen schönen Blick auf den südlichen *Loch Lomond*, so steigert sich nun dieser Ausblick beim Aufstieg auf den 358 m hohen *Conic Hill* zu einem umfassenden Überblick. (Im April und Mai ist die Route über den Conic Hill wegen der Kälber- und Lämmergeburten gesperrt.)

Nach dem Abstieg erreichen wir die Halbinsel *Craigie Fort* [Krägie Fort]. Wir gehen bis zum Pier vor und genießen den Ausblick auf den weiten See. Vom Pier führt ein Weg auf den Hügel, auf dem das Fort stand: ein schöner Aussichtspunkt über den Südteil des Sees mit seinen Dutzend Inseln. Der Abstieg erfolgt nach Norden.

Der West Highland Way verläuft nun entweder als Waldweg, streckenweise neben der Straße, oder als Uferweg, jedenfalls immer in Ufernähe. Bis *Rowardennan*, wo die Tour 5 beginnt und sich eine Jugendherberge befindet, wären es noch 13 km. Wem das zu viel wird und wer ein Zelt bei sich hat, kann nach 4 km auf dem Campingplatz *Cashel* übernachten. Also sozusagen eine Tour mit »open end«.

5 Vierzehn Kilometer Uferwanderung am Loch Lomond

1. Tag: Rowardennan – West Highland Way – Cailness – Inversnaid

Tourencharakter: Die beiden Touren 5 und 6 müssen als Kombinationstour von drei Tagen Dauer gestaltet werden, da von Inversnaid keine Schiffe mehr nach Rowardennan verkehren. Am 1. Tag wandern wir auf dem West Highland Way zum Inversnaid Hotel, das hervorragend schön liegt, aber für Wanderer eine nicht ganz billige Herberge ist. Es ist aber die einzige in weitem Umkreis. Die erholsame, landschaftlich überaus reizvolle Uferwanderung findet hier ihr Ende. Es schließt sich Tour 6 als Zwei-Tage-Tour an.
Gesamtgehzeit: 1. Tag (Tour 5) 3–4 Std.

Der **West Highland Way** wurde im Jahr 1980 nach zehnjähriger Planung als erster Fernwanderweg Schottlands eröffnet. Er ist insgesamt 152 km lang und verläuft von *Milngavie* in den Lowlands nach *Fort William* am Fuße des *Ben Nevis*. Das Teilstück, das wir heu-

:e auf ihm wandern, stellt also nicht einmal 10% seiner Gesamtlänge dar. Als wir 1984 auf diesem Teilstück liefen, war der Highland Way noch weitgehend unbekannt und trotz warmen und sonnigen Augustwetters einsam. Heute hört man von Umweltschützern, daß Wanderer, wenn sie in Scharen auftreten, vor allem unbefestigte Wege zu Erosionsrinnen zerstampfen würden. Das mag übertrieben sein. Und schließlich: Wenn es endlich gelungen ist, die Naturfreunde vom Auto weg und auf die Wanderwege zu bringen, so sollte man nicht gleich wieder neue Hürden aufrichten. Soviel aber kann für das schönste Teilstück des West Highland Way am Loch Lomond, das wir auf der 5. Tour durchwandern, gelten: nämlich daß es in den Sommer-

»Where the sun shines on the bonnie, bonnie banks of Loch Lomond«, heißt es in einem der bekanntesten schottischen Volkslieder.

monaten stark frequentiert ist und demzufolge in der Jugendherberge oder in den Hotels von *Rowardennan* und *Inversnaid* eine rechtzeitige Vorbestellung unbedingt ratsam ist.

Auf halbem Weg zwischen Ausgangs- und Endpunkt kommen wir am Ufer an einem Punkt vorbei, der den Namen *Rob Roy's Prison* trägt. Da steckt viel Highland-Historie dahinter. **Rob Roy MacGregor** war eine schon zu seinen Lebzeiten legendäre Figur. Anfang des 18. Jh., nach der Real-Union von 1707, waren Sozial- und Siedlungsstruktur der Highland-Zivilisation im Rückzug begriffen. Die »clearances« brachten die Bevölkerung dem Aussterben nahe. In dieser Untergangsstimmung verteidigte Rob Roy den alten Ehrenkodex der Highlander (Diebstahl an reichen Grafen war »ausgleichende Gerechtigkeit«) als ein »Robin Hood des Nordens«. 1712 borgte Rob Roy von einem Grafen Geld, aber sein Haupttreiber, mit dem Kauf von Vieh beauftragt, brannte mit der Summe durch. Der Adel beschuldigte Rob Roy des Diebstahls, bemächtigte sich dessen Landes und ließ ihn ächten. Drei Jahre später empfand Rob es als Teil seiner Rache, an dem Gefecht von Sheriffmuir gegen die Anhänger des englischen Königs teilzunehmen. Aber die Schotten verloren wieder einmal, und Rob Roy erschien auf einer Liste von 49 Hochverrätern. Dreimal wurde er gefangengenommen, und dreimal riß er wieder aus. Seit 1718 wurde er offenbar nicht mehr verfolgt und 1725 begnadigt. 1743 starb er, so daß er die drei Jahre später erfolgende endgültige Niederlage der Schotten bei Culloden nicht mehr erlebte.

Rob Roy liegt neben seiner Frau und zweien seiner Söhne auf dem Friedhof von *Balquhidder* [Bälchwidder] begraben, wohin wir am Ende der Tour 9 gelangen. Ob das Gefängnis Rob Roys, in dem er dreimal inhaftiert war, sich tatsächlich an dem Punkt befand, an dem wir vorbeikommen, ist historisch nicht eindeutig verbürgt. Mehr über Rob Roy kann man in einer Ausstellung in Callander erfahren (siehe Tour 8).

Fest steht hingegen, daß sich am Endpunkt unserer Wanderung, an dem $1\frac{1}{2}$ km oberhalb von *Inversnaid* liegenden Paß, 1718/19 eine englische Garnison befand, um den strategisch wichtigen Übergang gegen die Anhänger Rob Roys zu sichern. Die Gebäude stehen heute noch (siehe Tour 6).

Der Wanderweg am 1. Tag

Wir beginnen die Uferwanderung an unserer Unterkunft in *Rowardennan*. Nur bis hierher kann man mit dem Auto fahren. Auf unserer 14-km-Wanderung am See sind wir also aller Geräusche und Gerüche von motorisierten Fahrzeugen enthoben. Zunächst laufen wir 2 km bis *Ptarmigan Lodge* [Tamigen L.] auf einem alten Fahrweg, der in früheren Zeiten von Treibern, Händlern und auch Soldaten benutzt wurde, obwohl die »Old Military Road« auf dem Westufer des Loch Lomond verlief. Der neue *West Highland Way* benutzt diesen alten Fahrweg durchgehend bis Inversnaid. Einige 100 m hinter der Ptarmigan Lodge zweigt nach links ein Pfad ab, der zwar etwas unbequemer, dafür aber viel reizvoller als der etwas höher im Wald entlangführende Highland Walk ist. Der Pfad führt fast durchweg am Seeufer entlang, das mit Kieseln und Findlingen bedeckt ist. Die Wassertemperatur liegt im Sommer bei 13–15 °C; wir haben aber im Jahrhundertsommer 1984 hier bei 20 °C oft und herrlich baden können. Wenn der Pfad durch Wald geht, begleiten vorwiegend Birken und Kiefern, manchmal auch Eichen und Rhododendren den Wanderer. Gelegent-

i Nützliche Informationen

Ausgangspunkt: Rowardennan, Unterkunft.
Gehzeiten: Rowardennan – Cailness 3Std., Cailness – Inversnaid 1 Std.
Information: Rowardennan, Hotel, Tel. (01360) 870251.
Unterkunft: **1.** Rowardennan: siehe Tour 4.
2. Inversnaid – FK8 3TU: Inversnaid Hotel, Tel. (01877) 386223, 200 Betten.
Hinweis: Man lasse sich nicht dazu verleiten, den auf der Karte verzeichneten Fahrweg von Cailness durch das Gleann Gaoithe für einen evtl. Rückweg zu benutzen, da er bei Stùc a' Bhuic durch meterhohe Stacheldrahttore für Wanderer blockiert ist.

lich ist der Untergrund durch Torf feucht und matschig; wo es sehr naß wird, helfen Holzplanken. Andererseits gibt es auch kurze felsige Passagen; einmal ist die Umgehung eines Felsens für Ungeübte gesichert.

Etwa 3 km nach dem Abzweig kommt man an *Rob Roy's Prison* vorbei und nach weiteren $1^{1}/_{2}$ km an der Hütte *Rowchoish* [Rauchosch]. 500 m hinter der Hütte treffen Fahrweg und Pfad wieder zusammen. 20 Minuten später gelangen wir nach *Cailness,* wo zwei Häuser stehen. Hier trifft ein Fahrweg aus dem *Gleann Gaoithe* [Gljaun Göje] auf den Highland Walk. Von Cailness laufen wir auf schmalem Weg noch knapp 3 km immer am Ufer entlang nach *Inversnaid,* wo ein Hotel als einzige Unterkunft steht. Zwar gehört es zur gehobenen Preisklasse, aber nach der langen Wanderung tut der Komfort gut. (2. und 3. Tag siehe Tour 6).

6 Vom Loch Ard über den Ben Lomond nach Rowardennan

2. Tag: Inversnaid – Loch Arklet – Loch Ard Forest – Loch Chon – Blairuskinmore – Kinlochard – Altskeith

3. Tag: (Altskeith – Kinlochard) – Blairuskinmore – Gleann Dubh – Comer – Ben Lomond – Rowardennan

Tourencharakter: Am 2. Tag der Kombinationstour 5/6 steigt man vom Inversnaid Hotel auf der wochentags und besonders am Morgen kaum befahrenen B 829 zum Loch Arklet auf und weiter auf ihr bis Kinlochard/Altskeith. Dabei kann man am Westufer des Loch Chon der Straße für 5 km ausweichen. Am 3. Tag fährt man bis zum Forest Walk am Loch Dhu mit dem Bus zurück und läuft dann im Gleann Dubh bis zur letzten Farm Comer. Hier beginnt der weglose Aufstieg zum Ben Lomond.
Der Abstieg erfolgt auf der Normalroute. Eine Umgehung des weglosen Aufstiegs ist möglich, führt aber zum Schluß über schlammige Pfade an einen relativ tiefen Punkt der Aufstiegsroute.
Gesamtgehzeit: 2. Tag: 4 Std., 3. Tag: 6 Std.

Der Ben Lomond ist mit 3194 feet, was 974 m entspricht, ein richtiger **Munro.** Mit diesem Titel bezeichnen die Highlander alle Berge, die über 3000 feet hoch sind. Man hat diesen Beinamen gewählt, weil ein Sir Hugh Munro 1891 eine erste Übersicht über alle schottischen Berge dieser Kategorie herausgab, rund 300 an der Zahl. So wie Alpenbergsteiger, die auf sich halten, es auf die »Dreitausender« in Metern abgesehen haben, so die bergsteigenden Schotten auf die Dreitausender in feet, eben auf die Munros. Etwas ironisch nennt man das »Munro bagging«.

Von den vielerlei Deutungen, die die Herkunft des Namens **Ben Lomond** zu ergründen suchen, ist diejenige die wahrscheinlichste, die ihn auf die gälische Bezeichnung *Beinn Laomainn* [Ben Lōmin] zurückführt, was soviel wie »Berg des Leuchtfeuers« bedeutet.

Die Aufstiegsroute wird viel begangen. Denn fast alle Ben-Lomond-Besteiger begnügen sich mit einem Auf- und Abstieg auf dem gleichen Weg von Rowardennan aus. Jährlich schätzt man mehrere tausend Besteiger, und es werden immer noch mehr. 1984 trafen wir auf dem Gipfel einen Glasgower, der den Berg schon zum 147. Male bestiegen hatte. Und für Masochisten sei angemerkt: Der Berg-Jogging-Rekord für den Ben Lomond liegt bei reichlich 1 Stunde (hin und zurück!). Die häufige Begehung besonders an Tagen mit guter Sicht führt bereits zu Umweltproblemen.

Anders gestaltet sich die hier vorgeschlagene Aufstiegsroute. Da sie weglos ist, also Orientierungssinn und Trittsicherheit erfordert, kann man wohl davon ausgehen, daß es bei einer seltenen Begehung bleibt, so daß Umweltschäden nicht zu befürchten sind. Der breite Trampelpfad des Normalanstiegs wird von uns nur zum Abstieg genutzt.

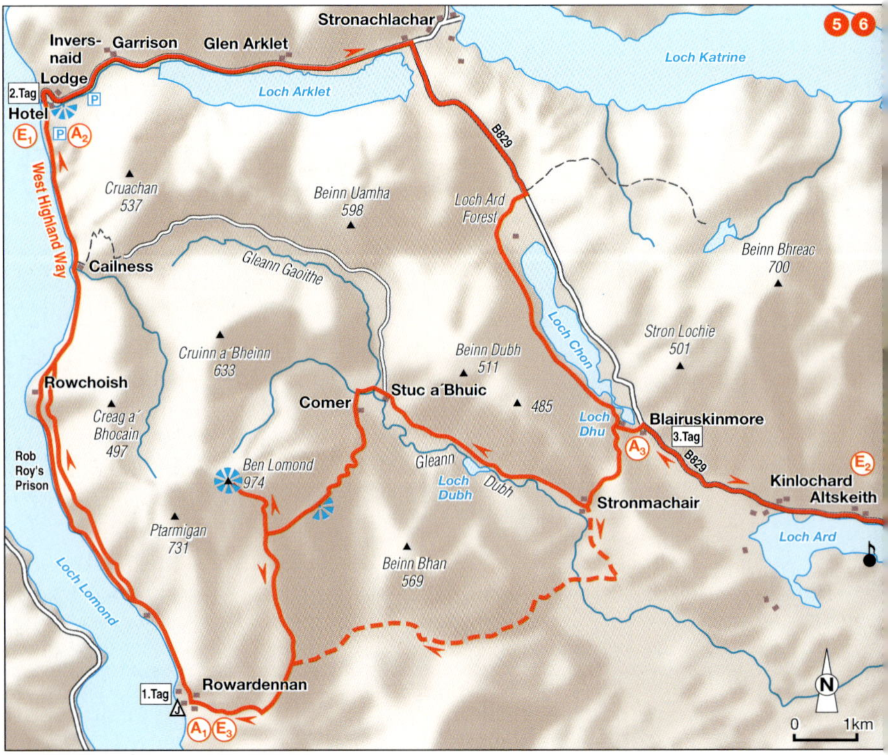

Der Wanderweg am 2. Tag

Man folgt der B 829, die nach dem Aufstieg von *Inversnaid* zunächst 4 km sehr schön am *Loch Arklet* entlangführt. Dann biegt sie im rechten Winkel nach Süden und Südosten um. 2 km nach dem Waldbeginn zweigt nach rechts eine Forststraße ab, die seit 1994 bis zum Loch Dhu und damit zur Wiedereinmündung in die B 829 weitergebaut worden ist. Außerdem führt ein Fußweg auf der Westseite des *Loch Chon* entlang. Auf beiden kann man für 5 km den Autos entgehen. Bei *Blairuskinmore* [Blahrskinmohr] am kleinen *Loch Dhu* treffen Weg und Forststraße wieder zusammen und münden an den *Forest Walks* auf die B 829, die man nun bis zum Quartier am *Loch Ard* mit seiner südlich anmutenden Vegetation verfolgt.

Der Wanderweg am 3. Tag

Zunächst fahren wir mit dem Bus von *Glassert* am *Loch Ard* wieder zurück bis zum Abzweig der Forest Walks, wo wir am Vortag auf die Straße trafen. Nach der schönen Farm *Blairuskinmore* führt die Forststraße in einer Linkskehre aufwärts. (Rechts geht die neue Forststraße auf der Westseite des Loch Chon ab.) Ein bald folgender Abzweig nach links ist ebenfalls neu und für uns ohne Bedeutung. Nach Überschreitung eines kleinen Passes kommt eine Gabelung. Rechts geht der hier vorgeschlagene Aufstiegsweg ab, während links die Variante an der Hausruine von *Stronmachair* [Stronmächer] vorbeiführt.

Eine Stunde lang laufen wir nun in wechselndem Auf und Ab durch das *Gleann Dubh* [Gljaun Du] *nach Stùc a'Bhuic* [Stuchk e Wuik]. Der Ben Lomond wird immer häufiger sichtbar. Hinter dem kleinen *Loch Dubh* nimmt er sich richtig malerisch aus. Auf den Weiden und in den Pferchen um *Comer* gibt es nicht nur Schafe, sondern auch Wildschweine.

In Comer endet der Fahrweg. Durch ein Gatter verlassen wir die Farm und

Nützliche Informationen

Ausgangspunkt: Inversnaid Hotel.
Gehzeiten: *2. Tag:* Inversnaid – Loch Chon $2^{1}/_{2}$ Std.; Loch Chon – Loch Ard $1^{1}/_{2}$ Std.
3. Tag: Loch Dhu – Comer $1^{1}/_{2}$ Std.; Comer – Ben Lomond 3 Std.; Ben Lomond – Rowardennan $1^{1}/_{2}$ Std.
Busverbindungen: Mo.–Sa. ab Glassert am Loch Ard 9.05 Uhr – an Forest Walk am Loch Dhu 10 Uhr. (Man muß den Fahrer um einen Halt bitten, da hier keine Haltestelle ist.)
Information und Unterkunft:
1. Inversnaid Hotel: siehe Tour 5.
2. Kinlochard – FK8 3TL: Mrs. A. Wilson, Dalchon, B&B, Tel. (01877) 387305; Mrs. J. Anderson, B&B, Tel. 387212; Forest Hills Hotel, Tel. 387277, 30 Betten.
3. Alskeith – FK8 3TL: Alskeith Hotel, Tel. 387266, 6 Zimmer.
Variante: An der Weggabelung bei *Stronmachair* links gehen (rot). Nach $^{1}/_{2}$ Std. zweigt rechts eine weitere Forststraße ab, die den Fluß *Duchray Water* überquert und danach noch $2^{1}/_{2}$ km ansteigt. Am Ende der Forststraße (Ww. »Footpath to Ben Lomond«) setzt man in einem Tal die Wanderung auf morastigen Pfaden fort. Am Waldrand übersteigt man einen Weidezaun auf einer Leiter. Danach ist im Gebiet von *Moin Eich* [Meun Ich] der Pfad gelegentlich schwer zu finden. Wenn man ihn verliert, halte man sich in Westsüdwestrichtung auf gleicher Höhe. Am Gatter eines Weidezaunes trifft man auf die Normalroute des Anstiegs, der nochmals 2 Std. dauert (insges. $6^{1}/_{2}$ Std.).

steigen genau südlich über die Hänge empor. Anfangs lassen uns Pfadspuren, die vom Schaftrieb herrühren, rasch vorankommen. Einen Felsriegel vor uns umgehen wir links. Auf den Grashängen steigen wir aufwärts; gelegentlich ist der Boden feucht. Farnbestände kann man umgehen. Der *Allt Mòr* [Ault Mohr] mit seiner felsigen Abbruchkante bleibt rechts von uns. Wenn die leicht felsdurchsetzten Hänge steiler werden, geht man im Zickzack aufwärts. Etwa 1 3/4 Stunden nach dem Verlassen von Comer wird das Gelände fast eben. Auf diesem Gratausläufer schwenken wir langsam in die Westrichtung, bis wir auf die Normalroute des Aufstiegs treffen, einen breit ausgetretenen, geschotterten Weg. Die Pfadfinderei hat damit ihr Ende gefunden.

Zunächst folgen wir dem Aufstiegsweg nach rechts bis zum Gipfel. Bei klarer Sicht ist der Blick umfassend: Im Nordosten sieht man den Loch Katrine, im Osten das Gleann Dubh, durch das wir heraufgekommen sind, im Süden Glasgow und vom Norden bis Süden den Loch Lomond.

Auf dem breiten Trampelpfad der Normalroute, die im Sommer von durchschnittlich 40 Bergsteigern am Tage und oft auch ganzen Schulklassen begangen wird, steigen wir hinunter nach *Rowardennan*, wo unsere Drei-Tage-Tour begann.

Aus dem Gleann Dubh erhebt sich der Ben Lomond als grasüberzogener »Munro«.

III. Die Seenlandschaft in den Grampian Mountains

Grundinformation und Sehenswürdigkeiten

Die Landschaft der südlichen Grampian Mountains umfaßt mit dem Loch Lomond rund ein Dutzend großer und kleinerer Seen. Wir werden sie bis auf den Loch Vell mit unseren Touren alle besuchen, sofern das nicht schon bei den Touren 5 und 6 im Rahmen der Region II geschehen ist.

Kernstück dieser sehr abwechslungsreichen Region bilden Berge, Felskuppen, Wälder und Seen der **Trossachs**. Dieses zwischen *Aberfoyle* im Süden, *Callander* im Osten und dem *Loch Lomond* im Westen gelegene Gebiet ist durch Straßen, ein dichtes Netz von Wanderwegen, Wassersportmöglichkeiten und Hotels touristisch sehr gut erschlossen. Das ist nicht zuletzt die Folge davon, daß es von den schottischen Dichtern und Künstlern frühzeitig als landschaftliche Kostbarkeit entdeckt und entsprechend publik gemacht wurde.

Doch ehe die Literaten und Maler kamen, herrschte hier der Clan der *MacGregors*, deren bekanntester Sproß *Rob Roy* in den Trossachs die Reichen bestahl und die Armen beschenkte. Wir erfuhren davon bereits bei der Tour 5.

Nach der Schlacht von Culloden wurde es auch in den Trossachs friedlich. Die englischen Dichter *William* und *Dorothy Wordsworth* und vor allem der literarische Nationalheld *Sir Walter Scott* besangen die Schönheit der Landschaft. Maler wie *William Turner* stellten die Seen und Berge in ihren Bildern dar. Mit seiner Verserzählung »The Lady of the Lake« beschrieb Scott 1810 den *Loch Katrine* enthusiastisch und bereitete damit den Boden für die touristische Erschließung der Trossachs. Damit kehrte Ernüchterung ein. Schon Theodor Fontane distanzierte sich bei seinem Besuch der Trossachs von dem Überschwang seiner Vorgänger.

Heute werden im *Rob Roy and Trossachs Visitor Centre*, in der ehemaligen *St. Kossog's Church* von *Callander* und im *Clan Gregor Centre*, 5 km vor *Lochearnhead*, die Besucher über Rob Roy informiert. Ein über 90 Jahre alter Dampfer, die »SS Sir Walter Scott«, tuckert im Sommer über den *Loch Katrine* bis *Stronachlachar*. Der Besucherandrang bewirkt in den Hotels stolze Preise. Peter Sager schreibt im DuMont-Kunstreiseführer darüber:

»Heute ist der Loch Katrine in der Saison überlaufen. Keiner liest mehr Scott, aber alle benutzen ihn; denn seit 1900 verkehrt der Dichter als Dampfer auf dem See: ›Sir Walter Scott‹, personifizierte Symbiose von Romantik und Realität, Literatur und Tourismus.«

Seen wie Fjorde

In angenehmem Gegensatz zu dem Touristenstrom an den Trossachs steht das übrige Gebiet: auf den wenigen Straßen mäßig frequentiert, dünn besiedelt, abseits der Straßen rasch einsam werdend und doch mit einem relativ dichten Netz von Informationsständen, Zelt- und Caravanplätzen durchsetzt.

Auf dem Friedhof von Balquhidder befindet sich das Grab Rob Roys, des »Robin Hood der Trossachs«.

Mit ihrer nördlichen Begrenzung, dem *Breadalbane*, enthält diese Region 17 Munros, darunter so stattliche Berge wie den *Ben Lawers* (3984 feet) und den *Ben More* (3852 feet). Eingerahmt von so hohen Gipfeln präsentieren sich die Seen in den schmalen Tälern wie Fjorde: nicht nur der *Loch Katrine* mit seiner westlichen Fortsetzung, dem *Loch Arklet*, sondern auch *Loch Venachar, Loch Lubnaig, Loch Voil, Loch Earn* und vor allem der 30 km lange *Loch Tay*. Die Hänge der meisten Seen sind, wenigstens teilweise, bewaldet.

Der schönste dieser Seen ist fraglos **Loch Katrine** (Tour 7). Hier lebte die »Lady of the Lake«. Die am Anfang des Sees gelegene Insel heißt auf gälisch *Eilean Molach* [Elen Moläch], wird aber seit dem Erscheinen von Scotts Verserzählung meist nur noch nach der Romanfigur Ellen Douglas *Ellen's Isle* genannt. Am Westende des Sees befindet sich *Glengyle*, wo Rob Roy geboren wurde. Das Grab des Nationalhelden liegt an der Kirche von *Balquhidder* [Bälchwidder] am Ostende des Loch Voil (Tour 9). Er wurde neben seiner Frau und zweien seiner Söhne bestattet.

Der **Loch Earn** (Tour 10) ist mit 10 km Länge ein See mittlerer Größe. Seine Ufer sind fast durchgehend bewaldet. Auf Fahr- und Fußwegen läßt er sich in einer soliden Tageswanderung bequem umrunden. An seinem Westende liegt *Lochearnhead*, das sich in den letzten Jahren zu einem Wassersportzentrum entwickelt hat. Hier werden Grundkurse für Surfen, Segeln und Wasserski angeboten; die nötige Ausrüstung kann ausgeliehen werden.

Den Trossachs am nächsten sind **Loch Venachar** und **Loch Achray** (Tour 8). Letzterer ist der kleinere von beiden, aber durch seine Schilfufer und Rhododendronbüsche, die den See mit seinem grünen Wasser umstehen, besonders reizvoll. Während die Straße am Nordufer beider Seen entlangführt, ist das Gelände an den Südrändern durch Wanderwege gut erschlossen.

Als letzter und größter der Seen dieser Region bietet sich der **Loch Tay** (Tour 11) für eine ausgedehnte Hochuferwanderung an, wobei wir uns auf die landschaftlich schönere östliche Hälfte des insgesamt 30 km langen Sees beschränken. Doch wird die Möglichkeit, das gesamte Ufer in einer Zwei-Tage-Wanderung abzulaufen, angeboten.

7 The Trossachs und Loch Katrine

(Trossachs Pier) – Stronachlachar – Glengyle – Portnellan – Strone – Brenachoile Lodge – Trossachs Pier

Tourencharakter: Zwar lange, aber im Grunde erholsame Uferwanderung auf durchgehend festem Untergrund, ohne Wegprobleme und fast immer mit herrlicher Aussicht auf den 17 km langen See.
Gesamtgehzeit: 5 Std. und mehr.

Über die Trossachs wurde bereits im Vorspann zur Region III geschrieben. Die Autobusse, die in der Sommerzeit die Tagesbesucher bringen, ernüchtern zunächst und verschaffen Distanz. Manche Naturliebhaber lassen deshalb die Trossachs ganz außerhalb ihres Reiseprogramms. Sie tun dieser landschaftlichen Perle damit Unrecht. Sie sollten besser der Einstellung Fontanes folgen, der 1844 die Trossachs und Loch Katrine besuchte. Der Dichter sah sich gleichfalls zur Distanz veranlaßt, natürlich noch nicht aus touristischen, wohl aber aus literarischen Gründen. Er meinte, daß die romantische Begeisterung für Sir Walter Scott und sein Poem »The Lady of the Lake« sich auf die Landschaft, in der die Geschichte spielt, in einem etwas übertriebenen Maße übertragen habe. *»Es ist genauso«*, so Fontane, *»wie wenn man diejenigen Mädchen für die schönsten halten wollte, auf die zufällig die schönsten Lieder gedichtet worden sind.«* Aber das Attribut »schön« gesteht der Brandenburger den Trossachs gleichwohl zu.

Im Glengyle House am Nordwestende des Sees wurde **Rob Roy** geboren. Es scheint, als habe ihn der Geburtsort zu einem »Robin-Hood-Leben« bestimmt, denn Katrine, der Name des Sees, leitet sich vom gälischen »Cateran« her, was soviel wie ein »Highland-Räuber« bedeutet. Auf Tour 5 streiften wir Rob Roys Gefängnis am Loch Lomond, und bei Tour 9 werden wir sein Grab aufsuchen.

Der Wanderweg

Am späten Vormittag nutzen wir die einzige Schiffsverbindung am Tage, um von der *Trossachs Pier* nach *Stronachlachar* zu gelangen. Um 11 Uhr legt

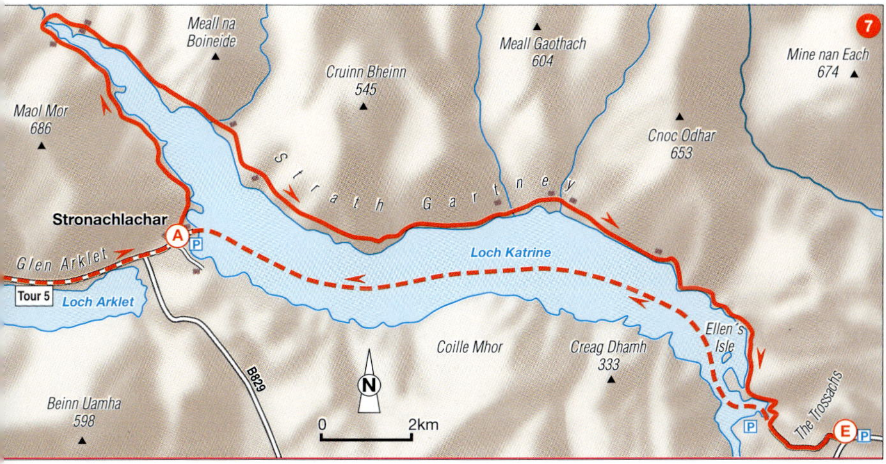

i Nützliche Informationen

Ausgangspunkt: Pier Stronachlachar.
Gehzeiten: Stronachlachar – Glengyle 1 1/4 Std.; Glengyle – Strone 2 Std.; Strone – Trossachs 2 Std.
Sehenswürdigkeiten: Glengyle, Geburtsort Rob Roy's.
Information: **1.** Trossachs Pier – FK17 8HZ, Visitor Centre, Tel. (01877) 376316, geöffn. tägl. 9–17 Uhr.
2. Stronachlachar – FK8 3TY, Tourist Information am Pier, kein Tel., tägl. 9–17 Uhr.
Unterkunft: Loch Achray Hotel – FK17 3HZ, Tel. (01877) 376229.
Abfahrt des Schiffes: 11 Uhr ab Trossachs Pier, Tel. 376316.
Kombination der Touren 5 und 7: Nach der Übernachtung in Inversnaid und der Wanderung vorbei am Loch Arklet kann man um 12 Uhr mit der »Sir Walter Scott« von Stronachlachar nach Trossachs Pier fahren. Man verzichtet dann auf die Besteigung des Ben Lomond (Tour 6) und die Uferwanderung am Loch Katrine.

der im Jahr 1900 in Dienst gestellte Dampfer *»Sir Walter Scott«* ab. Die Fahrt auf ihm ist selbst bei scharfem Wind ein echter Nostalgiegenuß. Das Schiff kommt 11.45 Uhr in Stronachlachar an, so daß man etwa gegen 17.30 Uhr wieder am Parkplatz der Trossachs ist.

Der Wanderweg ist seit einiger Zeit als Radweg (Cycle Way) ausgebaut und daher asphaltiert, aber für Autos verboten. In Stronachlachar verläßt man das Parkgelände nach rechts hinter dem kleinen Wasserwerk oder durch den Hof desselben. Bis zu unserem Ziel gibt es keine Wegprobleme. Ungetrübt können wir uns dem Genuß der Landschaft hingeben. Die Uferszenerie wechselt ständig. Gelegentlich begegnen uns Wanderer, die mit uns auf dem Schiff waren, oder Radfahrer.

Wenn man die Hälfte der Strecke hinter sich hat, führt rechts vom Cycle Way ein Fahrweg leicht abwärts. Mit ihm können wir für einen reichlichen Kilometer dem Asphalt entgehen. Außerdem bleiben wir am Ufer, während der Radweg in die Höhe führt. Zum Schluß wird die Landschaft besonders attraktiv. Halbinseln und kleine Felseneilande, wie *Eilean Molach* [Elen Moläch], auf englisch *Ellen's Isle*, wo Scotts »The Lady of the Lake« beginnt, lösen die Wasserfläche in einen Wechsel von Wasser, Felsen und Wald auf.

Seit 1900 tuckert »SS Sir Walter Scott« über den reizvollen Loch Katrine.

8 Achray Forest und Loch Venachar

Loch Achray Hotel – Achray Water – Aussichtspunkt 203 m – (Loch Drunkie) – Forest Drive – Invertrossachs – Loch Venachar – Easter Dullater – Callander

Tourencharakter: Maßvolle, abwechslungsreiche Wanderung, die durch eine schön bewaldete Hügellandschaft, über einen Aussichtspunkt, an drei Seen entlang und vorbei an kleinen Einzelgehöften führt. Zum Schluß kann man die Wanderung bis Callander ausdehnen oder mit dem Bus zurück an die Trossachs fahren.
Gesamtgehzeit: 4 Std. (bis Callander $4^1/_2$ Std.).

Der kleine *Loch Achray* und der größere *Loch Venachar* gehören zu den sechs Seen der *Trossachs Area*. Mit dem *Loch Ard* zählen sie zu den touristisch weitgehend erschlossenen Seen. Zwischen beiden Seen liegt die kleine Siedlung *Brig o'Turk*. Das Wort *Turk* ist eine sprachliche Weiterentwicklung des gälischen *tuirc* [tuhrk]. Es bedeutet »Wildschwein«. Aber dieses Wild gibt es schon seit dem 16. Jh. nicht mehr in den Trossachs.

Die Nordufer beider Seen sind Schauplatz des berühmten Poems **»The Lady of the Lake«** von **Walter Scott**. Nach ihm geriet König Jakob V. im Jagdeifer in das Gebiet der MacGregors, deren Chief Roderick Dhu dem vom König geächteten und verfolgten William Douglas Schutz und Zuflucht auf Ellen's Isle gewährt hatte. Dessen Tochter gab dem unerkannten und von der Jagd erschöpften König im Namen des Gastrechts für eine Nacht Unterschlupf. Dieser, von der Schönheit des Mädchens angetan, kehrte nach einigen Tagen ohne Begleitung in das Gebiet Rodericks zurück, um sie für sich zu gewinnen. Ellen wies die Werbung jedoch ab, und auf dem Rückweg geriet der König, noch immer unerkannt, an seinen Todfeind Roderick Dhu. Immerhin gab sich Jakob V. als Feind der MacGregors zu erkennen. Aber innerhalb der Grenzen seines Clanbereichs gewährte Roderick auch dem Gegner Gastrecht, der so ein zweites Mal Nahrung und Nachtlager erhielt, hier am Nordufer des Loch Venachar. Daß das heilig gehaltene Gastrecht an den Grenzen erlosch und sofort in einen Kampf auf Leben und Tod zwischen beiden umschlug, ist für uns Heutige nicht mehr nachvollziehbar, entsprach aber dem Geist jener Zeit. Natürlich geht der Versroman versöhnlich aus: Roderick Dhu wird »nur« schwer verwundet, beim König gesund gepflegt, der ihn dann begnadigt, so daß sich beide als Freunde trennen. Die wahren Racheakte hätte man den Lesern der Romantik schwerlich zumuten können.

Die Trossachs und der gesamte Achray Forest sind als *Nationalpark* ausgewiesen, in denen die Gebote des Landschaftsschutzes streng zu beachten sind.

Loch Venachar bildet den Schauplatz für Scotts berühmten Versroman »The Lady of the Lake«.

Der Wanderweg

Ausgangspunkt ist das *Loch Achray Hotel*, zu dem man, von *Aberfoyle* kommend, vor der Brücke am *Loch Achray* links abzweigt. Rechts neben dem Hotel ist ein Parkplatz. Wir folgen zunächst den *Forest Walks* Richtung »Ben Venue« (Ww., blau, weiß). An der Gabelung nach 500 m gehen wir jedoch links. Von der breiten Forststraße ist an einer Lichtung rechts der 727 m hohe Ben Venue zu sehen, ein stattlicher Berg im Seendistrikt. An einer zweiten Gabelung gehen wir wiederum links (grün). In einer Reihe von Windungen schwenken wir bald in die Ostrichtung ein. Die die Forststraße begleitende Markierung enthält jetzt die drei Farben Grün, Weiß und Gelb. Der Wald ist gemischt aus Fichten, Eichen und Birken. Schöne Moosteppiche liegen an der Wegböschung. Für kurze Zeit wird links die Autostraße sichtbar, zu der man überwechseln kann, wenn man um den Preis des Autoverkehrs den Weg zum Aussichtspunkt abkürzen will. Besser bleibt man auf dem Forstweg, läuft ansteigend ein Tal aus, wobei man an einer T-förmigen Wegeinmündung links geht (Pfeil), und kommt schließlich an einem verzweigten Parkplatz auf die A 821.

Einen Kilometer muß man auf ihr ansteigen, ehe rechts der Zugang zum »view point« (Schild) abzweigt. In 5 Minuten ist man auf dem 203 m hohen Aussichtspunkt, von dem man einen schönen Rundblick über die Heide-Wald-Landschaft des *Achray Forest*, zum *Loch Katrine* im Westen und zum *Loch Venachar* im Osten hat. Gegenüber dem Zugang zum Aussichtspunkt führt ein Pfad in das feuchte Wiesengelände. 95% unseres heutigen Weges bestehen aus gutem Untergrund; da dürfen es auch einmal 5% sein, die etwas Pfadfindergeist erfordern. Denn gleich am Anfang geht der Wiesenweg in einen zwar gut erkennbaren, aber recht sumpfigen Pfad über. Dann freilich wird der Weg besser und im we-

Nützliche Informationen

Ausgangspunkt: Loch Achray Hotel an den Trossachs.
Gehzeiten: Loch Achray Hotel – Aussichtspunkt 1 1/2 Std.; Aussichtspunkt – Callander 3 Std.
Busverbindung: Mo.–Fr. ab Callander 14.30 Uhr – an Trossachs 14.57 Uhr.
Information: **1.** Aberfoyle – FK8 3TH: Tourist Information, Main Street, Tel. (01877) 382352, geöffn. 9.30–19 Uhr Juli/Aug., sonst 10–17 Uhr.
2. Callander – FK17 8ED: Tourist Information in der Kirche, Tel. 330342, geöffn. 9–22 Uhr Juli/Aug., sonst 10–17 Uhr.
Unterkunft: **1.** Aberfoyle: 5 Hotels, 1 Guest House, 9 B&B.
2. Trossachs: Loch Achray Hotel – FK17 8HZ, Tel. (01877) 386229.
3. Callander: 9 Hotels, 14 Guest Houses, 24 B&B, Trossachs Backpackers, Venachar Activity Centre, Tel. 331100.
Sehenswürdigkeiten: Callander: **1.** Bracklinn Falls; **2.** Rob Roy & Trossachs Visitor Centre, Ancaster Square, Tel. 30342, geöffn. 9.30–18 Uhr.
Varianten: **1.** An der ersten Wegkreuzung nicht links, sondern geradeaus, kurz auf einem Pfad, dann am Fuß der Steilhänge des *Creag Innish* [Kräg Innisch] zum Parkplatz (+ 1 1/2 Std.).
2. Beim Abzweig des Radweges geradeaus nach *Invertrossachs* (siehe Text, + 20 Min.).
3. Abkürzung: Ausgangspunkt erst am Aussichtspunkt wählen.
Zusatztour: Von *Brig o'Turk* zum Stausee *Glen Finglas Reservoir* und von da rund um den 674 m hohen *Creag Fharsuin* [Kräg Arsen] wieder zurück an den See.

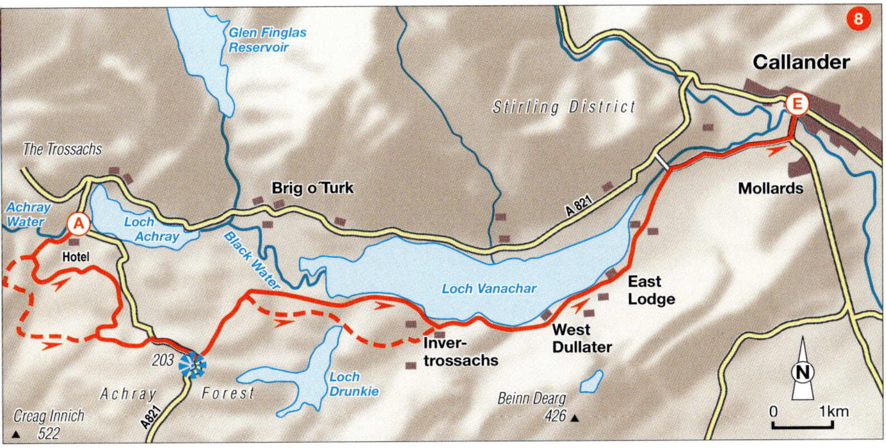

sentlichen gut begehbar. Nach einer Viertelstunde ist der Pfadfinderspaß vorbei; dann mündet der Pfad auf die Gabelung einer Forststraße, wo wir links gehen. Bald haben wir einen schönen, ersten Blick auf den 6 km langen Loch Venachar.

Dann wird links unter uns der »Forest Drive« sichtbar, zu dem wir hinuntergehen. Nach 50 m zweigt links der Radweg nach Callander ab. Man kann auch die Forststraße weiterverfolgen, an einer Kreuzung links gehen und schließlich auf einem Waldpfad, der den *Loch Drunkie* streift, in 1/4 Stunde nach *Invertrossachs* gelangen. Bequemer und schöner ist es, dem Radweg zu folgen, der nach kurzer Zeit immer am See entlangführt und hinter Invertrossachs schließlich auf ein asphaltiertes Sträßchen mündet. Hier blühen im Juni die Rhododendronbüsche in üppiger Pracht; die Vegetation ist bunt und artenreich, manchmal fast südlich. Wir folgen der Straße immer am See entlang über *West Dullater*, an der *East Lodge* und dem Segelboothafen vorbei, bis hinter einem Wehr eine Straßenbrücke zur A 821 führt. In einer letzten 1/2 Stunde laufen wir bis *Callander*, wo es jede Menge Quartier gibt, teures und preisgünstiges.

9 Strathyre Forest, Loch Lubnaig und Loch Voil

Callander – Roman Fort – Falls of Leny – Coireachrombie – Loch Lubnaig – Strathyre – Strathyre Forest – Stroneslaney – Balquhidder

Tourencharakter: Auf den ersten 15 km außerordentlich bequeme Wanderung auf dem Damm der stillgelegten Caledonian Railway, dazu entlang dem schmalen Loch Lubnaig. Im letzten Viertel auf bequemem Fahrweg am Rand der schönen Auenlandschaft des River Balvag nach Balquhidder, wo sich das Grab Rob Roys befindet.
Gesamtgehzeit: 5–6 Std.

Mit der Tour 9 bewegen wir uns auf altem historischen Boden. Das zeigt z. B. das **Roman Fort** gleich am Anfang der Wegstrecke. Von dem römischen Lager, das den Eingang zum *Pass of Leny* sichern sollte, sind nur noch Spuren der Erdwälle vorhanden. Die Römer pflegten den *Antonine Wall*, der in den heutigen Borders verlief, nicht nach Norden zu überschreiten, weil da nur »Bar-

baren« wohnten. Im 1. Jh. n. Chr. muß es aber unter Kaiser Antoninus Pius einen Anlaß gegeben haben, hier ein Lager zu errichten, wahrscheinlich, um den Paß gegen Einfälle der Kelten zu sichern. Denn die Römer drangen etwa bis zur Linie der heutigen A 85, mithin z. B. bis zum Loch Earn (Tour 10), vor.

Der Pass of Leny ist als Zugang von den Lowlands in die Highlands also seit dem Altertum bekannt. Kurz vor **Callander** vereinigen sich der *Grabh Uisge* [Gar Wuschge] mit dem *East Gobhain* [E. Gowen] zum *River Teith.* Kurz hinter dem Zusammenfluß bestand eine Brücke, die die beiden Lowland-Wege von *Aberfoyle* und von *Stirling* zusammenführte und über den Pass of Leny in das Gebirge weiterleitete. An der Brücke entstand der Ort Callander. Bis ins 19. Jh. überquerten hier Viehtreiber den Teith-Fluß. Die Militärstraße von Callander nach Fort William ging ebenfalls durch Callander. Später entstand hier eine Postkutschenstation.

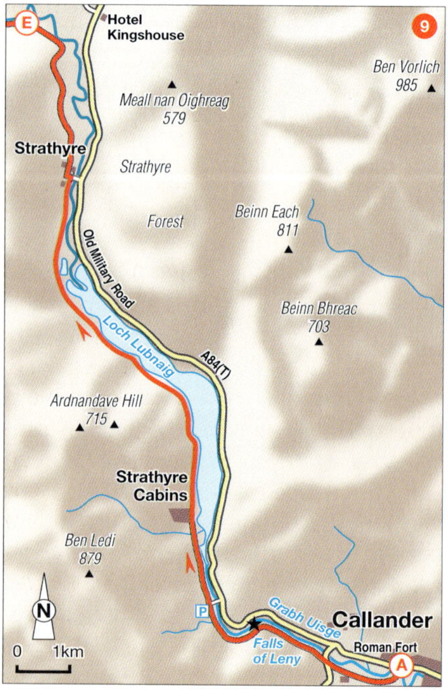

Nordöstlich von Callander befinden sich die *Bracklinn Falls,* in denen besonders zur Zeit der Schneeschmelze die Wasser der *Keltie Water* über große Felsquader springen. Sir Walter Scott soll, so wird erzählt, in feuchtfröhlichem Zustand die baufällige Brücke über die Wasserfälle mit seinem Pferd passiert haben – eine gewonnene Wette als Mutprobe. Die Bracklinn Falls können der Wanderung vorgeschaltet (oder noch besser der Tour 8 nachgeschaltet) werden, denn vom Parkplatz bis zu ihnen sind es nur 800 m.

Gegen Ende unserer langen Wanderung kommen wir durch das Dorf **Balquhidder**, der Heimat des MacGregor-Clans. Hier liegt der legendäre Rob Roy neben seiner Frau und zweien seiner Söhne begraben.

Der Wanderweg

Anfang des 20. Jh. wurden von Stirling aus zwei Bahnlinien gebaut; eine nach Crianlarich, von wo heute noch Bahnen nach Oban und Fort William führen, die andere nach Perth als Umweglinie über Callander – Strathyre – Comrie, um Touristen in das Seengebiet zu bringen. Die kommen aber heutzutage mit Auto und Wohnwagen, so daß die Linie unrentabel und nach dem 2. Weltkrieg stillgelegt wurde. Bahndamm und Gleisbett blieben aber erhalten und werden seitdem als idealer Rad- und Wanderweg genutzt.

Auf ihm verlassen wir *Callander* nach einer rechts stehenden Kapelle der *Scottish Episcopal Church.* Hier zweigt nach links am Ww. »Strathyre, Balquhidder – Alternative Road for Cyclists and Pedestrians« der »Railway Path« ab. Gleich am Anfang erinnert ein altes Signal an die einstige Zeit der Caledonian Railways. Nach einer Brücke über einen Steinwall sieht man

Im Stronvar Country House zeigt der gesprächige Besitzer gern sein Sammelsurium skurriler Erinnerungsstücke.

rechts die Reste des *Roman Fort*. Heute weiden Schafe darauf.

Nach Überquerung der Straße nach den Trossachs folgen rechts die *Falls of Leny*, mehrere hundert Meter lange Stromschnellen. Zwei Eisenbahnbrücken über den *Grabh Uisge* wurden abgetragen, so daß der Radweg am westlichen Prallhang neu angelegt werden mußte. Wir treffen auf einen Parkplatz, von dem an die Alternative Road etwa 2 km bis zu den *Strathyre Cabins* asphaltiert ist. Die Cabins sind von der Forstverwaltung unterhaltene und recht komfortabel eingerichtete Blockhütten mit Dusche, TV usw. Sie erfreuen sich bei Briten und Ausländern großer Beliebtheit und sind oft schon auf ein Jahr im voraus ausgebucht.

1/2 Stunde später, während der wir am malerischen *Loch Lubnaig* entlangwandern, führt der Cycle-Way links in die Höhe, während wir dem alten Gleisbett auf einem etwas verwilderten Feldweg weiter folgen können. Wir passieren sechs Brücken, solche, auf denen, und solche, unter denen wir laufen; manche sind verfallen. Kurz vor *Strathyre* führt eine Hängebrücke über den *River Balvag*; dann trifft man nach 500 m auf die kleine Straße, die nach Balquhidder führt.

Wir folgen ihr links über eine alte Steinbrücke und gehen nach dieser rechts (Ww. »Stroneslaney«). Das kleine Sträßchen verläuft unter alten Bäumen und durch Wald in wechselndem Auf und Ab an den Rand der schönen Auenlandschaft am River Balvag. Vorbei an *Stroneslaney* kommen wir nach einer weiteren 1/2 Stunde an eine alte Steinbrücke über den Fluß. Ehe wir sie passieren, sollten wir nicht versäumen, dem 700 m entfernten **Bygones Museum** im **Stronvar Country House** einen Besuch abzustatten. Nicht nur das Manor House und sein Park, vor allem die Sammlung skurriler Erinnerungsstücke aus dem 19. und Anfang des 20. Jh. und der gesprächige, lustige Besitzer des Hauses machen den Besuch zu einem originellen Erlebnis. Auch ei-

Nützliche Informationen

Ausgangspunkt: Callander, Kapelle der Scottish Episcopal Church.
Gehzeiten: Callander – Strathyre 3 1/2 Std.; Strathyre – Balquhidder 1 1/2 Std.
Sehenswürdigkeiten: **1.** Callander: Bracklinn Falls, Hamilton Toy Collection, 111 Main Street.
2. Falls of Leny.
3. Balquhidder: Bygones Museum (Balquhidder Visitor Centre) im Stronvar House – FK19 8PB, Tel. (01877) 384688, geöffn. 10.30–17 Uhr; Friedhof, Grab des Rob Roy und seiner Familie.
Information: **1.** Callander: siehe Tour 8.
2. Strathyre – FK 18 8NA: Tourist Service (Tafel) am Parkplatz.
3. Balquhidder: Visitor Centre, s. o.
Unterkunft: **1.** Callander: siehe Tour 8.
2. Strathyre – FK18 8NA: 2 Hotels, Ardoch Lodge, 4 B&B, insges. 68 Betten.
3. Balquhidder – FK 19 8PB: 1 Hotel, 2 Guest Houses, 3 B&B; 32 Betten.
4. King's House Hotel – FK19 8NY an der A84: Tel. (01877) 384646, 16 Betten.

ne Tasse Kaffee, Tee oder Schokolade, eingenommen im Stronvar House, wird uns nach der 12-Meilen-Wanderung (21 km) guttun.

Dann gehen wir über die Brücke, erfreuen uns an dem herrlichen Blick auf den *Loch Voil* und kommen nach *Balquhidder.* Wir wenden uns rechts und gelangen nach 200 m zum alten Friedhof mit einer Kirche, einer verfallenen Kapelle und dem Grab des Rob Roy und seiner Familie.

10 Rund um den Loch Earn

Lochearnhead – Edinample Castle – Ardvorlich – Loch Earn – St. Fillans – Woodhouse – Lochearnhead

Tourencharakter: Zwar lange, aber insgesamt nicht sehr anstrengende Wanderung ohne nennenswerte Höhenunterschiede, die größtenteils an den Ufern des 10 km langen Loch Earn entlangführt. Der Rückweg auf dem Nordufer erfolgt teilweise auf dem Gleisbett der stillgelegten Caledonian Railway, das aber nicht als Wanderweg reaktiviert worden ist. Daher sind bei abgetragenen Brücken einmal eine Umgehung und das andere Mal ein vorzeitiger Ausstieg vom Gleisbett nötig.
Gesamtgehzeit: 5–6 Std.

Der **Loch Earn** ist ein Grampian-Lake mittlerer Größe. Er liegt ziemlich genau 100 m über NN und erstreckt sich in einer Länge von 10 km genau in West-Ost-Richtung. Die Hänge am Südufer sind z. T. bis auf 250 m hinauf bewaldet. Die wärmeren, weil der Sonne zugeneigten Hänge am Nordufer dagegen erlauben ein Wiederaufforsten bis auf 400 m Höhe. Am Ostende treten zwar nicht hohe, aber felsdurchsetzte Berge mit dem *Little Port Hill* (440 m), *Am Bioran* [Am Bieren] (613 m), und *Mòr Bheinn* [Mohr Wen] (640 m) hervor.

Am »Kopf« des Westendes, bei *Lochearnhead,* steht ein **Crannog.** Crannogs sind künstliche Inseln aus keltischer Zeit, die als Siedlungen benutzt wurden. Die Kelten entwickelten damals schon interessante Techniken. Da der Seeboden immer wieder weggeschwemmt wurde, eignete er sich nicht für Pfahlbauten wie am Bodensee. Mit einer großen Steinaufschüttung wurde zunächst der Seeboden verfestigt, darauf wurden die Pfähle errichtet und die Hohlräume zwischen ihnen nochmals mit kleineren Steinen aufgefüllt. Als Folge anhaltenden Streits zwischen Bewohnern verschiedener Crannogs wurde einmal vor einer Schlacht sogar ein schweres Boot vom Loch Tay zum Loch Earn getragen. Heute haben es die Wassersportler bequemer: In den letzten zwei Jahrzehnten war man in Lochearnhead bemüht, durch ein *Water Sports Centre* Wassersportler anzulocken. Aber der Betrieb auf dem Wasser hält sich in Grenzen.

Der Wanderweg

Wir beginnen die Umrundung am Parkplatz gegenüber dem Wassersportzentrum. Wir gehen rechts zur Einmündung der A 85 in die A 84 und dort links durch *Lochearnhead* (Ww. »Callander, Stirling«). Nach 1½ km folgen wir nach links dem Abzweig der »South Loch Earn Road«. Auf der schmalen Straße kommt nur selten ein Auto.

Am Anfang eines kleinen Tals, das wir queren, wird links der schöne, helle Bau des *Edinample Castle* sichtbar. Es ist in Privatbesitz und kann daher nicht besichtigt werden. Nach 2 km Wald kommen wir an das Ufer, das uns nun bis an den Easthead des Sees nicht mehr verläßt. An der Zufahrt zur Schaffarm *Ardvorlich* erinnert rechts ein Gedenkstein an sieben Mitglieder des MacDonald-Clans aus Glencoe, die 1620 beim Versuch, Ardvorlich zu plündern, erschlagen und dann hier verscharrt wurden.

Die Uferlandschaft ist durch Baumgruppen, einzelne Farmen, Kiesbänke usw. recht abwechslungsreich. Gegen Ende des Südufers kommt man am *Loch Earn Caravan Park* vorüber. Ganz am Ende zweigt nach links ein Fußweg ab, der an einem Kriegerdenkmal vorbei über eine Brücke zum Nordufer führt. Wir passieren *St. Fillans*, einen kleinen, freundlichen Ort mit zwei Hotels.

Hinter dem *Four Seasons Hotel* führt nach rechts eine kleine Privatstraße. Vorbei an einer Power Station kommen wir zu einer Brücke der *Caledonian Railway*. Hinter ihr führt rechts ein Fußweg auf das Gleisbett, auf dem wir zunächst 1½ km laufen können. Bei *Woodhouse* müssen wir eine kleinere Umgehung vornehmen, da die alte »railway bridge« über die dortige Klamm abgetragen wurde. Wir verlassen daher unsere Wegstrecke an einer Steinbrücke, die das Gleisbett überspannt,

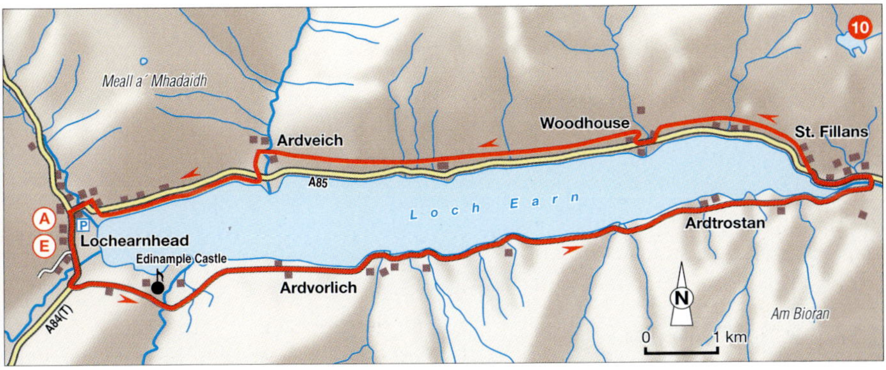

Nützliche Informationen

Ausgangspunkt: Lochearnhead, Parkplatz gegenüber dem Water Sports Centre.
Gehzeiten: Süd- und Nordufer je $2^1/_2$ Std.
Sehenswürdigkeiten: **1.** Edinample Castle (privat, schöner Anblick von der Straße aus);
2. Gedenkstein bei Ardvorlich.
Information: Lochearnhead, Tourist Service (Tafel) am Parkplatz.
Unterkunft: **1.** Lochearnhead – FK19 8PU: 2 Hotels, 1 Country House, 4 B&B, insges. 70 Betten.
2. St. Fillans – PH6 2NF: 2 Hotels, Tel. (01764) 685231 und (0345) 404040, einige B&B.
Abkürzungsmöglichkeit: Unterhalb der stillgelegten Bahn am Nordufer verläuft die A 85, auf der es möglicherweise Mitnahmemöglichkeiten gibt.

halten uns links und steigen in Richtung Woodhouse Farm und A 85 ab.

Nun folgt man ca. 100 m der Straße, bis hinter einem Parkplatz ein Fahrweg rechts abzweigt (Gatter), der uns nach einer Kehre wieder auf das alte Gleisbett führt. Dann gibt es eine reichliche Stunde lang keine Probleme. Erst wenn wir an die Farm *Ardveich* gelangen, verlassen wir das Gleisbett nach rechts und folgen dem dortigen Feldweg abwärts zur A 85. Die letzte $^1/_2$ Stunde müssen wir neben der Straße zum Parkplatz in Lochearnhead laufen.

Der helle Bau des malerisch vor dem Loch Earn gelegenen Edinample Castle wird noch bewohnt.

11 Finlarig Castle und Taymouth Castle an den Enden des Loch Tay

(Killin – Fiddlers Bay) – Ardeonaig – Ardtalnaig – Acharn – Kenmore

Tourencharakter: Die Tour ist als 16 km lange Wanderung auf dem südlichen Hochufer des 30 km langen Loch Tay konzipiert, kann aber durch Vorschalten einer 14 km langen Route zur Zwei-Tage-Tour ausgebaut werden. Sie führt fast durchweg auf einer asphaltierten, kaum befahrenen Nebenstraße, im Hauptteil (2. Tag) durch schöne, alte Baumbestände mit ständig wechselnden Ausblicken auf den langen, breiten See. In Killin können die Ruine von Finlarig Castle und 2 km östlich von Kenmore der Prachtbau von Taymouth Castle besucht werden.
Gesamtgehzeit: (1. Tag: $3^1/_2$ Std.); 2. Tag: 4 Std.

Finlarig Castle gehörte den Campbells und wurde wahrscheinlich im 11. Jh. erbaut. Im 16. Jh. war ein Mitglied des Clans, Sir Duncan Campbell, wegen seiner Brutalität so gefürchtet, daß er »The Black Duncan« genannt wurde. Zu seinen haarsträubenden »Sitten« gehörte es beispielsweise, vor einem Fenster seines Castles seine an einem Baum aufgehängten Feinde im Winde baumeln zu lassen, damit er und seine Gäste sie zur »After-Dinner-Unterhaltung« betrachten konnten. Auf der Nordseite ließ er einen Graben ausheben, um seine geköpften »unliebsamen Zeitgenossen« gleich reihenweise »wegwerfen« zu können. Ein Jahrhundert später, 1609, besuchten vermutlich König James VI. und die Königin Anne das Schloß. Daran soll wohl das Wappen über dem Eingangstor erinnern. Heute ist das Finlarig Castle eine Ruine.

Die nahezu entgegengesetzte, wenn auch viel jüngere Geschichte kann **Taymouth Castle** am Ostende des Loch Tay vorweisen. Auf dem Gelände der einstigen Burg der Campbells errichtet, wurde es früher noch als die Trossachs zu einem Besuchermagneten innerhalb Schottlands. Travel Companies brachten die ersten Gesellschaftsreisen von wohlhabenden Engländern in die Highlands, und der gastfreundliche *Earl of Bredalbane* von *Taymouth Castle* gewährte ihnen gern »table for several days«, wie aus einem Brief vom Jahre 1773 an seine Tochter hervorgeht. Möglicherweise war er der erste Earl, der im Touristengeschäft eine willkommene Nebeneinnahme sah. Diesen gelegentlichen Besuch der Companies empfand er bereits als »Massenphänomen«. Der 4. Earl of Bredalbane ließ das im Kastellstil erbaute Castle ausbauen: Ein dreistöckiger Zentralturm mit umlaufenden Galerien und Arkaden nahm das Treppenhaus auf, ein neugotisches Prunkstück. Queen Victoria war 1842 von ihrem Besuch in Taymouth Castle begeistert: »Es war fürstlich und romantisch.«

Damals war der Kontrast zwischen feudalem Luxus und dörflicher Armut noch enorm. *Johanna Schopenhauer* berichtete vom benachbarten *Kenmore*, wo unsere Tour endet, von der erbärmlichsten Dürftigkeit der Wohnungen. Einige Schemel um den Kamin und ein Lager aus Moos und Stroh sei der Wohnkomfort einer ganzen Familie gewesen. Heute dagegen ist Kenmore ein »Modelldorf«.

Aber auch in Taymouth Castle ist die feudale Herrlichkeit dahin. 1920 wurde das Schloß Hotel, danach Hospital und Militärakademie. Heute ist es private Internatsschule.

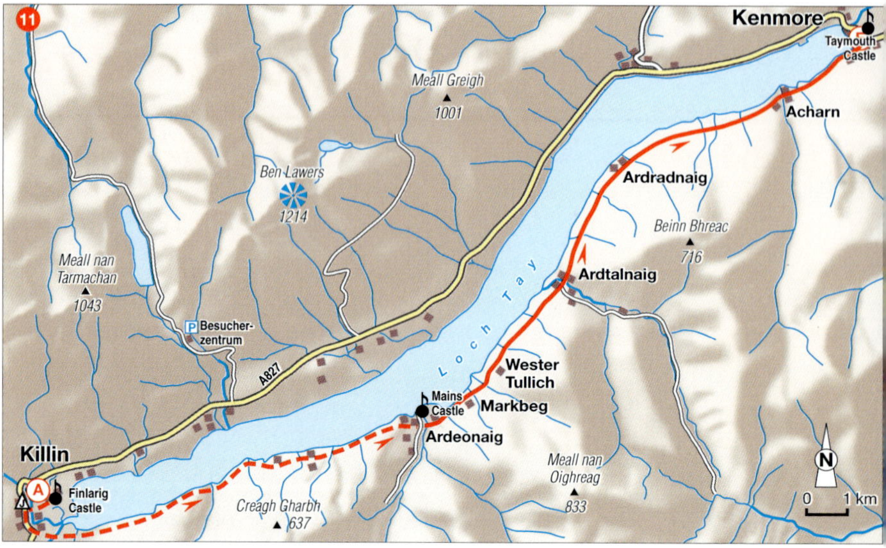

Der Wanderweg

Die Hochuferwanderung auf der Südseite des *Loch Tay* besteht aus zwei Teilen. Der erste Teil von *Killin* bis Ardeonaig [Ardionig] führt vorwiegend durch Wald und wird hier nur als Ergänzung angeboten. Wer davon Gebrauch machen will, kann anfangs für $^{1}/_{2}$ Stunde dem Asphalt entgehen: Nach Überquerung des *River Dochart* auf einer alten Steinbrücke, wobei man einen schönen Blick auf die *Falls of Dochart* werfen kann, zweigt hinter dem *Clachaig-Hotel* links die schmale Straße ab (Ww. »Ardeonaig«). Bei einer nach 50 m folgenden Rechtskurve kann man geradeaus weitergehen (Ww. »Achmore«). Der Fußweg (private road) trifft kurz vor *Cuildochart* wieder auf die kleine Straße, die problemlos bis *Ardeonaig* verläuft.

Reizvoller ist der zweite Teil der Wanderung. Zum Ausgangspunkt *Ardeonaig-Hotel* kann man montags bis freitags mit dem Bus gelangen, der allerdings schon 7.55 Uhr Killin verläßt. Er ist 9 Uhr in Ardeonaig, fährt 9.45 Uhr weiter und kommt 9.55 Uhr an der Endstation *Ardtalnaig* an. Möglicherweise kann man die $^{3}/_{4}$ Stunde Aufenthalt in Ardeonaig nutzen, um hier erst das Frühstück einzunehmen. Wenn Sie bis Ardtalnaig fahren, dauert die Wanderung höchstens 3 Stunden. Im Normalfall beginnen wir die Tour in Ardeonaig.

Etwas unterhalb des Hotels steht als letzter Rest des einstigen *Mains Castle* noch ein Mauerteil. Wenn man ihn sehen will, muß man dazu auf dem Fahrweg, der hinter dem Hotel zum See führt, 160 m abwärts gehen. Auf der anderen Seite des Baches kann man dann durch die Bäume hindurch die Ruine sehen. *Ardeonaig* ist auf der 30 km langen Südseite des Loch Tay neben Ardtalnaig die einzige nennenswerte Ansiedlung. Noch kein Dorf, be-

In Killin überspannt eine alte Steinbrücke den River Dochart und sein aus granitenen Platten gebildetes Flußbett.

steht es aus etwa eineinhalb Dutzend Häusern und kann Telefonhäuschen, Schule und das Hotel sein eigen nennen.

Der Wanderweg auf der kleinen Straße nach Kenmore führt abwechslungsreich durch alte Baumbestände: Eichen, Akazien, Platanen, Buchen usw. Bisweilen umrahmen sie die Wanderstrecke wie eine Allee. Zwischen den Bäumen sieht man immer wieder den großen See. Die Straße führt auf und ab und hat viele Kurven. Einzelne Schaffarmen, wie *Margbeg* und *Wester Tullich*, liegen am Rand. Nach 1¼ Stunden kommt man nach Ardtalnaig, wo die Buslinie endet. Die Hausansammlung liegt im Tal des *Allt a'Chilleine*. Danach steigt die Straße knapp 50 m an. Rechter Hand ist ein ausgedehnter Wald, während man anfangs links den See aus 70 m Höhe sieht. Später zieht sich der Wald bis an den See hinunter. Vor *Acharn* liegt ein »Crannog«, das sind die Reste alter Siedlungen, die jetzt unter Wasser liegen.

Auch in *Kenmore*, wo der See endet, gibt es wie in Lochearnhead ein *Water Sports Centre*, das für die Belebung des Wassers mit Kajakfahrern, Surfern und Seglern sorgt. Im Zentrum des Ortes gehen wir nach rechts durch ein Tor im neugotischen Stil und dann auf einer Allee durch ausgedehntes Golfgelände, bis wir die große Anlage von *Taymouth Castle* vor uns sehen. Schloß und Park, in einem Bogen des *River Tay* gelegen, repräsentieren so recht Macht und Ansehen des einstigen Earls of Bredelbane. In den Schulferien kann das Schloß u. U. besichtigt werden. Von Kenmore kann man mit dem Scottish Postbus nach *Aberfeldy* weiterfahren.

i Nützliche Informationen

Ausgangspunkt: Killin, Tourist Information (im Falle der Zwei-Tage-Tour), sonst Ardeonaig-Hotel.
Gehzeiten: Killin – Ardeonaig 3½ Std.; Ardeonaig – Ardtalnaig 1¼ Std.; Ardtalnaig – Kenmore 2¾ Std.
Busverbindungen: **1.** Mo.–Fr. ab Killin 7.55 Uhr – an Ardeonaig-Hotel 9 Uhr – an Ardtalnaig 9.55 Uhr.
2. Mo.–Sa. ab Kenmore 13.30 Uhr – an Aberfeldy 14.20 Uhr.
3. Mo.–Sa. ab Kenmore 13.40 Uhr – an Acharn 13.45 Uhr.
Sehenswürdigkeiten: **1.** Killin: Finlarig Castle (11. Jh., Ruine).
2. Killin: Falls of Dochart.
3. Stone Circle, Kinnell gegenüber Killin, nur mit Genehmigung.
4. Taymouth Castle, 2 km nordöstlich Kenmore, Internatsschule.
Information: **1.** Killin – FK21 8UR, Main Street, Tourist Information, Tel. (01567) 820254, geöffn. 9–17 Uhr.
2. Kenmore: Tafel am Parkplatz.
3. Aberfeldy: Tourist Information, 8 Dunkelt Street, Tel. (01887) 820276, geöffn. 10–17 Uhr.
Unterkunft: **1.** JH Killin – FK21 8TN, Tel. (01567) 820546, 49 Betten.
2. Killin: ca. 10 Hotels, 20 B&B.
3. Ardeonaig-Hotel – FK21 8SU, Tel. (01567) 820400.
4. Kenmore – PH15 2HW: 2 Hotels Tel. (01887) 830588, 830206, 2 B&B.
5. Zum Überwechseln nach IV, 12: JH Pitlochry – PH16 5HJ, Knockard Road, Tel. (01796) 472308, 76 Betten.
In der Nähe: 8 km hinter Pitlochry an der A 9 in Blair Atholl das weiße Märchenschloß Blair Castle der Dukes of Atholl aus dem Jahr 1269. In Pitlochry findet außerdem im Sommer ein bekanntes Theater-Festival statt.

IV. Die Cairngorm Mountains

Grundinformation und Sehenswürdigkeiten

Die **Cairngorm Mountains** sind ein Teilgebirge der *Grampian Mountains.* Dieses wird im Süden vom *River Dee,* im Westen und Norden vom *Glen Trium* und dem *River Spey* begrenzt. Im Osten geht es allmählich in das Hügelland westlich *Aberdeen* über. Die Cairngorm Mountains bilden den orographischen Kern der Grampians. Wegen der geologischen Schrägstellung der Grampian-Platte liegen sie als höchstes Gebiet des Gebirgszugs im westlichen Teil. Ihr Name lautete ursprünglich *Monadh Ruadh* [Mona Ruig]. Das bedeutet »Rote Berge«. Dieser Name entstand wegen der Farbe des Granitgesteins, aus dem die Cairngorms aufgebaut sind.

Ihr zentraler Gipfel ist der **Ben MacDui**, mit 4296 feet oder 1309 m zweithöchster Berg Großbritanniens (Tour 12). Für den Naturfreund und Bergwanderer ist er gleichwohl interessanter als der arg strapazierte **Ben Nevis** (1343 m), dem die Massen auf den Buckel rücken, weil »man halt den höchsten Punkt der Britischen Inseln mitnehmen muß«. Die Absonderlichkeit eines alljährlich stattfindenden Wettlaufs auf seinen Gipfel tut ein übriges dazu, daß sich unzählige Bergjogger hinaufschnauben. (Wir werden ihn bei Tour 34 trotzdem besteigen.)

Den Vorwurf, einen Berg deklassiert oder »umfunktioniert« zu haben, kann man freilich auch den Betreibern der Liftanlagen auf den 1241 m hohen **Cairn Gorm** machen, der dem ganzen Teilgebirge den Namen gegeben hat. Seit 1961 etablierte sich hier das erste Skigebiet Großbritanniens mit inzwischen 17 Liften und den entsprechenden Parkplätzen und Restaurants. Nun brauchen die Briten nicht mehr in das für sie traditionelle Zermatt zu fahren, um dem weißen Sport zu frönen, sondern können im Lande bleiben. Wenngleich die Lifte hier nicht bis auf 3900 m hinaufgehen, sondern nur auf 1200 m, so sind die Nordhänge des Cairn Gorm dank ihrer Hochlage doch von Dezember bis März schneesicher.

Gottlob bildet der Cairn Gorm die einzige Stelle, wo sich der Tourismus aggressiv an dieses schöne Gebirge herangewagt hat. Die übrigen 95% dieser Mountains sind als *Cairngorms National Nature Reserve* geschont und bilden ein einzigartig schönes Wandergebiet hoch über der Waldgrenze (Touren 12 und 13). Darauf wird im folgenden Abschnitt näher eingegangen.

Der Vorstoß des Ski- und Lifttourismus an den Cairn Gorm ist das Ergebnis einer touristischen Erschließung an den Rändern der Grampian Mountains, die schon im Anfang unseres Jahrhunderts eingesetzt hat. Zunächst wurde die Eisenbahn von Perth über Pitlochry und den Pass of Drumochter nach Inverness gebaut. Mit dem Aufkommen des Automobilverkehrs folgte neben ihr in den 30er Jahren der Ausbau der Straße zur heutigen A 9. Am Südrand des Gebirges entstand die A 93, die von Rattray über den 606 m hohen Paß *Devil's Elbow* in das Tal des *River Dee* führt. An diesen Straßen bildeten sich nach dem 2. Weltkrieg mehrere touristische Zentren mit gut ausgestatteter Infrastruktur: *Pitlochry* im Süden (Übergang von Tour 11 zu 12); *Kingussie* und *Aviemore* (Tour 15) im Westen;

Glenmore (Tour 14), *Boat of Garten* (Tour 17) und *Carrbridge* (Tour 18) im Norden; *Tomintoul* im Nordosten und *Ballater* und *Braemar* im Südosten. Fast alle diese Orte besitzen Youth Hostels (JH), Tourist-Informationen, Camping- und Caravanplätze, dazu »Bed and Breakfast« (B&B) und Hotels. Sie bilden den Ausgangspunkte für Wanderungen im Gebirge (Touren 12, 13 und 16).

Obwohl also die gastronomische Infrastruktur von Kingussie bis Glenmore gut ist, empfiehlt es sich wegen des Besucherandranges im Sommer doch, das Quartier für mindestens eine Woche am selben Ort festzumachen. Dann kann man die sieben Touren der Region IV von einem festen Standort aus angehen und entgeht den u. U. langwierigen Vorbestellungen. Außerdem hat das den Vorteil, daß wir uns für die beiden Bergtouren in den Cairngorm Mountains das beste Wetter aus der Sechs-Tage-Prognose, Tel. (0891) 500923, heraussuchen können. Wir müssen also die Touren 12 bis 18 nicht in der angebotenen Reihenfolge absolvieren, sondern können je nach Wetterlage tauschen.

Am Carn Etchachan im Cairngorms National Nature Reserve leuchten Moospolster in allen Farben.

Eine besondere Rolle spielt **Aviemore**. Der Ort träumte bis 1900 als kleines Dorf mit Postkutschenstation und später einem Bahnhof scheinbar unbeachtet vom Tourismus vor sich hin. Die Erweckung aus dem Dornröschenschlaf kam Ende der 50er Jahre, als die Planungschefs der Tourismus-Unternehmen die Cairngorms für den Skisport entdeckten. Glücklicherweise gelang es dem im Aufbau begriffenen *National Reserve* im Verbund mit der *Forestry Commission*, die für den Wintersport erforderlichen Hotels und Restaurants nach Aviemore zu legen. Damals konnte man noch mit dem Argument überzeugen: Nicht alle Skifahrer haben ein Auto, aber eine Fahrkarte lösen können sie alle. Also müssen die Hotels an den Bahnhof, und ein Zubringerdienst fährt die Wintertouristen zu den Liften. Seitdem hat sich Aviemore zu einer beliebten Tourismusstadt mit Alljahresbetrieb, Skischulen, Information Centre, Bergrettungsstation und drei Caravanplätzen entwickelt. Im Sommer wirkt das alles etwas ernüchternd.

Nun soll es ja in Schottland auch richtig verregnete Tage geben. Dann studieren Sie doch einmal die schottische Nässe in ihrer edelsten Form: **Whisky** (vom gälischen »uisge beatha« – »Lebenswasser«) flößt nicht nur Touristen an trüben Tagen, sondern auch der heimischen Wirtschaft mit jährlich 750 Mio. exportierter Flaschen die Lebensgeister ein. Das Tal des *River Spey* ist »Whisky Country«. Zwischen *Tomintoul* im Südwesten und *Keith* im Nordosten bietet die *Speyside* die größte Dichte an Destillen sowie einige der wohlklingendsten Namen für Whiskyliebhaber. Immer wieder sieht man am Wegrand die »kilns«, die pa-

Destillenidyll von Strathisla. Die pagodenförmigen Rauchabzugshauben der Darre weisen den Weg zur Whiskybrennerei.

godenförmigen Dächer und Rauchabzugshauben der Brennereien, die auch als Symbol die Hinweisschilder auf den *Malt Whisky Trail* zieren. Zu ihm gehören acht Destillerien und eine Böttcherei, die Besuchern kostenlose Führungen anbieten.

Sehr pittoresk ist die älteste der Speyside Distilleries, *Strathisla* in *Keith*; am professionellsten durchgestylt wohl das Besucherzentrum von *Glenfiddich* in *Dufftown*. Bei einer Multivisions-Show in sieben Sprachen und dem anschließenden Rundgang durch die Produktionsanlagen erfährt man das Wesentliche über die einzelnen Stationen des Herstellungsprozesses: vom Mälzen und Maischen der Gerste, der Gärung durch Hefezusatz in großen Bottichen, der zweimaligen Destillation in kupfernen Kolben und schließlich der Reifung in Eichenfässern, die vormals Sherry und Bourbon faßten und die dem klaren Alkohol während der acht bis zwölf Jahre Lagerung seine Bernsteinfärbung verleihen. Zum Schluß gibt es das begehrte Pröbchen der Hausmarke. Und wer noch etwas Kleingeld übrig hat, kann das nette Sümmchen von £ 5000 in einen 50 Jahre alten Glenfiddich investieren (limitierte Auflage von 500 Flaschen). Na denn Prost! – oder besser: *Sl'ainghie vha!* [Slonji wa].

Wie auf Skandinaviens Fjällen

In wohltuendem Kontrast zu den wartenden Menschen und den Geschäften in der Talstation des Sessellifts und den Rudeln, die sich in Halbschuhen allenfalls auf den *Cairn Gorm* vorwagen, stehen die einsamen Regionen um den 1309 m hohen *Ben MacDui*. Es ist für den Mitteleuropäer nicht so sehr die Höhe als vielmehr die Weite, die hier in den **Cairngorm Mountains** zum Bergwandern lockt. Die Berge erscheinen von weitem als langgezogene Rücken, aber fast jeder besitzt ein Kar, das seine Flanke aufreißt. Insofern bieten sich Vergleiche mit den Fjällen im norwegisch-schwedischen Grenzgebiet an. Schottland ist ja auch die Fortsetzung der Kaledonischen Faltung, die das skandinavische Hochgebirge formte. Wer andererseits die Ostalpen kennt, fühlt sich auch an den Hochschwab erinnert.

Den Cairngorm Mountains sieht man es besonders deutlich an, wie 700 Mio. Jahre Erosion an ihnen genagt haben. Nach Hebungen und Senkungen brachten die Eiszeitgletscher die letzte, gewaltige Abtragung. Aber wegen der Härte ihres Granitgesteins widerstanden die Cairngorms der Arbeit der Gletscher besser als andere Gebirge Schottlands, so daß sich hier vier der fünf höchsten Berge des Landes finden. Die glaziale Überformung bewirkte sanfte Mulden im Quellbereich der Trogtäler. Aus ihnen fließen nicht weniger als 22 Gebirgsbäche und -flüsse aus dem Zentralgebiet in alle vier Himmelsrichtungen.

Dieser Wasserreichtum ist das Ergebnis hoher Niederschlagsmengen das ganze Jahr hindurch, besonders aber im Herbst. Ab November werden die Niederschläge als Schnee gespeichert und erst vom Frühjahr an, wenn die Schneeschmelze eintritt, in die Täler entlassen. Nach schneereichen Wintern liegen bis in den August hinein noch ausgedehnte Schneefelder in den Hochlagen. Insofern sind also Vergleiche mit Skandinavien oder den Ostalpen nicht übertrieben.

Wasserreichtum und Hochlage bedingen in den Cairngorm Mountains eine arktisch-alpine **Flora**. Neben Krüppelwuchs von Sträuchern findet man Grasland, Farnweiden und Heide. Der Farn färbt sich im Herbst goldgelb, die Heide purpurn. Interessant sind die Mooslichtnelke und die Bergazalee. Besonders reizvoll und farbenprächtig sind die Moospolster im Quellgebiet der Gebirgsbäche. Vom saftigen Grün kann man hier über Rotbraun, Gelb und Orange bis zum deftigen Rot eine unerwartete Farbenpracht genießen. Erst oberhalb 1200 m beginnt als Folge der langen Schneebedeckung der Bewuchs nachzulassen. Dann breiten sich ausgedehnte, apere Flächen aus, durchzogen von Geröllbändern, Steinhaufen und Blockmeeren. Trotzdem findet man in den Mulden immer wieder Gras- und Moospolster. Der Wasserreichtum führt in den Hochlagen sowohl zu kleinen Tümpeln als auch zu natürlichen Seen, wie im *Loch Einich* [Loch Ennich] und *Loch Avon.*

Aber nicht nur die Flora, auch die **Fauna** ist von großem Artenreichtum. Schottland ist ein Vogelparadies. Zwischen den Steinen am *Cairn Gorm* nisten Schneehühner (»ptarmigans«) in perfektem Mimikry. Selbst Einheimische können sie nur schwer ausmachen, und als Wanderer kann man schon erschrecken, wenn plötzlich vor einem ein Ptarmigan geräuschvoll auffliegt. Vor Jahren kehrten die Fischadler (»ospreys«) zurück. Ihre Nistplätze, wie z. B. am *Loch Garten* (Tour 17), werden sorgfältig bewacht.

Ein besonderes Ergebnis gelungener Domestizierung ist der Import von Rentieren aus Lappland. Während anderenorts die Rentierkultur durch den Tourismus zerstört wurde und die verwilderten Rens durch Siedlungen streunen, hat sich in Schottland ein verträgliches Nebeneinander von Tier und Mensch eingestellt. Die »reindeers« werden vom Personal des Nature Reserve täglich mit einer Wagenladung Flechten gefüttert und haben dadurch jede Scheu verloren. Zum Fotografieren kann man mit langsamen Bewegungen nahe an sie herangehen.

12 Auf den zweithöchsten Berg Schottlands, den Ben MacDui

Bergstation des Cairngorm Chairlift, 1097 m – Cairn Gorm – Ben MacDui – Carn Etchachan – Coire Domhain – Bergstation

Tourencharakter: Ausgedehnte Wanderung über die weitläufige Hochregion zwischen Cairn Gorm und Ben MacDui, wobei mindestens drei Gipfel über 1100 m bestiegen werden. Der Rückweg erfolgt weglos über Geröll, an kleinen Seen vorbei und über zahlreiche Wasserläufe. Dieser Teil setzt gute Sicht voraus.
Gesamtgehzeit: 4–5 Std., je nach Verhältnissen. Bei Nebel nur in Begleitung ortskundiger Führer durchführbar, keinesfalls im Alleingang.

Der Start in die einsamen Hochregionen um den **Ben MacDui** ist zunächst einmal ernüchternd. Das Ausmaß der Parkplätze an der Talstation läßt ahnen, welcher Massenansturm hier von Januar bis März herrschen muß. Wer als Bergsteiger mit alpinen Gepflogenheiten meint, zeitig zu einer Bergtour aufbrechen zu müssen, der verzichte auf den Sessellift (die Kasse öffnet erst um 9 Uhr) und steige von der Talstation in 650 m Höhe alles zu Fuß aufwärts. Aber die Einsparung der 440 Anstiegsmeter ist natürlich verführerisch, bedeutet sie doch einen Zeitgewinn von 1½ Stunden. Mischen wir uns also unter die »Mogel-Munroisten«! Haben wir unser Ticket erstanden und sind an der Reihe, auf einem Sessel Platz zu nehmen, ist das wie eine Erlösung. Nun endlich geht es vorwärts und aufwärts. In zwei Sektionen schwebt man erst über einem kleinen Tal, dann über einen Steilhang zum Nordfuß des *Cairn Gorm*. Ein breiter Fußweg führt auf den 1245 m hohen Gipfel mit der *Radio Relay Station*.

Der späte Start des Sessellifts muß nicht unbedingt besagen, daß britische Bergwanderer Spätaufsteher sind. Die Anfahrt von *Aviemore* durch *The Queen's Forest* und über zwei Kehren mit über 400 m Steigung dauert ohnehin fast eine Stunde. Möglicherweise berücksichtigt die Kassenöffnung erst ab 9 Uhr auch den Umstand, daß im Stau der Nordwestwinde am Gebirge oft in den Morgenstunden noch Nebel herrscht, der sich erst mit steigender Sonne am Vormittag auflöst.

Damit sind wir bei einem zentralen Thema unserer Bergtour: dem **Wetter**.

Vom 1245 m hohen Cairn Gorm blickt man in die Steilabbrüche des Aladdin's Couloir.

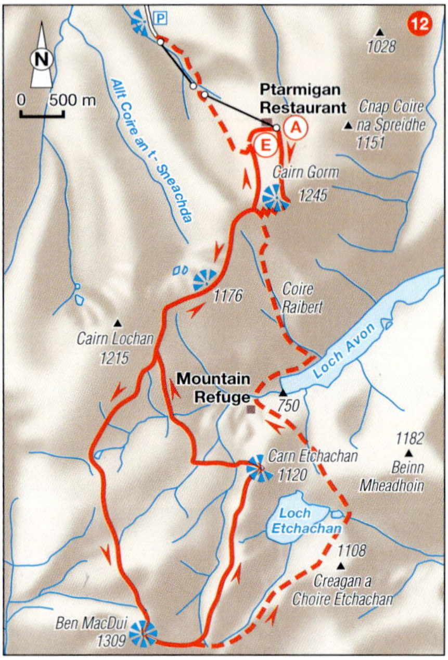

Holen Sie in Aviemore beim *Tourist Information Centre* oder am Loch Morlich beim *Forestry Commission Information Centre,* am besten bei der *Mountain Information* an der Talstation des Sessellifts die Wetterprognose für Ihren Bergtag ein. Einen aktuellen Wetterbericht können Sie von Ihrem Quartier unter der Nummer (0891) 333197 und eine Sechs-Tage-Vorhersage unter (0891) 500923 abrufen.

Denn gute Sicht ist das A und O unserer Tour, erstens aus Sicherheitsgründen, zweitens um des Genusses und der Wanderfreude willen. Gehen Sie keinesfalls bei Nebel alleine los! Und nehmen Sie den Kompaß und eine gute Karte mit! Der Rückweg vom Ben MacDui erfolgt weglos. Wenn die Wetterprognose nur für den Vormittag gute Verhältnisse vorhersagt, für den Nachmittag dagegen Wolken, dann gehen Sie die Tour in der entgegengesetzten Richtung der Beschreibung, damit Sie für den Rückmarsch einen gerichteten Weg vorfinden.

Noch etwas: Die **Rentierherden** wechseln häufig ihre Plätze. Manchmal sind sie am Osthang des *Ben MacDui,* manchmal am *Carn Etchachan* [Karn Ätschechan] auf dem Plateau oberhalb des *Loch Avon* anzutreffen; sie können aber in dem weitläufigen, tundraähnlichen Areal des *Cairngorms National Nature Reserve* auch südlich des MacDui am *Luibeg Burn* oder am Oberlauf des *River Dee* auftreten. Es ist Zufall und Glückssache, wenn Sie auf Rentiere treffen. Freuen Sie sich darüber, wenn es klappt, und ärgern Sie sich nicht, wenn es nicht klappt. Im zweiten Fall können Sie auf der nächsten Tour (13) als Ersatz gleich am Anfang an einem Rentiergehege entlanggehen.

Der Wanderweg

Nach Verlassen der Bergstation und des Restaurants *Ptarmigan* [Tamigen] steigen wir auf breitem, ausgetretenem Weg 155 m direkt auf den Gipfel des *Cairn Gorm.* Aus 1245 m Höhe genießen wir eine erste grandiose Rundsicht: nach Nordosten in das tief eingeschnittene Tal des *Strath Nethy* und nach Südosten zum *Beinn Mheadhoin* [Ben Wiën], 1182 m. Zwischen ihm und unserem Gipfel kann man den *Loch Avon* nur ahnen. Südsüdwestlich von uns liegt der nur 64 m höhere Hauptgipfel der Cairngorm Mountains, unser Tagesziel. Und in Blickrichtung zum *Braigh Riabhach* [Brä Riach] im Südwesten, 1296 m, schauen wir in einen jener Steilabbrüche, die für dieses Gebirge typisch sind. Die Wände sind z. T. lotrecht; auch die Schichtenfolge steht fast senkrecht. Der Name *Aladdin's Couloir* verrät sowohl Sage als auch steilen Fels.

Im Zickzack steigen wir am Westhang des Cairn Gorm 114 m abwärts und treffen nach Pkt. 1131 m auf den breiten Wanderweg, der von der Mittelstation des Sessellifts zum Ben MacDui führt. Er verläuft zunächst an der Oberkante des Kars um Aladdins Couloir entlang und gestattet pausenlos Einblicke in die wilden Felsabstürze. Es ist eine Landschaft mit wirklichem Hochgebirgscharakter. Die höchste Stelle dieser Gratkante ist ein 1176 m hoher Cairn.

Bei Pkt. 1111 m, am Osthang des 1215 m hohen *Cairn Lochan* [Kärn Lochen], der bequem mit einem Abstecher bestiegen werden kann, biegen wir aus der Westsüdwest- in die Süd-, später Südsüdwest-Richtung um. Der Weg führt nun fast 2 km durch eine mit Moosen, Flechten und Stauden bewachsene tundraähnliche Hochebene. Links unter uns blicken wir in das sanfte, von zahlreichen Bächen erfüllte Tal im Quellgebiet des *Féith Buidhe* [Fe-i Buje]. Dessen Hauptquelle bildet der kleine See *Lochan Buidhe,* den wir in 1125 m Höhe erreichen und dessen klares Wasser uns erfreut.

Von hier an läßt die Vegetation merklich nach. Bald wandern wir auf aperem Boden zwischen Geröllbändern und ausgedehnten Blockmeeren (»boulders«). In Südsüdost-Richtung peilen wir den *Ben MacDui* an, erst gemächlich, später steiler ansteigend. $2^1/_2$ Stunden nach dem Aufbruch von der Bergstation haben wir den zweithöchsten Berg Großbritanniens erreicht. Der Gipfel wird aus einem großen Haufen von Steinen und Blöcken gebildet; am Fuße befindet sich eine eingefaßte Feuerstelle. Rundsicht und Landschaft sind berauschend schön, zumal es südlich vom Gipfel gleich 750 m tiefer in das Trogtal des Oberlaufs vom *River Dee* hinabgeht. Der nur 13 m niedrigere *Braigh Riabhach* (anglisierte Form: *Braeriach*) liegt westlich von uns, eingefaßt von dem wilden Kar *Coire Bhrochain* [Korre Wrochen].

Wir verlassen den Gipfel in östlicher Richtung, ebenfalls auf einem gerichteten Pfad. Dieser führt aber am *Loch Etchachan* vorbei nach Südosten aus dem Gebirge. Wir verlassen daher den

Die Variante des Ben-MacDui-Abstieges führt am Loch Avon vorbei, der ein glaziales Kar ausfüllt.

Nützliche Informationen

Ausgangspunkt: Bergstation des Cairngorm Chairlifts (Sessellift).
Gehzeiten: Hinweg zum Ben MacDui 2½ Std., Rückweg 3 Std.
Information: **1.** Aviemore – PH22 1PP: Tourist Information, Tel. (01479) 810363, Mo.–Sa. 9–18 (Juli/Aug. bis 20), So 10–17 Uhr.
2. Cairngorm, Talstation Sessellift, Tel. 861261.
3. Telefon. Wettervorhersage, aktuell (0891) 333197, 6-Tage 500923.
Unterkunft: **1.** Aviemore: 11 Hotels, 1 Motel, 9 Guest Houses, 26 B&B, Gesamtkapazität ca. 1000 Betten; JH, Tel. 810345, 114 Betten.
2. Loch Morlich, Glenmore – PH22 1QU: JH Glenmore, Tel. 861238, 84 Betten; Caravan- und Campingplatz.
Fahrzeiten des Sessellifts: 9.30–17.15 Uhr.
Karte: Aviemore and the Cairngorms, 1:25000, Outdoor Leisure Map, published by the Ordnance Surey, Southhampton.
Bergrettung: Glen More, Mountain Rescue Post, Tel. 999 (Notruf) oder Polizei in Aviemore, Tel. 810222.
Variante: Vom Ben MacDui nach Osten auf dem Weg bleiben, zum *Loch Etchachan* absteigen, von seinem Abfluß nach Nordnordwest mit nochmaligem Abstieg zum *Loch Avon* gehen. Dessen Zufluß *Feith Buidhe* möglichst weit oberhalb des Sees queren, dann am Nordhang auf einem Fußweg ansteigen, bis man links in einem steilen Seitental 250 Höhenm. dem Bach folgt. Wenn der Weg aufhört, noch 1 km ziemlich genau nach Norden zum Cairn Gorm ansteigen. Der Vorteil liegt in der alpinen Szenerie der seengefüllten Kare – der Nachteil in einem 500-m-Anstieg am Ende der Tour (insges. 7–8 Std.).

Weg nach 600 m in Richtung Norden, kurz vor der Quelle des *Garbh Uisge Mór* [Gar Wuschge Mohr]. Wir überqueren den kleinen Bach und »stolpern« nun weglos am rechten Rand des von ihm gebildeten Tals über Geröll (»Scree«) und erst aperes, später von Moospolstern bestandenes Gelände. Das ist ein herrliches, ungebundenes Vagabundieren in einer grandiosen Landschaft, sofern die Sicht gut ist. Bei Nebel ist man ohne Weg verloren. Links begleiten zwei kleine Seen den Gebirgsbach, während rechts unterhalb eines felsigen Steilabbruchs der runde Loch Etchachan liegt.

Weil halb rechts (nordöstlich) von unserem Abstiegsweg die nur 30 m Aufstieg erfordernde Kuppe des *Carn Etchachan* liegt, nehmen wir diesen 1120 m hohen Berg als dritten oder vierten Tagesgipfel gleich noch mit. Nun ändern wir die Richtung, steigen westlich ins Tal ab, überqueren den Garbh Uisge Mór, auch den darauffolgenden *Garbh Uisge Beag* [Gar Wuschge Beg], die beide in kleinen Wasserfällen munter bergab springen, und drehen dann erst in die Nord-, später Nordnordwest-Richtung um. Hier trieft alles vor Nässe. Viele Quellen treten aus dem Boden, umstanden von farbenprächtigen Moospolstern. Natürlich können hier auch noch Schneefelder liegen.

Oberhalb eines felsdurchsetzten Steilabfalls bleibend, passieren wir zwischen Steinen und Krüppelstauden noch den *Féith Buidhe* und steigen nun in fast nördlicher Richtung 60 m wieder zum Weg auf, den wir am Vormittag schon gegangen sind. Von nun an verläuft der Rückweg wie der Hinweg, wobei man nicht noch einmal den Cairn Gorm besteigen muß, sondern seinen Westhang querend direkt zum Bergrestaurant gehen kann. Der letzte Lift fährt 17 Uhr. Ist es später geworden, benutzt man den breiten Weg am Nordwesthang als Abstieg, der zur Talstation und zum Parkplatz führt.

13 In das Cairngorm National Nature Reserve

Parkplatz, 470 m – Chalamain Gap – (Creag a'Chalamain, 787 m) –
a) Creag an Leth-choin, 1053 m – und zurück,
b) Sinclair Memorial – Lairig Ghru – und zurück,
c) Sinclair Memorial – Sròn na Lairige 1180 m – Braigh Riabhach, 1296 m – und zurück
– Sinclair Memorial – Alt Druidh – Rothiemurchus Lodge – Loch Morlich

Tourencharakter: Gebirgswanderung auf z. T. markierten, aber oft auch feuchten Wegen über die Nordhänge der Cairngorm Mountains und in ein tiefes Trogtal. Je nach Wetterlage, Sicht und Leistungsfähigkeit bieten sich drei verschiedene Varianten an. Der Rückweg erfolgt an Talhängen und zum Schluß durch Nadelwald an den malerischen Loch Morlich.
Gesamtgehzeit: 4–7½ Std., je nach Wahl der Variante.

Thema der Wanderung 13 ist es, **Kare** und **Täler** sowohl von unten anzusehen als auch von oben in sie hineinzuschauen. Dazu werden Möglichkeiten angeboten, bis zu vier **Berge** zu besteigen, davon drei »Munros«. Es ist eine Tour, in der man den glazialen Formenreichtum der Cairngorm Mountains in seiner ganzen Bandbreite studieren kann. Am Anfang blicken wir in die beiden gewaltigen Kare (»Corries«) zu Füßen des *Cairn Lochan* [Kärn Lochen]. In ihnen liegt bis in den Sommer noch Schnee. Dann passieren wir eine Schlucht mit riesigen Felsbrocken. Von einer benachbarten, vom Gletschereis abgehobelten Kuppe oder einem 1053 m hohen Aussichtspunkt können wir in ein Trogtal wie aus einem Lehrbuch schauen, in das *Lairig Ghru* [Lahrig Gruh]. Mit etwas Phantasie kann man sich so recht vorstellen, wie vor 30000 Jahren hier ein steiler Gletscher das Tal ausgefüllt hat. Statt der beiden Aussichtspunkte bietet sich die Möglichkeit, auf einem Bergrücken, zum Schluß auf einem breiten Grat, zwischen zwei Karen mit 400 m hohen Steilwänden den dritthöchsten Berg Großbritanniens zu besteigen.

Unsere Wanderstrecke ist von großartiger Einsamkeit geprägt. In der ersten ½ Stunde kann man das Liftgelände noch sehen, dann sind wir auf 90% der Strecke ganz der Landschaft und dem Wetter ausgesetzt. In der Nähe von Bächen ist das Gelände sehr feucht, so daß wasserdichtes Schuhwerk notwendig ist. Bei der letzten Variante bewegt man sich in Höhen über

Am Beginn der Tour 13 liegt der 787 m hohe Creag a'Chalamain vor uns. Er läßt sich leicht ersteigen.

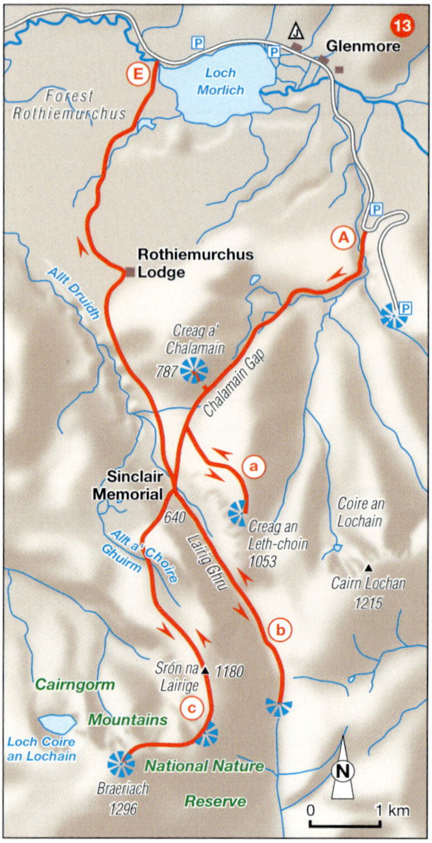

1100 m. Orientierungsvermögen ist dann gefragt, wird aber durch die klare Trennung von Bergrücken, Tälern und Karen erleichtert. Nur die Wege erinnern daran, daß in dieser wilden Landschaft auch an Wanderer gedacht wurde. Vielleicht treffen wir welche.

Der Wanderweg

An der ersten Kehre des Zubringers zum Sessellift, einer Linkskurve, befindet sich ein Parkplatz, wo man den Wagen abstellen kann. Am Ende der auf der rechten Seite befindlichen Leitplanke führt rechts ein Weg (Ww. »Sugar Bowl Trail«) bergab in das Tal das *Allt Mór* [Ault Mohr]. Dieser Gebirgsfluß vereinigt in sich das Wasser von fünf Bächen, die aus den Karen am Nordfuß des *Cairn Lochan* kommen. Zur Zeit der Schneeschmelze und nach größeren Niederschlägen schwellen diese Bäche zu reißenden Flüssen an. Wenn sie sich zum Allt Mór vereinigt haben, besitzen sie eine enorme Kraft, so daß sie die Brücke über den Fluß schon mehrfach weggerissen haben. Jetzt versucht man, die Wassermengen durch vorgelagerte, eingefaßte Steinblöcke zu bändigen.

Auf dieser Brücke überqueren wir den Fluß und steigen in einer Kehre auf das Plateau westlich von ihm. Rechts befindet sich ein Rentiergehege. Der Weg führt zur Schlucht *Chalamain Gap* (engl.). Erst ist er sehr gepflegt, dann wird er rauher, schließlich naß, und wenn man in der Schlucht das Blockmeer erreicht hat, muß er notgedrungen ganz aufhören. Die Schlucht ist beidseitig von verwitterten Granittürmen gesäumt. Wenn man die Balanceakte auf den Blöcken hinter sich hat, gibt es auch wieder einen richtigen Weg.

Gleich nach dem Ende der Schlucht führt rechts ein Pfad auf die 787 m hohe Kuppe des *Creag a'Chalamain* [Kreg e Chalemin]. Der Rundblick lohnt die halbstündige Zusatzvariante allemal. Zurück zum Wanderweg, zweigt nach 500 m, noch vor dem Abstieg ins Tal des *Allt Druidh* [Ault Druï], links die erste Variante (a) als Pfad ab. Der Anfang ist etwas undeutlich; später wird der Weg besser, und in der oberen Region ist er durch Steinpyramiden gekennzeichnet. Wo Blockmeere zu queren sind, signalisieren weiße Quarzsteine den Weg. Auf dem Hochplateau, auf das wir nach 400 m Anstieg gelangen, braucht man keinen

Vom Creag an Leth-choin schaut man in das langgezogene, glaziale Trogtal des Lairig Ghru.

Weg: Alles ist begehbar. Links liegt eine 1026 m hohe Kuppe (Cairn); unser Ziel ist der 1053 m hohe *Creag an Leth-choin* [Kreg an Lä-chon]. Von ihm aus hat man einen wunderschönen Einblick in das große Trogtal *Lairig Ghru* und bis zum Paßscheitel. Der Abstieg erfolgt wie der Aufstieg.

Diesem Trogtal gilt die zweite Variante (b). Dazu steigt man in das Tal ab. Die auf der Karte verzeichnete Schutzhütte *Sinclair Memorial Hut* steht nicht mehr. Statt ihrer erinnert ein Gedenkstein an den Philosophieprofessor Angus Sinclair, der an dieser Stelle an einem 23. Dezember umkam. Von hier kann man schon den Rückweg antreten (s. u.). Das ist der allen drei Varianten gemeinsame Teil und die zeitliche Minimaltour. Die Variante zwei führt auf dem Weg im Trogtal bis zum Paß in 833 m Höhe. Vom Paß schaut man genau nach Süden in das Quellgebiet des *River Dee* mit kleinen Seen und vielen Bächen, die von den Hängen kommen.

Wer höheres Gelände bevorzugt, kann die dritte Variante (c) wählen. Bei der Gedenktafel überquert man den Bach und steigt in Südsüdwest-Richtung auf einem Pfad über Rauhweiden und Geröll zunächst ca. 160 m auf. Der Weg schwenkt leicht nach links und folgt für kurze Zeit dem Bach *Allt a'Choire Ghuirm* [Ault e Chore Gürim]. Dann geht es links den Hang hinauf, bis man den flachen Bergrücken und die Abbruchkante in das *Lairig Ghru* erreicht. Man folgt dieser Kante in südlicher Richtung – zur Linken stets einen herrlichen Blick in das Tal. Der Weg verliert sich teilweise in diesem flachen Stück, dennoch gibt es keine größeren Orientierungsschwierigkeiten.

Zwei Flachkuppen (1180 m und 1184 m) werden überschritten; dann folgt nochmals ein kurzer Abstieg von 50 m in eine Mulde. Auf der anderen Seite geht es wieder hinauf, wobei der Weg schließlich nach Westen umschwenkt. Der Bergrücken schrumpft zum Schluß auf eine Breite von 40 m zusammen. Zu beiden Seiten blickt man in tiefe Kare. In leichtem Anstieg, dem hufeisenförmigen Rand des *Coire Bhrochain* [Korre Wrochen] folgend, erreicht man den **Braigh Riabhach** [Brä Riach]. Der höchste Punkt liegt mit 1296 m in einem Winkel der Abbruchkante in das Coire Bhrochain. Der Abstieg erfolgt auf der gleichen Route bis zur Weggabelung bei der Gedenktafel.

Ab hier ist der weitere Rückweg allen drei Varianten gemeinsam. Wir steigen auf dem Weg, der auf der rechten Terrasse des *Allt Druidh* bleibt, eine Stunde lang in Nordnordwest-Richtung ab. Kurz bevor wir in 550 m Höhe in den Nadelwald eintreten, zweigt rechts ein Pfad ab (Ww. »Rothiemurchus Lodge«), dem wir folgen. Nach ca. 20 Minuten erreichen wir die Lodge, von der ein privater Fahrweg durch den Wald zum 3 km entfernten *Loch Morlich* führt. Nachdem wir auf die Straße getroffen sind, ist 250 m rechts ein Parkplatz. Bis *Glenmore* (JH) sind es weitere 20 Minuten Fußmarsch entlang dem Nordufer des Loch Morlich.

i Nützliche Informationen

Ausgangspunkt: Parkplatz an der 1. Kehre des Zubringers von Aviemore und Loch Morlich zum Sessellift.

Gehzeiten sowie Auf- und Abstiegsmeter der Varianten einschließlich der gemeinsamen Teile:
a) Auf 630 m, ab 888 m, 4 Std.
b) Auf 530 m, ab 688 m, 5 Std.
c) Auf 993 m, ab 1151 m, 7–8 Std.

Information und Unterkunft: siehe Tour 12.

14 Tiefblick auf The Queen's Forest und Loch Morlich

Glenmore, Forest Shop and Park Visitor Centre – Glenmore Lodge – An Lochan Uaine – Ryvoan Bothy – Meall a'Bhuachaille – Glen More Forest Park – Loch Morlich – Caravanplatz – Glenmore, Forest Shop

Tourencharakter: Rundwanderung, die im 1. Teil mit einem leichten Talweg beginnt und dann aus der Waldzone auf einen Berg über 800 m mit schöner Rundsicht auf Queen's Forest, Loch Morlich und die Cairngorm Mountains führt. Im 2. Teil wird der malerische Loch Morlich umrundet.
Gesamtgehzeit: Etwa 6 Std., Abkürzung auf 4 Std. möglich.

The Queen's Forest ist der touristische Name für die amtliche Bezeichnung **Glen More Forest Park**. Der Wald erhielt das königliche Attribut, weil 1935 King George V. und Queen Mary vom Nordwesten die schöne Lage des Sees erkannten und Anweisung gaben, die Reste des noch vorhandenen kaledonischen Naturwaldes durch eine gezielte Wiederaufforstung zu ergänzen. Den Forest Park würde man mit deutschen Begriffen am besten als Landschaftsschutzgebiet übersetzen. Er umfaßt 28 km² um den *Loch Morlich*. Die Abgrenzung verläuft über den *Meall a'Bhuachaille* [Mjaul e Wuchäle], den wir besteigen, an der Westseite des Loch Morlich entlang, im Süden bis zur Waldgrenze und im Osten bis zur Kammlinie *Màm Suim* [Mahm Suïm] in 730 m Höhe. Der Forst ist ein Nutzwald und besteht vorwiegend aus schnell wachsenden Nadelhölzern. Er wird aber durch Reste des kaledonischen Naturwaldes, die in ihm stehen, zahlreiche Bäche und kleine Flüsse und vor allem den malerischen Loch Morlich aufgelockert.

Das Zentrum des Glen More Forest Park ist touristisch stark erschlossen. Es gibt einen Caravan- und Campingplatz, eine Jugendherberge, fünf Parkplätze, einen Rastplatz, ein Informationszentrum, ein Rentiergehege, zwei Skischulen, ein National Outdoor Training Centre, einen Segelklub, ein Bootshaus mit kleiner Werft, einen Naturlehrpfad, eine Bergrettungsstelle und mehrere Forest Parks. So verwirrend diese Aufzählung sein mag, so beachte man doch: Es ist kein Hotel dabei! Die Gebäude sind nur ein- bis zweistöckig und verstecken sich im Wald. Allerdings, Skisport im Winter und Wassersport im Sommer sorgen für rege Betriebsamkeit. Wir tun also gut daran, dieses Zentrum nur als Ausgangs- und Zielpunkt unserer Rundwanderung zu wählen, ansonsten uns aber auf einsamen Pfaden zu bewegen.

Der Wanderweg

Ausgangspunkt unserer Wanderung ist der *Forest Shop* mit seinem *Visitor Centre* in *Glenmore*. Von ihm gelangt man, vorbei am benachbarten *Rein-*

Ungeachtet der touristischen Erschließung von Glenmore bietet der westliche Teil des Loch Morlich einsame, stimmungsvolle Motive.

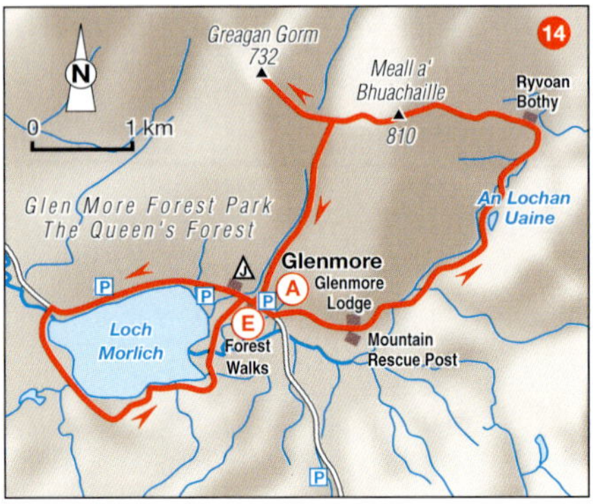

deer House, auf eine Teerstraße, die etwas oberhalb der Autostraße verläuft. Sie führt an der *Norwegian Lodge* vorbei zur *Glenmore Lodge*, wo sich eine Skischule, ein Sportzentrum und eine Bergrettungsstation befinden. Der Weg setzt sich hinter einem Gatter (Ww. »Public Footpath to Nethybridge and Braemar«, rot/grün/blau) als Schotterstraße fort. Wir durchschreiten ein *Caledonian Forest Reserve* mit alten schottischen Pinien. Dann folgt rechts unten der reizvolle, kleine *An Lochan Uaine* [An Lochen Uanje].

Nach 1 km zweigt an der steinernen Hütte *Ryvoan Bothy* nach links der Aufstiegsweg zum *Meall a'Bhuachaille* ab (rot/grün). In $1^1/_2$ Stunden gelangt man auf dem gut gerichteten Weg zum 810 m hohen Gipfel. Die Rundsicht ist umfassend: Über den Queen's Forest zum Loch Morlich, dahinter zu den zentralen Cairngorm Mountains, im Osten, Norden und Westen über das endlose Hügelland mit seiner großartigen Weitläufigkeit. Alle, die man auf dem Gipfel trifft, sagen: »Absolutely lovely!«

Der Abstieg erfolgt bis zum Paß zwischen »unserem« Berg und dem benachbarten *Creagan Gorm* [Krägen Gorm], 732 m. Wer Lust hat, kann auch diesen noch »mitnehmen«. Vom Paß führt eine Route links hinunter (grün) und durch den *Queen's Forest* nach Glenmore. Wenn man gegen Ende des Abstiegs rechts abzweigt (links ein Pfosten mit Blau und Grün – rechts mit Grün), kommt man direkt am Forest Shop wieder heraus.

Man kann hier die Tour beenden. Es ist aber auch möglich, eine Umrundung des schönen *Loch Morlich* anzuschließen. Zunächst muß man ein Stück an der Straße laufen. Vom Parkplatz in der Mitte des Ufers kann man am Wasser entlanggehen. Die Brücke

Im Aufstieg zum Meall a'Bhuachaille erblickt man die Berge jenseits des Glen More.

am Westende und die beiden Gatter an der Grenze des Glen More Forest Park lassen sich gut überwinden. An allen Gabelungen wende man sich zunächst immer links, um den See im Auge zu behalten.

Erst nach 2 km verlasse man die durch rote Pfosten gekennzeichnete Forststraße und gehe nochmals links ans Ufer hinab. Hier wird die Landschaft ganz urwüchsig: Schilfbestände, umgestürzte Bäume und feuchte Pfade lassen kaum ahnen, daß sich auf der anderen Seeseite der kommerzialisierte Tourismus breitgemacht hat. Man bleibe in einer gewissen Distanz zum Ufer, um eine Brücke (weiß) zu erreichen und nicht in Morast zu geraten. Zum Schluß kommt man am Campingplatz heraus, den man durchläuft, bis man wieder in Glenmore ist.

i Nützliche Informationen

Ausgangspunkt: Glenmore, Forest Shop and Park Visitor Centre.
Gehzeiten: Glenmore – Ryvoan Bothy $1^1/_4$ Std.; Aufstieg $1^1/_2$ Std.; Abstieg $1^1/_4$ Std.; Seeumrundung $1^3/_4$ Std.
Sehenswürdigkeiten: Glenmore, Reindeer House.
Information: Glenmore – PH22 1QU: Forest Shop and Park Visitor Centre, Tel. (01479) 861220, geöffn. 9–17 Uhr.
Unterkunft: siehe Tour 12.
Bus von Glenmore nach Aviemore: Abfahrt Forest Shop, 12.25, 14.35, 18.02 Uhr.
Variante: Vom Paß aus noch Besteigung des Creagan Gorm, 732 m (+ $^3/_4$ Std.).

15 Loch an Eilein und die Flußlandschaft am River Spey

Inverdruie – Lochan Mor – Milton Cottage – Loch an Eilein – Loch Gamhna – River Spey – Doune – Inverdruie

Tourencharakter: Rundwanderung, die durch eine urwüchsige Heidelandschaft und an viel Wasser vorbeiführt: am kleinen Lochan Mor, am sagenumwobenen Loch an Eilein, am Loch Gamhna und am Flußlauf des Spey. Man wandert auf Fußwegen, kleinen, befestigten Straßen sowie Radfahr- und Fahrwegen.
Gesamtgehzeit: $3^1/_2$ Std.

Thema der Tour 15 ist das Wasser: stehendes am Lochan Mor, Loch an Eilein und Loch Gamhna – fließendes am River Spey.

Die Geschichte, die sich um den **Loch an Eilein** [Loch an Elen] spinnt, steht im Gegensatz zu der »lovely landscape«. Nahe dem Westufer liegt eine kleine Insel mit der Ruine eines Castles. Die Burg stammt aus dem 14. Jh. Möglicherweise hat sie ein Sohn König Roberts II., eines Enkels von Robert Bruce und Begründer des Hauses Stuart, bewohnt. Dieser Sohn, mit Namen Alexander Stewart, nannte sich *Wolf von Badenoch*. Den Namen »Wolf« wählte er nicht von ungefähr, denn seine Grausamkeit war gefürchtet. Im Jähzorn konnte er feudale Brutalität ohnegleichen entfachen. So wird berichtet, daß er 1390 die Kathedrale von Elgin zerstören ließ, nur weil deren Abt ihn wegen seiner Vielweiberei gerügt hatte. Später diente die Burg als Zufluchtsort, im 16. Jh. auch als Ge-

In den kleinen Lochan Mor ragt eine Halbinsel, die zu einer kurzen Rast einlädt.

fängnis; denn da sie im See lag, konnte niemand so leicht entfliehen.

Diesem Umstand verdankt der See seinen Namen: Loch an Eilein bedeutet soviel wie »See der Insel«. Der See entstand in der Eiszeit, als sich ein großer Eisbrocken im Untergrund festsetzte, von den Schmelzwassern zum Rotieren gebracht wurde, damit den Untergrund aushöhlte und erst schmolz, als sich das übrige Eis zurückgezogen hatte. Die Geologen nennen das ein »Kesselloch«.

In diesem Gebiet hat sich ausgedehnter Großgrundbesitz bis in unsere Tage erhalten. Der Besitz **Rothiemurchus** grenzt an den *River Spey*, reicht im Norden weit über *Coylumbridge* bei *Aviemore* hinaus und im Süden bis in den Cairngorm-Nationalpark. Der keltische Name bedeutet »große Ebene der Nadelbäume«. In der Tat kann man hier noch Reste von altem kaledonischen Naturwald finden, z. B. über 300 Jahre alte schottische Pinien. Seit 1580 gehört Rothiemurchus der Familie Grant. Sie hat mit dem *Nature Conservancy Council* und der *Forestry Commission* ein »Gentlemen's Agreement« geschlossen, indem sie auf ihrem Besitz die Anlage von Wanderwegen, Informationszentren und bei Coylumbridge sogar eines Wohnwagenplatzes gestattet hat. Man bleibe aber strikt auf den Wegen, um das Agreement nicht zu gefährden.

Eine ganz andere Landschaft finden wir am **River Spey** vor. Das breite Tal bildet die einzige Verkehrsader von Perth nach Inverness. Die Verkehrsstränge der Eisenbahn, der B 9152 und der neuen Schnellstraße A 9 bleiben alle auf der linken Seite des Flusses, während die orographisch rechte Seite, wo wir wandern, nur land- und forstwirtschaftlich genutzt wird. Wir werden durch eine Parklandschaft mit herrlichen, alten Bäumen laufen. Im Frühjahr, zur Zeit der Schneeschmelze, kann der River Spey, einer der »großen« Flüsse Schottlands, Hochwasser führen. Besonders an seinem rechten Ufer schützen daher Dämme die Fluren vor Überflutung.

Der Wanderweg

Vom Straßendreieck mit dem Information Point in *Inverdruie* zweigt unser »footpath« in südöstlicher Richtung ab. Wir passieren ein Eisengatter mit Drehtür. Der Weg führt durch eine wellige Heidelandschaft mit einer Viehweide (zwei Gatter), lockeren Baumbeständen und Wacholder. Wenn die Wolken nicht zu tief hängen, kann man die Cairngorm Mountains

i Nützliche Informationen

Ausgangspunkt: Inverdruie, Information Point.
Gehzeiten: Inverdruie – Loch an Eilein $^{3}/_{4}$ Std.; Uferwanderung 1 Std.; Loch an Eilein – Inverdruie 1 $^{1}/_{2}$ Std.
Information: **1.** Inverdruie Informationstafel. **2.** Rothiemurchus Estate Visitor Centre, Tel. (01479) 810889 u. 810647. **3.** Loch an Eilein: Visitor Centre, Tel. 811085.
Unterkunft: siehe Tour 12.

wuchtig vor sich sehen. Nach $^{1}/_{2}$ Stunde kommt man an den kleinen *Lochan Mor*, dessen Teichrosen an den Ufern ihm ein reizvolles Aussehen verleihen. Vor einer Halbinsel führt der Weg rechts am See vorbei und erreicht nach 700 m bei *Milton Cottage* eine kleine Straße, der wir links folgen.

Nach 1 km zweigen wir links auf den Radfahrweg ab, obwohl rechts »Loch an Eilein« steht. Wenn man den See erreicht, kann man rechts zum Ufer gehen, wo bis zu einer Mauer ein Pfad aussichtsreich am Wasser entlangführt. Die Insel mit den Ruinen des »Wolf-Castle« kann man gut von hier aus sehen. An der Mauer gehen wir wieder hoch zum Radweg (Gatter, Info-Tafel). Wenn der Radweg nach links abzweigt (Ww. »Lairig Ghru«), wandern wir geradeaus weiter. Links steigen die Berge der Cairngorms am *Creag Dhubh* [Kreg Guh] bis auf 848 m an, während man rechts immer wieder an den See herankommt. Die Uferwanderung dauert fast 1 Stunde. Gegen Ende kommt man noch am *Loch Gamhna* [Loch Gauna] vorbei, dem dritten See der Tour.

Wenn der westliche Uferweg von rechts einmündet, gehen wir geradeaus weiter. Wir kommen aus dem Wald, wandern durch welliges Land, passieren ein Hirschgehege und steigen auf gutem Fahrweg allmählich in das Tal des *River Spey* ab. Dabei müssen wir drei Gatter zum Teil auf Leitern übersteigen. Die kleine Straße, auf die wir schließlich treffen, führt am Prallhang des *River Spey* entlang, so daß wir den Fluß unter uns sehen, während sich gegenüber am Gleithang Auwiesen ausbreiten.

Wenn die Straße bei *West Lodge* eine Rechtskurve beschreibt, gehen wir geradeaus durch ein Tor auf einen guten Fahrweg. Alte Eichen und Buchen geben der Hochterrasse den Charakter einer Parklandschaft. Auf einer von rechts einmündenden Fahrstraße wandern wir links, vorbei am Landsitz *Doune* mit seinem Park. Unter alten Bäumen kommen wir zur benachbarten *Doune Farm*. Beide wirken verlassen. Wir gehen durch die Farm, rechts aus ihr heraus und auf einer Fahrstraße durch Weideland. Vor dem Wald und seinem Hang führt die Straße links herum. Nach 600 m kommt man wieder auf die kleine Autostraße, die uns im letzten Kilometer zurück zum Information Point von Inverdruie bringt.

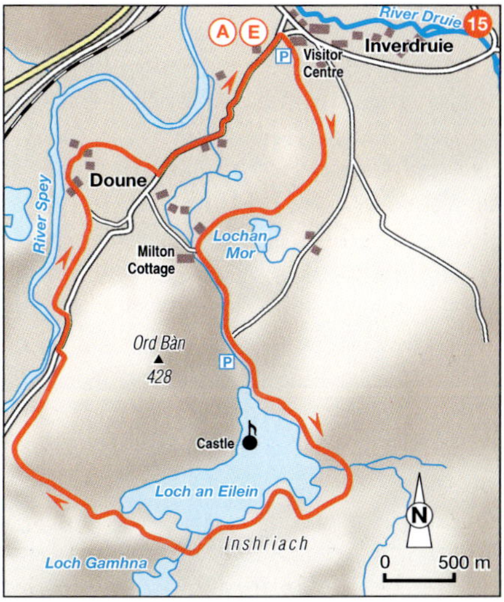

16 Ausgedehnte Paßwanderung

Lynwilg bei Aviemore – An Gleannan – Paßhöhe, 694 m – Caggan – River Dulnain – Bhf. Carrbridge

Tourencharakter: Mit 20 km Weglänge und je knapp 500 m An- und Abstieg eine passable Marschleistung, die aber durch gute Fahr- und Wanderwege sowie einfache Orientierung erleichtert wird. Wer Einsamkeit in den schottischen Highlands sucht, der findet sie hier. Der zweite Teil führt durch eine herrliche Flußlandschaft mit Steilufern und kaledonischem Nadelwald.
Gesamtgehzeit: 6 Std.

Bei Tour 16 erwarten uns knapp 6 Stunden wohltuenden Alleinseins. Der Übergang von *Aviemore* in das Tal des *River Dulnain*, den wir benutzen, hat nie verkehrstechnische Bedeutung gehabt. Er diente seit dem 18. Jh. allenfalls als Viehtrieb, wenn Schafherden von den wärmeren Nordhängen am River Spey im Frühsommer zu den später grünenden Rauhweiden an den Nordwesthängen des Passes getrieben wurden. Später wurde ein Fahrweg als Zubringer zu den beiden Farmen *Caggan* und *Eil* gebaut. Nachdem beide verlassen wurden und jetzt verfallen, benutzt kaum noch jemand den Paß. Im Tourengebiet gibt es kein »public right of way«. Während der (seltenen) Jagdzeit muß man die Wanderung über das Information Centre beim Jagdaufseher anmelden (oder aber kugelsichere Westen tragen!).

Der Wanderweg

Unsere Wanderung beginnt an der Brücke der Häuser von *Lynwilg*. Der Zugang zu dieser Brücke ist leider durch die Schnellstraße A 9 unterbrochen worden. Um der landschaftlich schönen Wanderung nicht durch einen 3 bis 4 km langen Anmarsch von der Ortsmitte auf Asphalt und neben schnell fahrenden Autos die Vorfreude zu nehmen, wird empfohlen, sich hierher mit einer Fahrgelegenheit, gegebenenfalls mit einem Taxi, bringen zu lassen.

An der Brücke schickt uns links der Ww. »Alltnachrichie 2/3 mile« auf den Paßweg. Für die nächsten 19 km gibt es keine Wegprobleme! Der Fahrweg führt zunächst durch Wald aufwärts. Schon nach 1/4 Stunde hören die Bäume auf, und die Schotterstraße steigt am (orographisch) linken Hang des Tales *An Gleannan* [An Gljaunen] relativ steil an. Von nun an hat man freie Sicht über die Hänge. 1 1/2 Stunden nach dem Aufbruch haben wir mit 694 m die Paßhöhe erreicht. Grenzenlose Weite und Einsamkeit prägen die sanft geformten, von Heide bewachsenen Höhenzüge. Im Südosten sieht man das Zentrum der Cairngorm Mountains um den Ben MacDui.

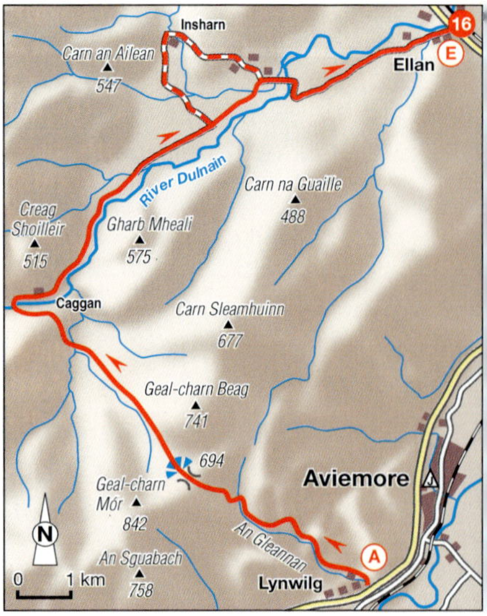

Im Mittelteil des River Dulnain säumen Steilufer und ausgedehnte Schotterbänke den Flußlauf.

Von der Paßhöhe geht es anfangs steil, später allmählich 4 km abwärts. Der *Allt nam Moireach* [Ault nem Mo̲räch] wird überquert, und nach kurzem Anstieg blickt man in das Tal des *River Dulnain*. Das ist nun eine ganz andere Landschaft als in der Umgebung des Passes! Flußauf ist das Tal relativ breit und verliert sich in der Ferne in den welligen Höhen der Mountains. Flußab sieht man einige Hütten und rechts den ersten Wald. Große Schotterbänke begleiten den Strom.

Wir überschreiten die Brücke, passieren das unbewohnte Haus *Caggan* und die verfallenen Hütten von *Eil* [Ehl]. Die Flußlandschaft wird pittoresk: Steilhänge, saftige Wiesen, Farnbestände, Schotterbänke, alte Baumgruppen von schottischen Kiefern und Pinien. Links steht kaledonischer Naturwald. 1/4 Stunde nachdem wir einen Bach etwas links der Furt auf Steinen

Bei Caggan überspannt die Brücke den River Dulnain, der im Oberlauf ein breites Tal durchzieht.

überquert und anschließend ein zweites Mal den Fluß tangiert haben, gabelt sich der Fahrweg. In der Gabelung steht ein Gedenkstein, dessen stark verwitterte Inschrift an einen Jagdaufseher erinnert, der so manchen Viehdieb zur Strecke brachte: »*In memory of Ian Beac MacAndry who lived here early in the 17th century. He was a noted archer and by his skill with the bow and arrow prevented many cattle raiders entering Strathspey.*«

Nach der Karte müßte man eigentlich über *Insharn* weit nach Nordwesten ausholen, um an die Brücke über den Dulnain zu kommen (linker Abzweig). Geht man auf diesem Abzweig, biegt nach nur 10 m rechts ein kleiner, stark überwachsener Schotterweg ab. Nach 1½ km kommt man auf ihm zur Brücke, über die der Zubringer nach Inverlaidnan führt. Man überschreitet sie und gelangt nach 5 Minuten auf eine asphaltierte Straße, der man links bis zum Ortsteil *Ellan* von *Carrbridge* folgt. Nach den beiden Unterführungen geht es rechts zum Bahnhof.

i Nützliche Informationen

Ausgangspunkt: Brücke bei Lynwilg (3 km sö. Aviemore).

Gehzeiten: Paßüberschreitung 2½ Std.; Talwanderung am River Dulnain 2 Std.; Brücke bei Inverlaidnan – Bhf. Carrbridge 1 Std.

Information: Aviemore – PH22 1PP: Tourist Information, Tel. (01479) 810363, geöffn. Mo.–Sa. 9–18 (Juli/Aug. bis 20), So. 10–17 Uhr.

Unterkunft: siehe Tour 12.

Bahnverbindung: Ab Carrbridge Mo.–Sa. ca. alle 2 Std., So. ca. alle 3 Std. (Fahrzeit bis Aviemore 9 Min.).

17 Zu den Adlerbrutstätten am Loch Garten

Nethy Bridge – Birchfield – Abernethy Forest – Loch Garten (Nature Reserve of Birds) – Loch Mallachie – East Croftmore – Nethy Bridge

Tourencharakter: Geruhsame Wanderung auf befestigten Straßen oder guten Forstwegen durch ausgedehnten Wald. Den Höhepunkt bilden die beiden Seen Loch Garten und Loch Mallachie mit dem Besucherzentrum »Osprey Hide« zur Beobachtung junger Adler in ihren Horsten.
Gesamtgehzeit: 4 Std.

Abernethy Forest, durch den unsere Wanderung führt, ist mit etwa 40 km^2 eines der größten wiederaufgeforsteten Gebiete Schottlands. Die Heide-Moor-Landschaft wurde mit Kiefern bepflanzt, dazwischen steht auch etwas Naturwald. Es ist eine typisch eiszeitlich überformte Landschaft, die Ähnlichkeit mit den Rändern der Lüneburger Heide besitzt.

Reizvollster Teil sind die beiden malerischen Seen *Loch Garten* mit seinen Teichrosen und *Loch Mallachie* mit der urwüchsigen Uferlandschaft verfaulender Bäume. Das wellige Hügelland des Forstes steigert sich an seinem Südrand im *Tore Hill* auf 338 m und im *Cairn Rynettin* auf 472 m Höhe.

1916 waren die **Fischadler** (»ospreys«) als einheimische Vogelart in Schottland ausgestorben. Nachdem ein einzelnes, aus Skandinavien kommendes Paar seit 1954 bei Brutversuchen beobachtet wurde und dieses fünf Jahre später drei Junge aufzog, entschloß sich die »Royal Society for the Protection of Birds«, die Aufzucht von Fischadlern gezielt zu fördern. So wurden z. B. die Horste, nachdem ein Gelege mutwillig zerstört worden war, rund um die Uhr bewacht. 1975 richtete sie am Loch Garten ein *Nature Reserve* ein; und es gelang mit der Zeit, neben anderen seltenen Vogelarten 50 Adlerpaare hier Brutstätten bauen zu lassen.

Das Besucherzentrum »Osprey Hide« vereint die touristische Neugier auch der Nicht-Ornithologen einerseits mit dem Gebot des Schutzes und der Ruhe andererseits. Von Beobachtungsständen aus kann man durch Ferngläser die Greifvögel beobachten. Zusätzlich läuft eine Live-TV-Übertragung: Die versteckte Kamera beobachtet die Adlerjungen bei der Fütterung und den ersten Flugversuchen. Dem Schutz dienen aber auch die vielen Zäune, die das Nature Reserve abschirmen. Man halte sich daher auf der vorgesehenen Wanderroute.

Der Wanderweg

Wir verlassen *Nethy Bridge* am Post Office und begeben uns westsüdwestlich nach *Birchfield* zum Abzweig des Zubringers nach *Loch Garten* (Ww.). An den beiden folgenden Gabelungen gehen wir jedesmal rechts. Nach 1¼ Stunden erreichen wir den malerischen See.

Nachdem wir das Beobachtungszentrum »Osprey Hide« besucht haben, wandern wir auf der Straße weiter, bis nach der zweiten Rechtskurve ein Waldweg nach links abzweigt (Ww. »Loch Garten, Loch Mallachie«, blau). Der Weg verläuft in Sichtweite des Loch Garten. Wenn man die Teichrosenbestände am Ufer sieht, führen Pfade zu ihnen. Nach 20 Minuten kommt man zum *Loch Mallachie.* Mit seinen umgestürzten Baumruinen und der kleinen Insel bietet er Natur, die sich selbst überlassen bleibt.

Im Nature Reserve of Birds liegt der stille Loch Garten mit großen Flächen blühender Teichrosen.

Am Ufer folgen wir der blauen Markierung. Nach 1/2 Stunde wird unser Wanderweg von einem Forstweg gekreuzt, dem wir nach rechts folgen. Nach weiteren 20 Minuten treffen wir T-förmig auf einen anderen Forstweg und gehen wiederum rechts (rot). Er stößt nach nochmals 20 Minuten auf den westlichen Zubringer zum Loch Garten. Hier wenden wir uns links zur B 970, die wir bei *East Croftmore* erreichen.

Im Grunde endet hier unsere Wanderung. Wenn man keine Fahrgelegenheit findet, muß man die 4 km zurück nach Nethy Bridge auf der Straße laufen. Sie ist wenig befahren. Auf solchen Straßen reagiert eher einmal ein Autofahrer auf das Autostop-Zeichen von Paaren oder Einzelwanderern als auf Straßen mit Kolonnenverkehr.

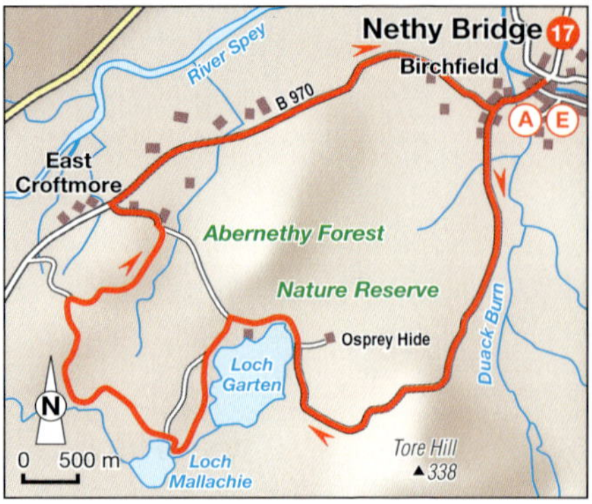

Nützliche Informationen

Ausgangspunkt: Nethy Bridge, Post Office.
Gehzeiten: Nethy Bridge – Loch Garten 1 1/2 Std.; Loch Garten – East Croftmore 1 1/2 Std.; East Croftmore – Nethy Bridge 1 Std.
Sehenswürdigkeiten: Loch Garten, »Osprey Hide« (Beobachtung von Fischadlerhorsten), geöffn. tägl. 10–20 Uhr.
Information: Nethy Bridge – PH25 3EF: Post Office, Tel. (01479) 821217, Mo.–Sa. 8.30–13, 14–18 Uhr.
Unterkunft: **1.** Nethy Bridge: 3 Hotels, 7 B&B. **2.** Dulnain Bridge (4 km n. Nethy Bridge): 2 Hotels, 4 B&B.
Sportangebote: Mountain Bikes, Fahrradverleih, Reiten, Fischen, Golf, Tennis.

Bei Sluggan überquert General Wade's Military Road den River Dulnain auf einer Steinbrücke aus dem Anfang des 18. Jh.

18 Natur aus erster und zweiter Hand rings um Carrbridge

Carrbridge – Sluggan Bridge – General Wade's Military Road – Cocharn – Carrbridge

Tourencharakter: 19 km lange Rundwanderung entlang dem River Dulnain und seiner abwechslungsreichen Auenlandschaft, über die alte Steinbrücke von Sluggan, dann auf der historischen Militärstraße von General Wade, schließlich am Osthang des Docharn Craig zurück nach Carrbridge. Das Problem liegt weniger in der Wegsuche oder Wegbeschaffenheit als in der Überwindung von insgesamt 16 Gattern: Einige sind offen oder lassen sich öffnen, andere kann man übersteigen oder umgehen, aber drei müssen überklettert werden, was Geschicklichkeit voraussetzt. Robuste Kleidung ist daher angeraten.
Gesamtgehzeit: 4 1/2 Std.

Carrbridge ist ein alter Übergang über den River Dulnain. Die malerische Steinbrücke von 1775, die den Fluß in einem kühnen Bogen überspannt, kann heute selbst von Fußgängern nicht mehr betreten werden. Statt dessen sorgen die Doppelbrücke der A 9 und der Eisenbahn sowie eine Straßenbrücke im Innern des Ortes für eine dreifache Überquerung des Flusses.

Die Flußlandschaft am **River Dulnain** ist abwechslungsreich. Schafweiden wechseln mit alten, knorrigen Baumbeständen; Prall- und Gleithang kann man an den Flußwindungen studieren; Baumruinen, die das Frühjahrshochwasser angeschwemmt hat, liegen auf den Schotterbänken. Das ist »Natur aus erster Hand«. Mit »Natur aus zweiter Hand« sind die Wiederaufforstungen gemeint, durch die ein großer Teil der Wanderung führt. Doch werden die aus Fichten und Kiefern bestehenden Monokulturen immer wieder durch Bestände des kaledonischen Naturwaldes, also durch »Natur aus erster Hand«, durch Ausblicke in das weite Umland und durch ständiges Auf und Ab aufgelockert.

»Natur aus zweiter Hand« kann man schließlich in perfektionierter und kommerzieller Form im **Landmark Visitor Centre** von Carrbridge erleben. Leider ist der Sculpture Park, der moderne Plastiken mitten in der Natur zeigte, 1986 eingegangen. Vermutlich waren die Unterhaltungskosten angesichts des feuchten Klimas zu hoch. Statt dessen hat sich das Visitor Centre mit audiovisueller Show, Shops usw. mächtig ausgedehnt. In ihm kann man alles über die Geschichte des Hochlands und die Forstwirtschaft erfahren, was man bisher noch nicht wußte. Der *Highland Heritage & Adventure Park* mit seiner *Steam Powered Sawmill* und dem *Abenteuerspielplatz* wird Kindern sicher Spaß machen. Aber »Natur aus zweiter Hand« kann man nicht besser demonstrieren als mit dem *Nature Centre*, das vorwiegend aus Stellwänden besteht.

Etwa 6 km laufen wir auf **General Wade's Military Road**. Der General war 1715 nach der Niederschlagung des ersten Jakobiteraufstands von der britischen Regierung beauftragt worden, ähnlich den Römern zur »Pazifizierung« der eroberten Gebiete Straßen zu bauen. Sie hatten zuerst strategische Bedeutung, bewirkten aber recht bald eine wirtschaftliche Erschließung. Im Sommer 1730 eröffnete General Wade die erste Straße durch die Highlands von Dunkeld nach Inverness. Im Gebiet zwischen Kingussie und Aviemore verlief sie nahe der heutigen A 9, so daß Peter Sager die Situation durchaus trifft, wenn er urteilt, daß General Wade am Ende einer weit größeren Invasion den Weg bahnte: den Touristen.

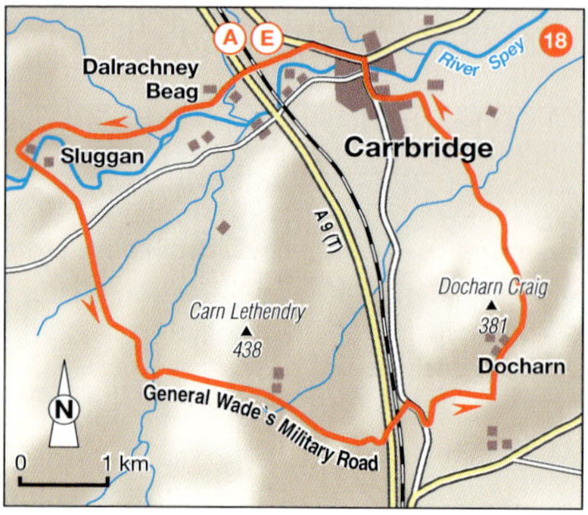

Der Wanderweg

Die eigentliche Wanderung beginnt am Abzweig nach links von der A 938 (Ww. »Dalrachney«). Will man eine vollständige Rundwanderung vom Parkplatz an der Tourist Information herstellen, muß man hierher über die Spey-Brücke und dann links etwa 1 km auf der Straße laufen. Nachdem man die Bahn und die A 9 unterquert hat, kommt man nach *Dalrachney*. Man folgt dem Ww. »Lynphail« und geht durch das Farmgelände.

An der darauffolgenden Brücke beginnt gleich die Auseinandersetzung mit den Gattern. Das erste erreicht man auf dem Fußgängersteg; es ist verknotet. Danach biegen wir links ab; das zweite Gatter hat einen Durchschlupf. Auf einem zugewachsenen Wiesenweg queren wir eine Schafweide, laufen an der Oberkante des Prallhanges entlang und passieren ein Gatter mit Treppe. Der Blick auf das Flußbett, auf dem zahlreiche Baumruinen herumliegen, ist eindrucksvoll. Im Wald begleitet uns links ein Zaun. Wenn dieser Zaun zu Ende geht, gehen wir an einer Gabelung links hinab auf schwächerem Weg, z. T. durch mannshohe Farnbestände. Links im Tal sind schon die bunten Zelte eines Campingplatzes zu sehen. Doch vorher müssen wir am fünften Gatter unsere »Kletterkünste« erweisen. Man schimpfe nicht über die Gatter! Sie sind die notwendige Begleiterscheinung der Schafzucht.

Dann taucht die schwungvolle *Sluggan Bridge* auf, die General Wade für den Übergang seiner Military Road über den *River Dulnain* errichten ließ. An einer Hausruine vorbei, über die Steinbrücke und neben dem Zeltplatz entlang kommen wir auf gutem Fahrweg durch Wacholderbestände in einer Kehre zur Kreuzung mit einer Teerstraße (achtes und neuntes Gatter).

Wir laufen nun 6 km auf der alten Military Road; es gibt also lange Zeit keine Wegprobleme. Nach Überquerung eines Höhenzuges wird die Strecke richtig fotogen: Alter kaledonischer Naturwald rechts und die Ausblicke bei der Farm *Lethendryveote* links erfreuen das Auge. Nachdem wir etwa 70 Minuten auf der Military Road gewandert sind (man hört bereits den Autolärm auf der A 9), biegen wir zweimal hintereinander links ab. Der Fahrweg quert die A 9 sowie die Eisenbahnlinie und kommt auf die B 9153, der man für etwa 200 m nach rechts folgt. Aus einer Rechtskurve der Straße führt links zurück ein Fahrweg aufwärts. Viele hohe Ameisenhügel und Wacholder sorgen wieder für ein neues Walderlebnis. Der Fahrweg verläuft rechts unter einer Hochspannungsleitung entlang, bis er auf eine breite Fahrstraße trifft. Sie führt nach links zur Farm *Docharn*. Das ist eine originelle Mischung von Guest House mit Steingarten und gepflegtem Rasen und einer Rumpelkammer von Farm nebenan.

Wir gehen rechts an der Farm vorbei auf einem Fußweg bis zu einer Telefonleitung. Unmittelbar nach ihr müssen wir halb links auf einem Fußweg absteigen und dürfen nicht dem Fahrweg folgen, auch wenn der schöne Blick in die Flußniederung, den man von ihm hat, dazu verführen könnte. Nach 300 m unterschreiten wir die Telefonleitung und kommen unten in offenes Gelände. Vor dem Gatter einer Viehweide ist der Weg zertrampelt. Wir gehen immer am Zaun entlang, halten auf eine weitere Telefonleitung zu, tangieren sie aber nur. Das 15. Gatter am Waldrand wird überklettert; ein bequemer Fahrweg entschädigt uns für die Mühe. Nach einem reichlichen Kilometer kommt das letzte Gatter. Dann passieren wir einen Zeltplatz, halten uns links auf der Teerstraße und erreichen nach 800 m die Einmündung in die Hauptstraße. Die Information liegt gleich rechts.

i Nützliche Informationen

Ausgangspunkt: Carrbridge, Tourist Information.
Gehzeiten: Carrbridge – Sluggan 1¼ Std.; Sluggan – Docharn 2¼ Std.; Docharn – Carrbridge 1 Std.
Information: Carrbridge – PH22 2AS: Tourist Information, Tel. (01479) 841630, geöffn. tägl. 9–12.30, 13.30–17 Uhr.
Sehenswürdigkeiten: **1.** Carrbridge, alte Steinbrücke von 1775. **2.** Sluggan Bridge von 1715. **3.** Carrbridge: Landmark Visitor Centre, Tel. 841614, geöffn. 9.30–20 Uhr (außerhalb Juli/Aug. nur bis 17.30 Uhr).
Unterkunft: Carrbridge: 5 Hotels, 6 Guest Houses, 8 B&B.
In der Nähe: Spey-Tal; Whisky Trail.

V. Seen und Täler in den Northern Highlands

Grundinformation und Sehenswürdigkeiten

So landschaftlich schön und reizvoll die Northern Highlands sind, so grauenvoll und brutal ist zum Teil ihre Geschichte, die sich bis in die Mitte des vorigen Jahrhunderts hier abspielte. Erst seit etwa 100 Jahren beginnt sich ein zaghafter gesellschaftlicher Wandel abzuzeichnen. Aber er beruht mehr auf Einsicht durch moderne Standpunkte und Kritik an der grausamen Vergangenheit als auf wirtschaftlichen Gegebenheiten: *Sutherland* ist noch immer das Land riesigen Großgrundbesitzes.

Die Brutalität begann im keltischen **Clan-System**. Die zahlreichen Täler ließen im Grunde keine andere Sozialstruktur zu: Das Land gehörte dem Stamm; der Chieftain verteilte es. In den Highlands gab es etwa zwei Dutzend verschiedene Clans. Stefan Zweig schilderte die Beziehung zwischen den einzelnen Clan-Chiefs so:

»Selber kleine Könige auf ihren Landsitzen und Schlössern, herrenmäßig und herdenmäßig ihre Bauern und Schäfer als Schlachtvieh mitschleppend auf ihre ewigen Kleinkämpfe und Raubzüge, kennen diese unbeschränkten Gebieter ihrer Clans keine andere Daseinsfreude als den Krieg, Streit ist ihre Lust, Eifersucht ihr Antrieb, Machtgier ihr Lebensgedanke . . . Immer bilden sie Klüngel und Rotten, aber keiner hält innerlich zu keinem, und jeder, obwohl mit jedem versippt und verschwägert, bleibt des andern unerbittlicher Neidling und Feind.«

Diese Beschreibung mag in manchem etwas überspitzt sein, aber selbst wenn man die Übertreibung abzieht, bleibt noch genug an Rauf- und Raublust.

Gab es keine andere Möglichkeit, dieses unkultivierte System zu ändern, als seine Ausrottung? Dies fragt man sich, wenn man erfährt, was sich 1746 nach der **Schlacht von Culloden** nahe bei Inverness abspielte. Der erst 25jährige **Charles Edward Stuart** war in einem blendenden Erfolgszug nach der Eroberung Edinburghs und einer gewonnenen Schlacht gegen die Engländer bis 200 km vor London gekommen. Da mußte er, weil sich über 1000 Highlander ohne Befehl zu ihren heimatlichen Clans abgesetzt und das Heer geschwächt hatten, umkehren und bei Inverness ein Winterquartier beziehen.

Wer war dieser Charles Edward? Er war, 1720 geboren, in Rom aufgewachsen. Hier lernte er fließend italienisch, französisch und spanisch sprechen, spielte Golf und Geige. Seine hohe Intelligenz und knabenhafte Schönheit verliehen ihm den Namen *Bonnie Prince Charlie*. Er repräsentierte etwas, das es bis dahin nicht gegeben hatte: den schottischen Kavalier. 1745 war Charles, als Theologiestudent verkleidet, heimlich auf einem französischen Schiff nach Schottland gekommen. Hier rief er zum Aufstand gegen die »Hannoveraner in London«; die Clans schlossen sich ihm an.

Charlies Stern erlebte in den Mittagsstunden des 16. April 1746 ein jähes Ende. Die zahlenmäßig überlegenen und bestens ausgerüsteten Soldaten des Herzogs von Cumberland besiegten die unbotmäßigen Highlander nicht nur, sie stachen und schossen alles nieder, was sich auf dem Schlachtfeld

Urquhart Castle am Loch Ness: einst heftig umkämpft – heute viel fotografiert.

noch regte: Verwundete und Gefangene. Sie verfolgten die Fliehenden in ihre Täler, wo sie auch Frauen und Kinder der geschlagenen Soldaten ermordeten.

Und heute? Heute ist das Moor von Culloden trockengelegt, eine Fernstraße, die B 9006, führt über das Schlachtfeld – *»Sie liegen tief in Sand und Blut«* (Burns) –, und Culloden House, wo noch drei Tage nach der Schlacht 18 Überlebende niedergemetzelt wurden, ist heute Luxushotel. Dafür kann man im Info-Zentrum des National Trust die Schlacht audiovisuell nachvollziehen.

1751, fünf Jahre nach Culloden, schlug ein englischer General zur Lösung der Schottenfrage vor, Highland-Kompanien in den Krieg um die amerikanischen Kolonien zu schicken, denn wenn sie fielen, sei das »kein großes Unglück«, und »was kann man mit einem geheimen Feind Besseres tun, als ihn dem allgemeinen Wohl opfern?«. Mit dieser Einstellung versuchte der General eine bereits in Gang gekommene Entwicklung zu forcieren. Das Land wurde leer, weil viele Höfe gefallener, geflohener oder verurteilter Jakobiten verwaist waren.

In die leeren Güter rückten englische Besitzer ein. Da der Preis für Wolle stieg, krempelten sie die Landwirtschaft um, von Getreideanbau auf Schafzucht. Wo es noch Pächter gab, wurden sie zur Emigration gezwungen, wenn sie nicht freiwillig gingen, durch Gerichtsurteile vertrieben. Wer dem Urteil widersprach, dem zündete man das Haus an. Ganze Täler wurden entvölkert. Eine Frau wurde eingemauert, weil sie sich weigerte, ihre Hütte zu verlassen. So bildeten die **Highland-clearances** eine zwar nicht aus nationalen, sondern aus wirtschaftlichen

Gründen vorangetriebene »ethnische Säuberung«. Nach zwei Hungersnöten um die Mitte des 19. Jh. erreichte die Emigration, ähnlich wie im benachbarten Irland, ihre Höhepunkte. Der Staat zahlte noch Prämien für die Auswanderer.

Wer war der »Staat«? Fast die gesamte Grafschaft gehörte den **Earls of Sutherland** – 5000 km^2, eine Fläche so groß wie Südhessen, einer einzigen Familie. 1785 heiratete einer der reichsten Männer Europas, Lord Stafford, in die Familie ein. Mit Geld und feudaler Macht trieb er die Umgestaltung voran: 15 000 Highlander wurden an die Küsten und nach Caithness umgesiedelt. Allerdings, man muß auch festhalten, daß er dazu neue Häuser, Schulen, Straßen, Brücken und sogar eine eigene Eisenbahnlinie bauen ließ. Dafür wurde er zum I. Duke of Sutherland ernannt.

Und heute? Heute gehört der Familie der Sutherlands »nur« noch ein Zehntel des ehemaligen Grundbesitzes. Das Stammschloß **Dunrobin Castle** mit 150 Räumen bewohnen zwei Hausmeister mit ihren Familien, der Duke selbst einen komfortabel umgebauten Kuhstall. Die Umfunktionierung des Castle in ein Internat scheiterte. Das Schloß kann besichtigt werden, aber davon läßt sich der Unterhalt nicht bezahlen. Der Duke, Mitte Dreißig, ist ein moderner Mensch. Er sieht die Taten seiner Ahnen illusionslos: *»Die Clearences waren eine schlimme Idee, sie wurden schlecht ausgeführt von Leuten, die teils dumm, teils brutal und habgierig waren. Die ganze Geschichte war ein Desaster.«* (Aus: Peter Sager, »Schottland«, DuMont Verlag, Köln.) Vielleicht sollte der Duke im Silicon Glen, wo die Elektronikindustrie expandiert, Aktienpakete kaufen, um sein in einer Mischung aus Baronial- und französischem Château-Stil erbautes Schloß vor dem Zahn der Zeit zu retten. Der XII. Duke of Argyll hat es getan.

Was von der Kaledonischen Faltung noch übrig ist

Der große Grabenbruch des **Glen Mor**, der wie mit dem Lineal gezogen von *Inverness* im Nordosten nach *Fort William* im Südwesten verläuft, trennt das Hochland in die *Northern* und die *Southern Highlands.* Die Begriffe sind in der Literatur und auf den Karten nicht exakt definiert und abgegrenzt. Oft läßt man den Zusatz »Northern« weg und beschränkt damit die Highlands auf das Gebiet nördlich und westlich des Grabens. Sie enthalten die Regionen *Wester Ross, Cromarty* und das ganz im Norden liegende *Sutherland.* Der äußerste Nordosten Schottlands, die von Hunderten kleiner Seen und Wasserläufen durchsetzte Provinz *Caithness* ist nahezu eben, kultiviert und zählt daher nicht mehr zu den Highlands. Im Übergangsgebiet liegt *Easter Ross* nördlich von Inverness. Der Begriff *Southern Highlands* wird selten benutzt, aber logischerweise muß es ihn geben, wenn es die *Northern Highlands* gibt. Da die *Grampian Mountains* eine eigenständige orographische Region bilden (IV), muß man zu den Southern Highlands den Streifen zwischen *Glen Mor* und dem *River Spey* zählen. Er wird aus dem Massiv um den *Ben Nevis* und den *Monadhliath Mountains* [Monalië M.] gebildet.

Einerseits steigert sich der Landschaftscharakter, je weiter man vom Osten an die Westküste kommt (Touren 25 bis 27): Die Zahl der »Munros« nimmt zu, die Seen werden ausgedehnter, die Berge wuchtiger und die Täle einsamer. Zum Schluß, an der Küste, durchdringen sich das Land als düstere Bergketten und das Wasser in

Gestalt von Buchten, Seen und schäumendem Meer.

Andererseits wandelt sich die Landschaft auf dem Weg in den Norden (Touren 19 bis 24): Die Vegetation wird spärlicher; nördlich des 58. Breitengrades gibt es kaum noch Wald. Das Klima wird rauher durch Wind und Regen. Wer aber Sinn für diese herbe Schönheit besitzt, für den wird Sutherland zu einem Paradies eigener Art:

»*What would the world be, once bereft*
Of wet and wilderness?
Let them be left,
O let them be left, wilderness and wet;
Long live the weeds and wilderness yet!«
(Gerard Manley Hopkins)

Was wir auf diesen neun Touren in den Northern Highlands zu sehen bekommen, ist das, was »von der Kaledonischen Faltung noch übrig ist«. In der Einleitung war beschrieben worden, daß die schottischen Highlands sozusagen die durch die Nordsee unterbrochene Fortsetzung des skandinavischen Hochgebirges sind. Beide verdanken ebenso wie die westirischen Gebirgsketten ihre Entstehung der sog. Kaledonischen Faltung. Seitdem haben 700 Mio. Jahre die gefalteten Schichten schräggestellt, zerstückelt und erodiert. Deshalb findet man anders als in Norwegen (Jostedalsbreen, Jotunheimen usw.) keine Hochplateaus und durchgehenden Gebirgszüge mehr. Alles ist »zertalt«.

Hohe Berge ragen als einzelne Klötze aus den Talsystemen. Es gibt etwa 15 Munros. Die höchsten Berge sind (von Norden nach Süden) der *Ben Hope* (927 m), *Ben More Assynt* (998 m), *Sgurr Mór* [Skur Mohr] (1110 m), *Carn Eige* [Karn Egje] (1183 m) und A'Chràlaig [E Chralik] (1120 m). Bei Tour 23 wandern wir am Fuß des Ben Hope entlang; wer will, kann ihn in einer Zusatzvariante besteigen.

Um die Kalksteinhöhle Smoo Cave bei Durness ranken sich zahlreiche Spukgeschichten.

19 Gibt es nun die Seeschlange oder gibt es sie nicht? Loch Ness

Urquhart Castle – Balbeg oder Bark Sheds – Great Glen Cycle Route – Creag-Nan-Eun-Forest – Glenmoriston/Alltsigh

Tourencharakter: Zu Beginn oder am Ende der Tour wird Urquhart Castle besucht. Die Wanderung erfolgt auf einem Teilstück der Great Glen Cycle Route und bietet fast pausenlos einen herrlichen Ausblick auf den 60 km langen Loch Ness.
Gesamtgehzeit: $2^1/_2$ oder 3 Std.

Das **Glen Albyn** oder **Glen Mor** zwischen Inverness und Fort William bildet ein klassisches Beispiel für einen Grabenbruch. Er enthält die drei Seen *Loch Ness, Loch Oich* und *Loch Lochy*. Südwestlich hinter Fort William setzt der *Loch Linhe* die Seenlandschaft fort; er ist aber trotz der Enge bei *Corran* kein See mehr, sondern die Fortsetzung des *Firth of Lorn*. Der Gedanke, die noch fehlenden 30 km Wasser zwischen den insgesamt knapp 100 km Seefläche durch einen Kanal zu ersetzen, war so verführerisch, daß er schon 1822 in die Tat umgesetzt wurde. Seitdem gibt es den **Caledonian Canal** mit etwa einem Dutzend Schleusen, der eine Umfahrung von Caithness und Sutherland durch den Pentland Firth und Minch mit ihrer oft stürmischen See überflüssig macht.

Für die Touristen bildet **Urquhart Castle** (Ọrchert C.] das beliebteste Fotomotiv am Westufer von Loch Ness. Der ausgedehnten Ruine sieht man an, daß sie wegen ihrer strategischen Bedeutung heftig umkämpft war. Die Burg lag günstig am Beginn einer Bay; man kann von ihr aus fast den gesamten See überblicken. Sie hatte die Aufgabe, den nördlichen Zugang zum Glen Mor zu sichern. Während der bürgerkriegsähnlichen Wirren unter Cromwell wurde das Castle wiederholt belagert, gestürmt, geplündert, zerstört und einmal sogar wiederaufgebaut. Beim Abmarsch englischer Truppen wurde es willentlich zerstört und ist seit dem Ende des 17. Jh. ein bauliches Wrack. Inzwischen wurde die »Ruine instand gesetzt«, um weiterem Verfall vorzubeugen.

Loch Ness ist mindestens 325 m tief und friert deshalb niemals zu. Eine präzise Lotung scheitert an dem Schlick des Untergrundes, der die Echolote verschluckt, ohne sie zu reflektieren. Die große Tiefe und Kälte des Sees mögen mit ein Grund dafür sein, das Wahrzeichen von Loch Ness, die **Seeschlange Nessie**, in der Phantasie zu immer neuem Leben und optischen Wahrnehmungen auferstehen zu lassen. An und für sich gibt es auf der Welt genügend Beispiele dafür, daß sich im Schlick und Dunkel tiefer Gewässer prähistorisches Leben konserviert hat, das an der Wasseroberfläche oder gar auf dem Lande längst ausgestorben ist. Warum also nicht auch eine Seeschlange aus dem Ende der Eiszeit, die, als sich das Land bei Inverness hob, in dem vom Meer abgeschnittenen Loch Ness wie in einer Falle saß?

Diese Hypothese krankt daran, daß es sich bei den dergestalt erhalten gebliebenen Lebewesen um niedere Lebensformen, zumeist Pflanzen, handelt. Um ein Tier von der Größe einer Seeschlange, sei sie nun Lurch oder Säuger, jahrzehntelang am Boden eines tiefen Sees vegetieren zu lassen, fehlt es an Sauerstoff. Dazu müßte das Ungeheuer in regelmäßigen Abständen an die Oberfläche kommen, und gera-

Hier der ultimative Beweis: Nessie existiert!

de an diesen Umstand hängen die Nessie-Enthusiasten ihren Glauben: Mit Engelsgeduld hoffen sie auf ein Auftauchen und das rechtzeitige Klicken ihrer Kameras.

Die Fama, daß es Nessie gäbe, ist alt. Im Jahr 565 soll der heilige Columban, im Begriff, die Pikten bei Inverness zu bekehren, den Kampf eines Mannes mit dem Monster beobachtet, daraufhin ein Kreuz geschlagen und dem Wesen befohlen haben: »Quick! Go back!« Daß ihm das Untier gehorchte, förderte die Arbeit des Missionars ungemein. Noch am Ende des Mittelalters prophezeite der Brahan Seer, daß Inverness überflutet werden würde, wenn es gelänge, die Seeschlange zu fangen. Lange Zeit verstummten die Gerüchte um das Untier, bis 1933 beim Bau der A 82 entlang des Sees gleich Hunderte, darunter durchaus ernstzunehmende Zeitgenossen, das Fabelwesen gesehen haben wollten. Das gab dem Nessie-Fieber enorm Auftrieb. Rund 3000mal wollen Menschen seitdem die Schlange beobachtet haben. 1933 soll es den ersten Schnappschuß, 1960 einen Film seines Rückens und 1970 seines Halses gegeben haben – alles von Experten der britischen Luftaufklärung auf seine Echtheit überprüft, nur immer wieder verschieden gedeutet.

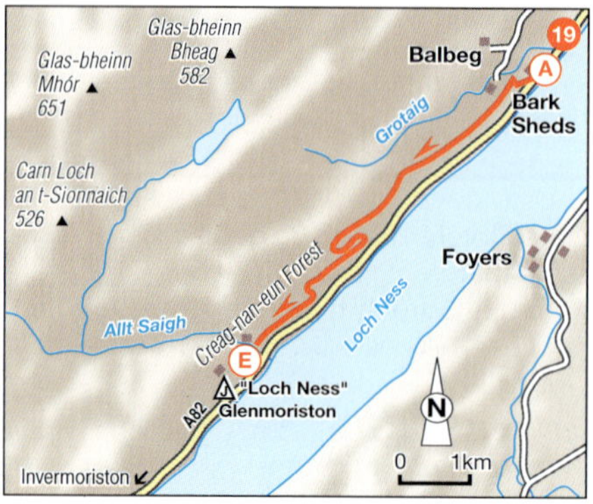

Wenn Sie mehr über Nessie erfahren wollen, dann besuchen Sie in *Drumnadrochit* die »Monster Exhibition«, 2½ km westlich von Urquhart Castle gelegen.

Seit den Schlagzeilen von 1933 und dem Tourismus-Boom nach dem 2. Weltkrieg bewegt sich das weite Nessie-Spektrum zwischen wissenschaftlichen Hypothesen und der Vermarktung auf T-Shirts. Infrarotkameras, Ein-Mann-U-Boote, Stroboskop-Aufnahmen und Sonargeräte wurden eingesetzt, um die Dame zu jagen. Heute sind die Experten des *Massachusetts Institute of Technology* davon überzeugt, daß es auf dem Grunde von Loch Ness eine Spezies von Riesenmolchen gibt, etwa 30 Stück an der Zahl. Der Vermarktung ist es lieber, die Touristen warten, als daß sie etwas sehen. Das läßt Geld im Lande. Es gibt Plakate mit Tartan-geschürzter Nessie, Eierbecher und Topflappen, T-Shirts, alles mit Nessie. Fischzuchtgehege sind verboten, um das Nessie-Ambiente nicht zu stören. Der *Nessie Appeal Found* nimmt Spenden entgegen. *Guinness* schlägt alle Rekorde: Es bietet £ 500 000 für den Fang der Seeschlange – sicher, daß dies nie gelingen, dafür um so mehr Bier getrunken werden wird. Der Durchschnittstourist verbindet mit Nessie die Vorstellung einer vie-

Die »Great Glen Cycle Route« bietet eine bequeme Panoramastrecke über dem Loch Ness.

Nützliche Informationen

Ausgangspunkt: Abzweig Bark Sheds von der A 82 (Schilder »Forest Commission Greagnaneun«, »Great Glen Cycle Route«).
Gehzeiten: Aufstieg: 1 Std., Panoramastrecke: 1 1/2 Std., Abstieg 1/2 Std.
Busverbindungen: Ab JH Loch Ness nach Drumnadrochit 8.40, 10, 12, 14, 16 Uhr. Ab Drumnadrochit zur JH 9.45, danach Stundentakt (außer 12.45).
Information: **1.** Inverness – IV2 3BJ: Tourist Information Centre, Castle Wynd, Tel. (01463) 234353, geöffn. Mo.–Sa. 9–18 (im Sommer bis 20.30), So. 10–17 Uhr.
2. Fort William – PH33 6AJ: Cameron Centre, Cameron Square, Tel. (01397) 703781, Mo.–Sa. 9–19 (im Sommer bis 20.30), So. 9–18 Uhr.
Unterkunft: **1.** Inverness – IV2 3HF: JH, 1 Old Edinburgh Road, Tel. (01463) 231771, 126 Betten; viele Hotels und B&B sowie 4 Independent Hostels.
2. Drumnadrochit: 5 Hotels, 40 B&B.
3. Glenmoriston – IV3 6YO: JH Loch Ness, Tel. (01320) 351274, März–Okt., 59 Betten, Juli bis Aug. Voranmeldung, geöffn. ab 17 Uhr.
4. Invermoriston: Hotel, Caravan- und Campingplatz, B&B.
Sehenswürdigkeiten: **1.** Urquhart Castle (15. Jh.), geöffn. 9.30–18 Uhr, Tel. (01456) 450551. **2.** Drumnadrochit: Official Loch Ness Monster Exhibition Centre, Tel. (01456) 450573, geöffn. 9.30–17.30 (im Sommer bis 20.30 Uhr).

le tausend Jahre alten Dame. Das ist nun biologisch wirklich ausgeschlossen. Nessie muß sich fortgepflanzt haben. Bleibt also nur noch die Feststellung: Nessie – dein Partner, »das unbekannte Wesen«.

Der Wanderweg

Unsere Wanderung findet auf einem Teilstück der *Great Glen Cycle Route* statt. Dieser Radweg wird, wenn er durchgehend fertiggestellt ist, von Inverness bis Fort William verlaufen. Unsere Tour benutzt ein 1993 fertiggestelltes Teilstück durch den *Creag-Nan-Eun-Forest* [Kreg nan lën F.], eine großartige Panoramastrecke hoch über dem Loch Ness.

Den Anfang bildet ein Anstieg von etwa 250 m, der sich aber durch die gewonnene ständige Aussicht allemal lohnt. Am besten, man fährt mit dem Bus von *Drumnadrochit* (ca. 10 Min.) oder von der *Jugendherberge Loch Ness/Glenmoriston* (5 Min.) bis nach *Bark Sheds.* Dies ist zwar keine offizielle Haltestelle, aber auf Anfrage läßt einen der Busfahrer hier gern aussteigen. Von der A 82 führt eine Forststraße (Ww.) in zwei Kehren und nicht allzu steil in die Höhe.

Sobald man den Höhenradweg erreicht hat (Pfosten mit Radsymbol), beginnt eine Panoramastrecke, die in leichtem Auf und Ab in 250 bis 300 m Höhe über dem langgezogenen *Loch Ness* dahinführt. Man kann große Teile des 60 km langen Sees überblicken, und dafür nehmen wir auch in Kauf, daß man diesen Weitblick nur einer massiven Rodungsaktion zu verdanken hat.

Nach 4 km Schaustrecke führt die Great Glen Cycle Route im *Creag-Nam-Eun-Forest* in mehreren Kehren allmählich hinunter auf das See-Niveau, das sie kurz vor der Jugendherberge *Loch Ness/Glenmoriston* erreicht. Im Normalfall wird man von hier mit dem Bus nach Drumnadrochit zurückkehren. Dann ist noch Zeit genug, erst *Urquhart Castle* und dann die »Official Loch Ness Monster Exhibition« zu besuchen.

20 Rucksacktouristen zwischen Nymphen und Göttinnen: Carbisdale Castle

(Carbisdale Castle) – Invershin Station – Maikle Wood – Rhinamain – Tulloch – Schule –
a) Migdale – Loch Migdale – Kyloag
b) Bonar Bridge – Ardgay – Culrain – Carbisdale Castle – Invershin Station

Tourencharakter: Wahl zwischen Strecken- und Rundwanderung. Der beiden Möglichkeiten gemeinsame Teil führt auf einem aussichtsreichen Höhenweg durch gerodeten Wald und dann durch ein Gelände mit steinzeitlichen Gräbern (Cairns) bis zur Schule von Migdale. Von hier kann man wählen zwischen einer Streckenwanderung entlang dem 3 km langen Loch Migdale oder einer Rundwanderung über Bonar Bridge, Ardgay und das Carbisdale Castle zurück zum Ausgangspunkt.
Gesamtgehzeit: 4 Std. bei Strecken-, 5 Std. bei Rundwanderung.

Von *Dornoch Firth* zieht sich eine Gezeitenlandschaft fast 30 km bis ins Landesinnere. Bis zu der Strecke, in der der *Kyle of Sutherland* auf Ebbe und Flut trifft und zum Fluß mit Vor- und Rücklauf wird, säumen Wattenmeer, Kiesstrände und Schlickbänke das strömende Wasser. Bei Flut zeigt sich die Wasserlandschaft unterhalb *Bonar Bridge* als fast 2 km breiter Strom – bei Ebbe als ein von Schlick und Kies erfülltes Trockenbett, in dem ein 200 m breiter Fluß fließt.

Der Übergang bei *Bonar Bridge* ist prähistorisches Kulturland. Beidseits des Kyle of Sutherland und Dornoch Firth findet man Dutzende von Hügelgräbern. Diese **Megalithgräber** sind als Cairns auf der Karte ausgewiesen, obwohl man in der Natur nicht allzuviel von ihnen sieht. Sie entstammen der jüngeren Steinzeit um 3000 v. Chr. Auch auf unserer Wanderung werden wir solchen Cairns begegnen.

Die Neuzeit meldet sich in unserem Ausgangs- und Endpunkt zu Wort: **Carbisdale Castle**. Das Schloß liegt auf einer Hochterrasse über dem Kyle of Sutherland, so daß man von ihm aus die Flußlandschaft gut übersehen kann. Ironischerweise verdankt Carbisdale Castle seine Existenz einer Mesalliance und darauffolgenden Erbstreitigkeiten. Eine illustre Pfarrerstochter avancierte in ihrer zweiten Ehe mit George Granville William Sutherland Levenson-Gower, 3. Duke und 18. Earl of Sutherland zur Duchess Blair. Die schottischen Sutherlands, peinlichst berührt ob der unstandesgemäßen Ehe, fochten das Testament an, in dem der Duke fast seinen gesamten Besitz der Witwe vermachte. Dabei gingen auch einige Dokumente »verloren«, wofür die »lustige Witwe« für sechs Wochen ins Gefängnis wanderte. Schließlich einigte man sich auf eine Abfindung, von der 1906 bis 1917 Carbisdale Castle erbaut werden konnte. Beim Bau wurde nicht mit Erkern, Giebeln und Türmchen gespart, ja man befleißigte sich sogar, die Baustile zu mischen, um den Eindruck einer viel älteren Burg mit mancherlei Anbauten zu erwecken (Abb. S. 188).

1933 gelangte Carbisdale Castle in den Besitz eines schottischen Geschäftsmannes norwegischer Abstammung. Durch ihn fanden nach der deutschen Invasion Norwegens 1940 König Haakon VII. und Kronprinz Olaf hier Zuflucht. Nach dem Krieg stiftete der Erbe das Castle der SYHA, so daß es seit 1945 als Jugendherberge dient. Diese beließ in lobenswerter Weise das Interieur in den Treppenhäusern, in den Rooms und der Great Hall. Seitdem ziehen die internationalen Rucksacktouristen durch die Lower Gallery mit ihren Kopien »Venus arising from the bath«, Aphrodite, Cupido und Canovas »Eros und Psyche«.

Über soviel Jugend zwischen den Marmorpopos mag jetzt das Schloßgespenst denken: »How frightfully shocking indeed!« Wir jedenfalls können uns glücklich schätzen, eine solch gediegene und einzigartige Unterkunft für unsere Wanderung vorzufinden.

Der Wanderweg

Will man sich nur an den landschaftlichen Schönheiten orientieren, muß man eine Streckenwanderung durchführen. Wer eine Abholmöglichkeit mit dem Auto besitzt, hat dazu keine Probleme. Anders gestaltet sich die Tour, wenn man wegen der Rückkehr zum Ausgangspunkt auf eine Rundwanderung angewiesen ist. Beiden Möglichkeiten ist zunächst der Weg bis Migdale gemeinsam.

Wir beginnen unsere Wanderung in *Carbisdale Castle*, in dem man wegen seiner einzigartigen Kombination von aristokratischer Prachtentfaltung und Jugendherbergs-Atmosphäre unbedingt übernachten sollte. Wenn der Zubringer auf die Teerstraße trifft, gehen wir 150 m rechts zur Station. Es ist zwar offiziell nicht erlaubt, aber möglich, auf der Eisenbahnbrücke den *Kyle of Sutherland* zu überqueren. (Wer sich an die Vorschriften halten will, kann gegen 8 Uhr die eine Station mit dem Zug fahren.) Von *Invershin Station* gehen wir auf die A 836 hinunter, unter der Brücke hindurch und nach 400 m beim dritten Abzweig links (Schild »B&B Gneishouse«). Wir folgen der guten Forststraße, die in Etappen aufwärts zum *Maikle Wood* führt. Rechter Hand liegt ein ausgedehntes Rodungsgebiet, so daß wir auf der ganzen Strecke einen schönen Ausblick auf den Kyle of Sutherland haben.

Im Abstieg gehen wir beim zweiten Abzweig gegenüber einer Hausruine nach links. Auf der Höhe kommen wir an einem Steinbruch vorbei, der einen großen Granitaufschluß mit Schieferbildung zeigt. Wenn am rechten Rand Pfosten auftauchen (grün), verlassen

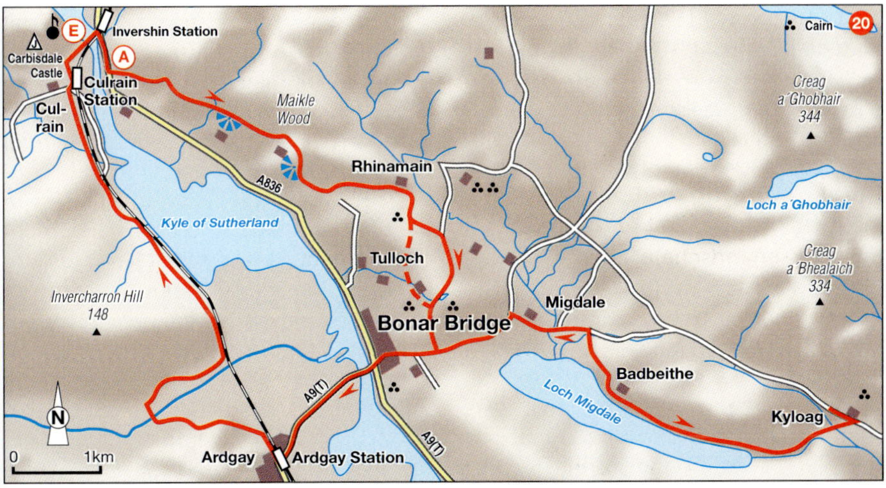

In der Great Hall von Carbisdale Castle tummeln sich die Jugendherbergsgäste zwischen antiken Nymphen und Göttinnen.

wir die Forststraße nach rechts auf einem etwas kleineren Weg. Nach 200 m kommen wir bei *Rhinamain* durch ein Gatter auf die kleine Teerstraße, die nach Süden führt. Bei einer Linkskurve können wir geradeaus auf gutem Weg durch *Tulloch* gehen. Wir können aber auch auf der Straße bleiben, zumal von ihr aus auf der Höhe rechts ein halbes Dutzend Cairns zu sehen ist.

i Nützliche Informationen

Ausgangspunkt: Carbisdale Castle. Diejenigen, die in Invershin Quartier bezogen haben, beginnen an der Unterführung der A 836 unter der Eisenbahnbrücke. Sie können auf dem Rückweg Carbisdale Castle besichtigen und dann über die Brücke zu Fuß oder mit der Bahn nach Invershin zurückkehren.
Gehzeiten: Carbisdale Castle – Migdale 2 Std.; Migdale – Ende der Streckenwanderung 1½ Std.; Varianten s. o.
Sehenswürdigkeiten: **1.** Carbisdale Castle (frühes 20. Jh.), besonders die Great Hall und die Karikaturen im Billiard Room. **2.** Bei Tulloch mehrere Megalithgräber (Cairns).
Information: Lairg – IV27 4AZ, Ferrycroft Countryside Centre, Tel. (015 49) 40 21 60, geöffn. Mo.–Sa. 9.30–17.30, So. 10–17 Uhr.
Unterkunft: **1.** Carbisdale Castle, Culrain – IV24 3DP: JH, Tel. (015 49) 42 12 32, 225 Betten, Juli–Sept. Vorbestellung empfohlen. **2.** Invershin: 1 Hotel, Tel. 42 12 02, 1 B&B, Tel. 42 12 82. **3.** Bonar Bridge: 2 B&B, Tel. (018 63) 76 66 91, 76 66 76. **4.** Ardgay: 2 B&B, Tel. (018 63) 75 53 17, 76 63 45.
Bahnstationen: Ardgay, Culrain und Invershin. Vormittags Mo.–Sa. nach 8 Uhr, So nach 11 Uhr 1 Zug; nachmittags Mo.–Sa. 2 Züge, So. 1 Zug. In Culrain und Invershin nur Halt auf Verlangen.
In der Nähe: **1.** 30 km nö. Bonar Bridge nahe der A 9: Dunrobin Castle, Stammsitz der Earls of Sutherland, mit ausgedehntem Park (Besichtigung möglich). **2.** 16 km w. Ardgay Kirche von Croick: Hier suchten 1845 Familien Zuflucht vor den »Clearances«.

Beide Möglichkeiten treffen nach 1 km wieder zusammen. Kurz danach stoßen wir beim *Bonar Bridge Golf Club* auf die Straße, die nach Migdale führt (links). Hier steht auch eine Schule. In *Migdale* gehen wir bei der Kirche rechts und nach einem weiteren Kilometer wieder rechts (beide Ww. »Loch Migdale«).

Wenn die Teerstraße links hoch zur Farm *Badbeithe* führt, bleiben wir am Ufer und wandern geradeaus 2 km am schönen *Loch Migdale* entlang. Mit einem Schild »Visitors are welcome to walk in this wood« werden wir unterwegs ausdrücklich begrüßt. Wenn der See aufgehört hat, müssen wir noch einen reichlichen Kilometer laufen, ehe wir auf die kleine Straße nach *Spinningdale* treffen. Ein Stück links befindet sich bei *Kyloag* ein kleiner Parkplatz, wo das Auto, das uns abholen soll, warten kann.

Was tun die, die auf eine Rundwanderung angewiesen sind? Es bieten sich folgende Varianten an:

1. Umkehr noch am Loch Migdale und Wanderung über *Bonar Bridge* zur Bahnstation *Ardgay*. Von dort mit dem Zug bis *Culrain* und zu Fuß zurück zum Carbisdale Castle (+ $1^1/_2$ Std.).
2. Auf der Teerstraße am Ende der Streckenwanderung links gehen, am Fuß des *Creag a'Bhealaich* [Kreg e Wjalich] entlang nach Migdale und dann wie bei 1. (+ 2 Std.).
3. Wie bei 1., aber in Ardgay nicht zur Station, sondern rechts dem Ww. »Youth Hostel« folgend bis Carbisdale Castle (+ 3 Std.).

21 Der Loch Shin ist 35 km lang

Lairg – The Ord – Westufer des Loch Shin bis Arscaig und zurück

Tourencharakter: Hin-und-Zurück-Wanderung, anfangs durch ein Feld megalithischer Gräber, dann 10–24 km Hochuferwanderung an der Westseite des Loch Shin, je nach Wahl des Umkehrpunktes. Maximal kann die Wanderung auf über 30 km ausgedehnt werden.
Gesamtgehzeit: 3–7 Std., je nach Wahl des Umkehrpunktes.

Der **Loch Shin** ist der größte See Sutherlands. Von einem See mit 35 km Längsausdehnung kann man nicht erwarten, daß man ihn zu Fuß umrundet. Aber man kann an einem seiner Ufer entlangwandern, so lange man Lust hat. Daß dies dann eine Hin-und-Zurück-Wanderung bedeutet, beeinträchtigt das Erlebnis in keiner Weise: Im Rückmarsch sieht alles ganz anders aus als im Hinmarsch.

Das Ostufer des Loch Shin ist relativ gut erschlossen: Eine Autostraße, die A 838, und eine Hochspannungsleitung führen an ihm entlang. Im südlichen Teil der Ostseite wird von einzelnen Farmen aus Schafzucht und sehr bescheidene Landwirtschaft betrieben. An der Südspitze des Sees liegt der »Infraknoten« *Lairg*. Mit Tourist Information Centre, einem Hotel, Caravan- und Campingplatz und einer Eisenbahnstation findet der Tourist hier alles, was er für einen Stützpunkt zur Erkundung der Landschaft braucht. Auch im Nordteil des Ostufers gibt es im *Overscaig Hotel* Unterkunft.

Das Westufer dagegen ist einsam und kaum erschlossen. An unserer Wegstrecke liegt nur das Manor House *Sallachy*, das malerisch das Ufer schmückt.

Licht und Wolken können am Loch Shin dramatische Tupfer setzen.

Auf gutem, aber privatem Fahrweg laufen wir durch Schafweiden oder am Waldrand entlang, meist 30 bis 50 m oberhalb des Wasserspiegels. Durch den See wandern zur Laichzeit Lachse (»Atlantic Salmons«), von der David Strait westlich Grönlands durch den Ozean und zuletzt flußauf in das Quellgebiet der Zuflüsse zum Loch Shin.

Die Umgebung von **Lairg** ist altes Siedlungsgebiet aus der Steinzeit. Etwa ein Dutzend Hügelgräber (»Cairns«) und fünf Siedlungen (»Settlement & Field Systems«) wurden hier entdeckt. In der Natur sieht man außer einigen Hügeln und Steinhaufen wenig von den archäologischen Funden. Aber am Beginn unserer Tour befindet sich ein Visitor Centre, das seit 1993 laufend ergänzt wird und dem Besucher alles erklärt, was er unterwegs nur in Andeutungen erkennt.

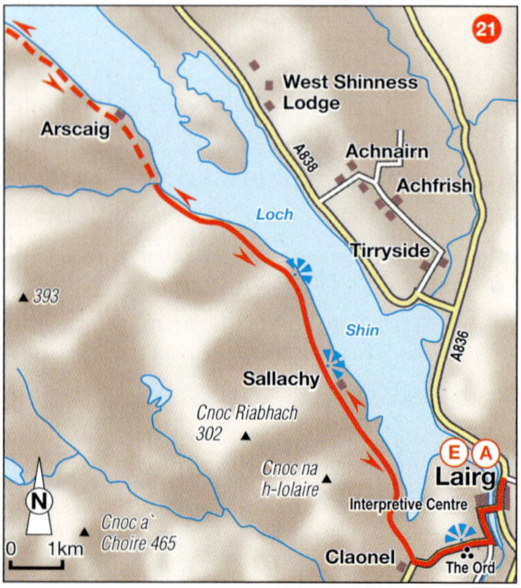

Der Wanderweg

Unsere Wanderung beginnt am *Heritage and Interpretive Centre* in *Lairg*. Hierher gelangt man mit dem Auto, wenn man kurz vor Lairg links über die Brücke auf die A 839 abzweigt. Unmittelbar nach der Brücke fahre man rechts und die zweite Seitenstraße links.

Der mit Pfosten markierte Weg mündet in den Zubringer zu einem Funkmast. Dieser wurde offenbar auf dem Hügel *The Ord* errichtet, damit der Anschluß an 4000 Jahre Zivilisation nicht verlorengeht. Wenn der Fahrweg eine Linkskurve beschreibt, führt unsere Wanderung auf einem schmalen Fußweg geradeaus weiter. Natürlich kann man sich oben erst noch den *Chambered Cairn* (Grabkammer) anschauen. Auch der Blick über den Loch Shin lohnt sich hier.

Wanderer, die das Auto dabeihaben, können sich die Cairns am gesamten

Rundweg anschauen und dann vom Interpretive Centre auf der A 839 $2^1/_2$ km fahren, bis nach rechts in *Claonel* eine schmale Straße abzweigt. Man kann diese öffentliche Straße bis *Sallachy* fahren, hier das Auto abstellen und hat nun für die Hin- und Rückwanderung einen vorgeschobenen Ausgangspunkt. Die Wanderung kann von hier aus auf je 11 km Hin- und Rückweg ausgedehnt werden. Eine der schönsten Stellen hat man 3 km hinter Sallachy, wenn der Weg eine Biegung macht und man von der Höhe weit in die Ferne schaut. Die weichen, geschwungenen Linien der Ufer, Halbinseln, Hügel, Berge und Wolken wirken ungemein beruhigend.

i Nützliche Informationen

Ausgangspunkt und Information: Lairg – IV27 4AZ: Ferrycroft Countryside Centre, Tel. (0 15 49) 40 21 60, geöffn. Mo.–Sa. 9.30–17.30, So. 10–17 Uhr.
Sehenswürdigkeiten: Heritage and Interpretive Centre sowie megalithische Hügelgräber und Grabkammern auf dem Hügel The Ord (Aussicht!).
Unterkunft: **1.** Lairg: The Nip Inn, Tel. 40 22 43, 9 B&B, Campingplatz. **2.** Overscaig Hotel – IV27 4NY, an der A 838 am Nordteil des Loch Shin, Tel. 43 12 03.
Zugverbindung: Die Eisenbahnstation liegt 3 km s. von Lairg.

22 Loch Choire Forest: Einsamstes und teuerstes Jagdrevier Schottlands

Crask Inn – Srath a'Chràisg – Bealach Easach – Loch a'Bhealaich – Pier am Loch Choire – und zurück

Tourencharakter: Nach einstündigem, etwas monotonem Zugang atemberaubend schöne Wanderung über einen Paß in das alte Jagdgebiet, an zwei schmalen Seen entlang, mit Blick auf einen Munro. Die Wanderung kann zwischen minimal 22 km und maximal 38 km Weglänge gestaltet werden.
Gesamtgehzeit: a) bis Anfang des Loch Coire $5^1/_2$ Std., b) bis zum Pier am Nordufer 7 Std., c) bis zum Pier am Südufer 6 Std., d) bis Loch Choire Lodge 8 Std.

Nachdem die »clearances« die Landschaft Sutherlands bereits weitgehend entvölkert hatten, brach eine zweite Welle der Entleerung des Landes herein. Als die Preise für Schafwolle an der Londoner Börse in den 70er Jahren des 19. Jh. rapide sanken, entdeckten die Earls of Sutherland die Chance, die nicht mehr lukrative Schafzucht durch die Vergabe von Jagdrevieren an die viktorianische High-Society zu ersetzen. Nun wurden die Pächter für Schafzucht durch Jagdpächter verdrängt, die der Geldadel gleich mitbrachte. Wer auf sein Sozialprestige hielt, besaß ein Jagdhaus in den Highlands. Nicht selten ist es heute zum Hotel in landschaftlich schönster Lage umgebaut.

Die herrschaftliche Jagd vor 100 Jahren sorgte für eine weitere Entblößung der Landschaft. Wo das für die Jagd ausgesetzte Rotwild graste, wuchs kein Wald mehr nach. Heute sind die Berge kahl und die Böden verödet. Geblieben ist der landschaftliche Reiz hoher Berge und schmaler Seen, gesteigert durch die Einsamkeit, durch die man als Wanderer schreitet.

Der **Loch Choire Forest**, von dem kein Forest, sondern nur noch der Loch zu sehen ist, gehörte um die Jahrhundertwende zu dem entlegensten Jagdrevier des Duke of Sutherland. 1928 ließ er hier seinen Gast, König Alfonso von Spanien, gleich sieben Hirsche an einem Tag schießen. Heute ist das Jagen teuer geworden: An die 5000 DM muß man für den Abschuß eines Hirsches hinblättern. Das ist gut so; denn dank solcher Preise treffen wir vielleicht eher auf Hirsche als auf Jäger.

Um die hohen Gäste in das Jagdgebiet zu bringen, war der Bau von Straßen und Lodges erforderlich. Von *Borrobol Lodge* an der Straße Helmsdale – Portskerra an der Nordküste wurde ein 25 km langer Fahrweg an die Nordspitze des *Loch Choire* gebaut und hier eine weitere Lodge errichtet.

Heute wird nur noch gelegentlich am Loch Choire gejagt, aber abgeschafft ist die Jagd noch nicht. Es sind vor allem reiche Amerikaner und Japaner, die dem Anachronismus einst aristokratischer Jagdleidenschaft frönen. Einheimische Aristokraten mit solchem Sozialprestige sind selten geworden; selbst der junge Lord Strathnaver of Sutherland äußert sich distanziert-abfällig über dieses Privileg einiger weniger Reicher. Die eingenommenen Gelder werden nicht nur für die Hege des Jagdwildes, sondern auch für Aufforstungen benutzt.

Wir gehen das Jagdgebiet nicht von der Benutzerseite der Loch Choire Lodge an, sondern von der entgegengesetzten Seite, von Westen über den einsamen Paß am *Bealach Easach* [Bjalach Esoch] an. Die vier Piers am Ufer, die früher dem Transport der Jagdgesellschaften über den See dienten, werden kaum noch benutzt und sind z. T. verfallen. »Stalking season« (Jagdzeit) ist in der Regel ab Mitte August. Zwar besteht auch dann für den Wanderer keine Gefahr, da die Jagdaufseher laut Vorschrift gehalten sind, das Feuer bei Sichtung von Menschen einstellen zu lassen. Trotzdem wird davon abgeraten, das Jagdgebiet in dieser Zeit zu betreten, denn die Jäger sind natürlich nicht gerade erfreut, wenn sie mit Schießen aufhören müssen. Geblieben ist die relativ gute Erschließung des Gebiets südlich des Sees durch Wege und Pfade. Nur: Die Entfernungen sind groß, und die Einsamkeit ist grenzenlos.

Nach der Überschreitung des Passes Bealach Easach bietet sich dem Wanderer ein reizvoller Ausblick auf den Loch a'Bhealaich und den Loch Choire.

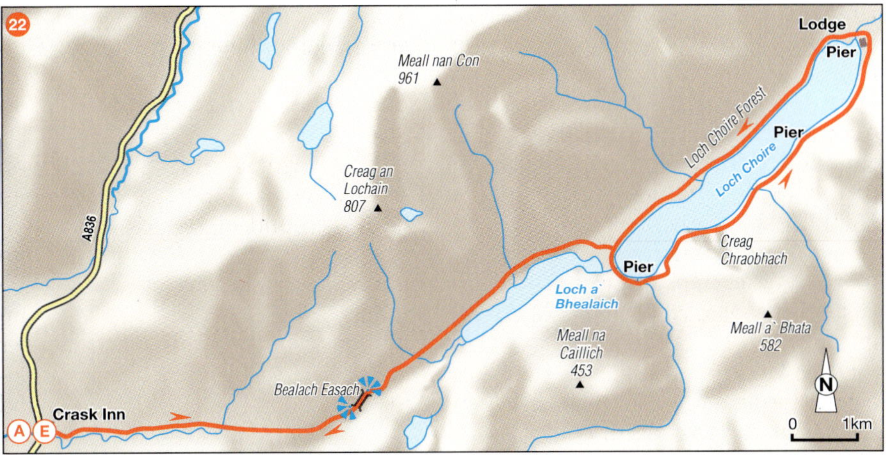

Der Wanderweg

Zwischen dem Gasthaus *Crask Inn* und der Brücke zweigt am Straßenhinweisschild »Crask« der Wanderweg nach Osten ab. Er führt zunächst undeutlich durch hohes Riedgras, wird aber bald zweispurig. Vor uns liegt eine Landschaft großzügiger Weite – eine durch kein Haus unterbrochene Einsamkeit läßt eine menschenleere Region ahnen. Rechts kann man deutlich Prall- und Gleithang des uns begleitenden Flusses erkennen. Bei der Einmündung kleinerer Bäche in den Fluß wird der Weg sehr feucht; die Wasserläufe werden über Stege oder durch Furten passiert. Dann wird der Weg wieder einspurig, ist aber immer gut zu erkennen. Die Landschaft bekommt nun einen tundraähnlichen Charakter.

Nach einer Stunde steigt der Pfad zum Paß *Bealach Easach* [Bjalach Esoch] an. Oben angelangt, wird die Landschaft sehr attraktiv: Das granitene Urgestein tritt als Fels an beiden Hängen hervor. Nach wenigen Schritten eröffnet sich uns ein malerischer Ausblick auf den *Loch a'Bhealaich* [L. e Wjalich] und den *Loch Choire* [L. Chorre]. Der etwas monotone Aufstieg hat sich also gelohnt.

Nach dem Paß wird der Weg wieder zweispurig und bleibt nun breit. Vorbei am kleineren Loch a'Bhealaich kommen wir zum Loch Choire. Besonders malerisch ist am Nordufer die mit Bäumen bestandene Halbinsel. Am Ufer angelangt, können wir entweder an der Nord- oder an der Südseite des Sees noch ein Stück weiterlaufen. Vom Bootssteg am Südufer beträgt der Hin- und Rückmarsch 23 km, vom Nordufer 28 km, von der Weggabelung 22 km.

Die Idee, am Nordufer immer weiterzuwandern, vorbei an der *Loch Choire Lodge* bis zur *Badanloch Lodge*, ist natürlich verführerisch. Sie setzt aber außer einer exzellenten Kondition für den 38-km-Marsch auch eine Abholmöglichkeit am Ende der langen Strecke voraus. Wenn man Glück hat, ist das Gatter der Privat Road offen, und der Abholer kann den Wanderern entgegenkommen. Aber das ist ungewiß. Wer diese gewaltige Gehleistung unter die Sohlen bringt, hat freilich ein unvergeßliches Erlebnis weitläufiger Einsamkeit in den Highlands von Sutherland: Auf einer Fläche von 500 km^2 stehen nur drei Siedlungen von je fünf Häusern!

Kehrt man im Normalfall nach 6 bis 7 Stunden Gehzeit durch die einsame

Landschaft gegen Abend nach Crask Inn zurück – das einzige Haus im Umkreis von 12 km Radius –, so kann man Theodor Fontane nachempfinden, als er über ein anderes, aber ähnliches Gasthaus in den Highlands schrieb.

»Wie einer, der einen finsteren Traum gehabt, und mit einem ›Gott sei Dank‹ erwacht, weil eben alles ein Traum gewesen, so fiel es wie eine Last von uns ... Das einsame Haus an unwirtbarer Küste, in der Einöde des Gebirges, läßt uns erkennen, was es mit einer Menschenwohnung auf sich hat.«

i Nützliche Informationen

Ausgangspunkt: Crask Inn an der A 836, etwa 13 km n. Lairg.
Information: Lairg, siehe Tour 21.
Unterkunft: **1.** The Crask Inn – IV27 4AB, Tel. (01549) 411241, 7 Betten. **2.** Lairg: siehe Tour 21. **3.** Altnaharra Hotel – IV27 4UE, 13 km vom Ausgangspunkt an der A 836, Tel. 411222; Loch Naver House, Tel. 411220.
Achtung: Zur »stalking season« (Jagdzeit) bleibe man auf den Wegen und beachte die ausgesteckten Fähnchen und evtl. Warnungen.

23 Uferwanderung am Strathmore River und Loch Hope

Dun Dornaigil – Alltnacaillich – Strathmore River – Loch Hope – Lochside – Hope

Tourencharakter: Kombinierte Auto-Fuß-Wanderung auf schmalem, ganz selten befahrenen Sträßchen im Tal des Strath More und am Ostufer des schmalen Loch Hope, am Fuße der felsigen Steilhänge des Ben Hope (927 m).
Keine Orientierungsprobleme, guter Weguntergrund, ebene Strecke.
Gesamtgehzeit: 4 Std.

Mit dieser Tour sind wir bereits dicht vor der Nordküste Schottlands. Der Ausgangspunkt liegt 21 km, der Endpunkt der Wanderung nur noch 2 km vom Meer entfernt. $^1/_4$ Stunde nach Abschluß der Tour können wir vom Auto aus die offene See sehen.

Die Landschaft an der 16 km langen, streng von Süden nach Norden verlaufenden Wegstrecke ist abwechslungsreich. Wir wandern in der breiten Talsohle des Trogtales *Strath More*, manchmal direkt am Ufer des *Strathmore River* entlang, immer am Fuße der Steilwände, die vom *Ben Hope* und seinen Satelliten felsdurchsetzt herabziehen. Dann weitet sich das Tal auf $1^1/_2$ km Breite und geht in den 9 km langen, aber schmalen **Loch Hope** über. Sein Wasserspiegel liegt nur wenige Meter über der Meereshöhe. Am Ostufer finden wir noch schüchterne Reste von Waldstreifen.

Auf dieser Strecke gibt es nur eine einzige Möglichkeit zum Vorankommen: das schmale, asphaltierte Sträßchen, das vom *Altnaharra Hotel* nach *Hope* führt. Es ist eine »Straße 6. Ordnung«. Infolge der extrem dünnen Besiedlung und der untergeordneten Bedeutung der Straße kommt nur selten ein Auto. Diesen Umstand machen wir uns für eine besondere Art des Wanderns zunutze: Wir kombinieren Wanderung mit Stellungswechsel. Wir laufen, wo es uns besonders gefällt, und »ziehen das Auto nach«. Das kann in verteilten Rollen geschehen. Den Kombinationsmöglichkeiten sind hier keine Grenzen gesetzt. »Autowandern« nennt man das.

Am Loch Hope kündigt sich bereits die rauhe Nordküste an: Strauchvegetation und noch im Juli zartes Grün wie im deutschen Mai.

Wer lieber bergsteigen als wandern will, kann bis *Alltnacaillich* fahren und den *Ben Hope*, den nördlichsten »Munro«, besteigen. Am Haus vor dem von Osten kommenden Bach zweigt ein Weg steil in die Höhe ab. Er führt zum Wasserfall des *Allt na Caillich* [Ault na Kallich]. Nach Überwindung dieser ersten Steilstufe verläuft eine Pfadspur an der Kante des Steilabfalls *Leitir Mhuiseil* [Letschir Wüischil] Richtung Ben Hope. Wie weit diese bis auf den Berg führt, wurde nicht ausprobiert. Der 3040 feet (927 m) hohe Gipfel bricht auf drei Seiten mit steilen Felswänden ab. Die Aussicht, einen wolkenfreien Himmel vorausgesetzt, ist besonders nach Norden zum Meer und über die zerlappte Küste hervorragend. Bei Nebel oder Sprühregen ist die Tour nicht durchführbar, da nur bei guter Sicht Orientierungsmöglichkeit besteht.

Der Wanderweg

Als Startpunkt wählen wir die Turmruine **Dun Dornaigil** [Dun Dornegil] kurz vor *Alltnacaillich*. Der Turm (»Broch«) wurde vor 2000 Jahren von den Kelten angelegt und war damals etwa doppelt so hoch wie der heute noch vorhandene Rest. Türme dieser Art gab es bis zum 1. Jh. n. Chr. etwa 500 in Schottland. Sie dienten vermutlich der Lagerung und Sicherung von Vorräten wie auch dem Schutz der Bewohner des umliegenden Landes gegen eventuelle Einfälle von Seeräubern oder Feinden.

600 m nach der Turmruine treffen wir in Alltnacaillich auf das erste Haus nach 20 km Fahrt durch die einsame, waldlose Landschaft. Rechts über uns

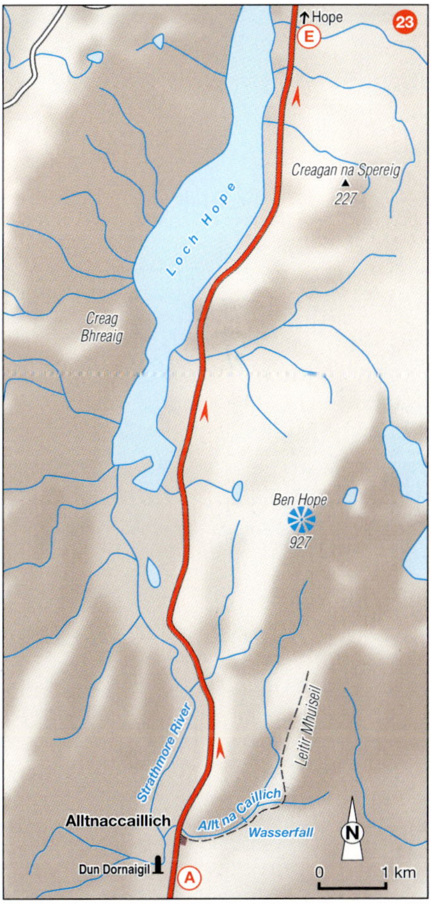

sehen wir den Wasserfall *Allt na Caillich*. Zu ihm führt ein Weg, der gleich hinter der Mauer von Alltnacaillich abzweigt (+ 1 Std.).

Nach 6 km taucht vor uns die Südspitze des *Loch Hope* auf. Das Sträßchen verläuft durch verkrüppelten Birkenwald und hohe Farnbestände. Zwischen den Bäumen oder an freien Stellen ist der langgezogene, schmale Loch Hope immer wieder zu übersehen. Im Blick zurück, gegen Mittag, glitzert der See im Gegenlicht. Mit der Einmündung unserer kleinen Straße in die A 838 in *Hope* endet die Tour. (Beim »Autowandern« kann man natürlich auch schon früher aufhören.)

i Nützliche Informationen

Ausgangspunkt: Dun Dornaigil, 600 m vor Alltnacaillich.
Gehzeiten: Dun Dornaigil – Beginn des Loch Hope $1^1/_2$ Std.; Uferwanderung $2^1/_2$ Std.
Sehenswürdigkeiten: **1.** Historisches Denkmal Dun Dornaigil, »Broch« (Turmruine der Kelten).
2. Durness: siehe Tour 24.
Information: siehe Tour 24.
Unterkunft: **1.** Altnaharra: siehe Tour 22. **2.** Durness – IV27 4QA: JH, Ortsteil Smoo, Tel. (01971) 511244, 40 Betten, geöffn. 15. Mai–1. Okt.; 4 Hotels, 1 Guest House, 5 B&B, Campingplatz.

24 Durness und Cape Wrath

Durness und Umgebung: Sango Bay und Smoo Cave. (Fahrt mit Fähre und Kleinbus Richtung Cape Wrath.) Abzweig nach Kearvaig – Kearvaig – Godha na Seamraig – Clais Chàrnach – Geodha Glas – Cape Wrath

Tourencharakter: Besuch des Sandstrandes und der Klippen Creag Thairbhe bei Durness sowie der Grotte Smoo Cave vor oder nach der Haupttour zum Cape Wrath.
Nach einer Flußüberquerung Wanderung am Rand einer Hochmoor- und Graslandschaft über den buchtenreichen Klippen der Nordküste, teilweise auf Pfaden, zum Cape Wrath mit seinem Leuchtturm.
Gesamtgehzeit: 1. Durness $^3/_4$ Std., 2. Cape Wrath $3^1/_2$ Std.

Für den Hauptteil dieser Tour gibt es einiges zu beachten:

1. Mit dem Auto kann man nur bis *Keoldale*, 3 km südwestlich *Durness*, fahren. Dann muß man mit der Personenfähre übersetzen. Am anderen Ufer wartet ein Kleinbus, der bis zum Leuchtturm fährt.
2. Weite Teile zwischen dem *Kyle of Durness* und *Cape Wrath* unterstehen dem Verteidigungsministerium und werden als militärisches Übungsgelände genutzt.

   Wenn auch der Militärbetrieb in den Sommermonaten wegen der Touristen weitgehend eingeschränkt bleibt, so sollte man sich bei der Information doch erkundigen, ob das Gebiet »manöverfrei« ist. Bei Schieß- und Truppenübungen wird der Fährbetrieb eingestellt.
3. Die Rückfahrzeiten vom Leuchtturm auf Cape Wrath müssen vor Antritt der Tour vom Fahrer des Kleinbusses erfragt werden.

Cape Wrath ist nicht die nördlichste Spitze von Schottland; dies ist Dunnet Head in Caithness mit 58°40′ N. Unser Cape liegt 2′40″ südlicher; das ist ein Unterschied von 5 km. Man könnte es also als zweite Nordspitze von Großbritannien bezeichnen. Im Gegensatz zu Dunnet Head wendet hier die Küste aus der Südostrichtung in die Südsüdwestrichtung, also um etwa 280°.

Das besagt auch der Name des Kaps: »Wrath« ist die anglisierte Form des nordischen Wortes *hvraf* [pharf] und bedeutet »Wendepunkt«. So haben es wahrscheinlich die Wikinger genannt, als sie hier, von Norwegen kommend, ihre Schiffe nach Süden wenden mußten, um an die Westküste und zu den Hebriden zu kommen.

Das Kap war aber nicht nur zu Zeiten der Wikinger ein gefährlicher Wendepunkt, sondern ist es für die Schifffahrt bis heute geblieben. Daher wurde hier bereits 1828 ein Leuchtturm in dem unbewohnten Gebiet errichtet. Seine Lichtsignale sind, weil der Turm 120 m über dem Meeresspiegel steht, bis zu einer Entfernung von 40 km auf See erkennbar. 1910 wurde ein Nebelhorn für schlechte Sichtverhältnisse eingebaut. Der Turm versieht seine Funktion bis heute.

Am Cape Wrath herrscht fast immer starker Wind. Ungebremst kann er 4000 km über den Ozean stürmen, ehe er auf Land, auf die Klippen des Kaps, trifft. Das ist sicher auch der Grund, weshalb Engländer auf die ethymologische Erklärung des Namens verzichten und ihn wörtlich als »Kap des Zorns« verstehen. Für die Optik ist es sehr vorteilhaft, wenn der Fuß der Steilküste von schwerer See gepeitscht wird und die zerstückelten Wogen mit ihrer Gischt hoch aufschäumen. Weniger vorteilhaft kann es für die Wanderung werden, wenn der Sturm drei Stunden lang ins Gesicht bläst. In einem solchen Fall kann man natürlich die Gehrichtung umkehren, am Anfang mit dem Kleinbus bis zum Leuchtturm fahren und mit dem Fahrer eine Abholzeit auf der Straße nach dem Abzweig zum Haus *Kearvaig* aushandeln.

Das Gelände ist schwierig zu begehen. Überall ist es naß. Viele Wasseradern müssen gequert und hohe Torfränder überwunden werden. Oft muß man Umwege machen. Direkte Gefahr besteht jedoch kaum. Auf den Rändern

Kearvaig Bay reizt zum Bade; nur die Wassertemperaturen lassen einen zögern.

der Klippen schützen Drahtzäune den Wanderer vor Fehltritten. Die Ausblicke sind phantastisch. Schon aus diesem Grund sollte man die Tour nur bei guter Sicht unternehmen. Sollte sogar noch die Sonne scheinen, leuchtet das Wasser in den Buchten smaragdgrün, während der Fels tiefbraun drohend darüber steht. Der Doppelturm einer Felsinsel wird im Volksmund »The Cathedral« genannt. Wenn Sie allen Problemen aus dem Weg gehen wollen, so schließen Sie sich einer geführten Wanderung an; sie wird zwei- bis dreimal wöchentlich von der Tourist Information angeboten.

Durness und Umgebung

1. Beim Parkplatz nahe der Jugendherberge führt ein Steig hinab zur *Smoo Cave*. Der Eingangsbereich zu der großen, aus dem Kalk herausgelösten Höhle ist imposant. Der düstere Eingang hat zu Spekulationen geführt. Die gewagteste geht so weit, zu behaupten, daß hier Odysseus den »Eingang zum Hades« gefunden habe.

2. Läuft man Richtung *Durness*, so kann man zunächst die große Schleife der Straße abkürzen und geradeaus steil bergab an den Anfang der *Sango Bay* gehen. Diese malerische Bucht ist eine Augenweide: Die Wellen kommen gebremst in die Bucht, die im Windschatten der Berge liegt. Auf feinstem Sandstrand laufen sie aus. Wären Wasser- und Lufttemperatur 10°C höher, wäre es ein idealer Badeplatz. Die Klippen sind bis zu 30 m hoch und beliebte Nistplätze zahlreicher Vogelarten. Weiter im Nordwesten, am *Faraid Head* (Ersatztour) erreichen die Klippen sogar 100 m über dem Meer und am *Cléit Dhubh* [Klietsch Guh] nahe Cape Wrath stehen mit 270 m die höchsten Großbritanniens. Auf den Hügeln oberhalb der Klippen wachsen Heide und Gras. Folgt man dem Abzweig zum Campingplatz rechts, kann man an der Oberkante der Klippen entlang bis *Aodann Mhór* [Ötin Wohr] gehen, wo Brandung und Gischt schon lebhafter sind als in der geschützten Sango Bay. Den Rückweg kann man über *Balnakeil* mit seinem *Craft Village* wählen.

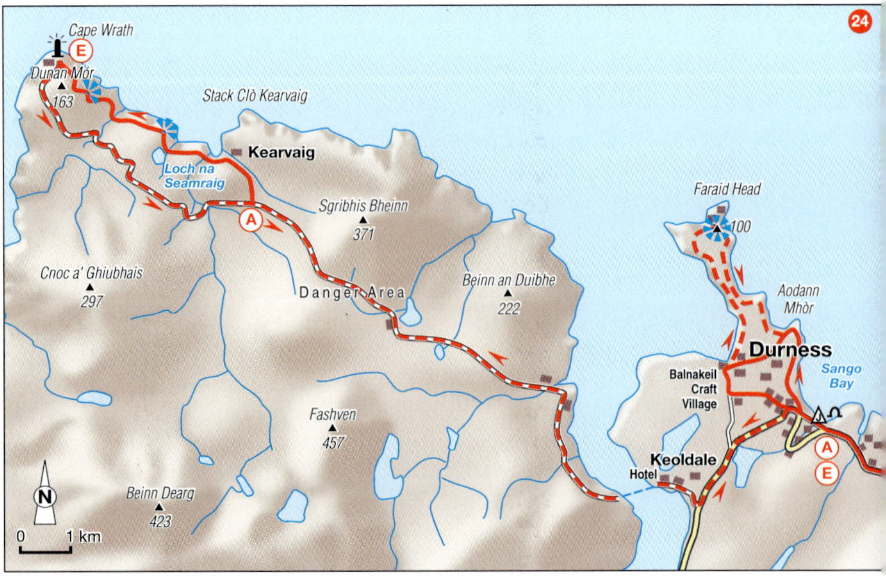

Nützliche Informationen

Ausgangspunkt für die Wanderung nach Cape Wrath: Abzweig des kleinen Fahrwegs nach Kearvaig (rechts Warntafel des Ministry of Defence, M. O. D.). Den Fahrer hier um Halt bitten.
Sehenswürdigkeiten: **1.** Durness-Smoo: Grotte »Smoo Cave«; **2.** Balnakeil Craft Village: Kunsthandwerk.
Information: Durness – IV27 4PT: Tourist Information Centre, Tel. (01971) 511259, geöffn. Mo.–Sa. 9–18.30, So. 11.30–17.30 Uhr.
Unterkunft: **1.** Durness: siehe Tour 23, außerdem Smoo Cave Hotel, Tel. 511227. **2.** Keoldale – IV27 4QF: Cape Wrath Hotel, Tel. 511212.
Fährbetrieb: Mai bis September tägl. 8mal hin und zurück zwischen 9.30 und 18.30 Uhr, Fahrzeit 10 Min. Bei Ebbe eine Stunde Pause. Tel. 511376 (innerhalb Durness 376).
Kleinbusbetrieb: Anschluß an den Fährbetrieb, 20 km Fahrtstrecke bis Cape Wrath (40 Min.), Tel. 511287, 511343 (287, 343).
Ersatztour (falls keine Fähre verkehrt): Von *Durness* über *Balnakeil*, 1 km am Rande des Sandstrandes in der *Balnakeil Bay* und dann auf Fahrweg zur Klippenküste von *Faraid Head*, wo man ausgedehnte Kolonien von Papageientauchern beobachten kann. Der Rückweg erfolgt über *Aodann Mhór*. Dauer 2 Std.
Geführte Wanderungen vom Leuchtturm Cape Wrath bis Kearvaig und ***Geführte Abendtouren*** auf der Halbinsel Faraid Head zu den Puffin-Kolonien werden mehrmals wöchentlich vom Ranger Service angeboten.

Wanderung nach Cape Wrath

Wenn Sie am Abzweig nach *Kearvaig* den Kleinbus verlassen haben, laufen Sie auf dem Fahrweg oder dem, was von ihm noch übrig ist, hinunter zu dem einsamen Haus. Hinter ihm eröffnet sich dem Besucher eine herrliche Bucht. Feinster Sand wird flankiert von hohen Felsen. Rechts draußen im Meer liegt die Felsinsel *Sta Clò Kearvaig* [Stachk klo Kjarwik], die »Kathedrale«, als Wahrzeichen der schönen Bucht.

Nach dem Genuß des Betrachtens kommt gleich die erste Geschicklichkeitsprobe: Der *Kearvaig River* muß in seinem Mündungsgebiet überquert werden. Das kann entweder durch anhaltende Balancierakte auf Steinen oder barfuß im Sandteil des Flusses geschehen. (Nicht zu nahe an die Mündung gehen, Strömung und Tiefe beachten!) Nach Überquerung des Flusses steigen wir an dem vor uns liegenden Berg auf, erst links am Grashang, dann rechts auf einen Zaun zuhaltend. Man folgt dem Schutzzaun weiter aufwärts. Nach einiger Zeit wird links der *Loch na Seamraig* [L. na Schjamerik] sichtbar, an dem wir vorbeiwandern. Später kommen nochmals zwei kleine Seen in Sicht.

Dann geht es in das Tal *Clais Chàrnach* [Klasch Charenach] hinab, wo in der Bucht eine Anlegestelle (»Jetty«) besteht. Früher erfolgte von hier aus die Versorgung des Leuchtturms. Heute kommt einmal im Jahr das Versorgungsschiff, von dem der Hubschrauber Treibstoff, Lebensmittel und Materialien zum Leuchtturm fliegt. Wenn man in Klippennähe aus dem Tal emporsteigt, wird vor einem der 163 m hohe *Dùnan Mòr* [Dunen Mor] sichtbar. Wir steigen auf den Ausläufer zu, den er nach Nordosten Richtung Küste entsendet. Auf der Höhe angelangt, sieht man schon den Leuchtturm (110 m). In dem Gelände mit seinen Aufbauten befindet sich auch ein Warteraum.

25 Assynt Area und Ardvreck Castle

Inchnadamph – Loch Fleodach Coire – Loch Bealach a'Bhùirich – Loch na Gainmhich – Ardvreck Castle – Loch Assynt – Inchnadamph

Tourencharakter: Ausgedehnte Wanderung auf Wegen unterschiedlicher Qualität durch eine in den Western Highlands immer wiederkehrende Landschaft mit Gebirgsbächen und Wasserfällen, an Dutzenden kleiner Seen vorbei, über einen 625 m hohen Paß, zuletzt am Fuß des Glas Bheinn (776 m). Den Abschluß bildet der Besuch der Ruine von Ardvreck Castle am Loch Assynt.
Gesamtgehzeit: 5–6 Std.

Die Landschft, durch welche diese Tour führt, ist typisch für die Highlands vor der Westküste: unendlich einsam, unberührt von jeglicher Zivilisation, von wilden Bergrücken mit steilen Flanken und einzelnen Felsen durchzogen, trotzdem begrünt von nassen Moospolstern bis in große Höhen hinauf. Sie hat etwas Archaisches an sich. Die Ufer des **Loch Assynt** dagegen sind bestanden von seltenen Pflanzen, und auf den Inseln stehen malerisch schottische Pinien. Das mutet fast südlich an. 7 km östlich *Inchnadamph* (engl.) liegt ein stattlicher Munro, der *Ben More Assynt*, mit 998 m nahezu ein Tausender.

Was diese wilde, felsige Landschaft so ungemein belebt, ist das Wasser. Kleine und große Rinnsale stürzen von den Höhen, immer wieder gibt es Wasserfälle, so den *Eas a Chùal Aluinn* [Es-e-Chuhl Alinn] als bekanntesten der Region. In den Mulden sammelt sich das Wasser in Dutzenden kleinerer und mittlerer Seen. Moospolster, Grashänge, Heide, Wege – alles ist vollgesogen mit Wasser. Kommt die Sonne zwischen den Wolken hindurch, glitzert und glänzt es überall im Lande. In tausend Reflexen ziehen Licht und Schatten über die bewegte Landschaft – ein faszinierendes Spiel.

Zum Schluß treffen wir auf die Ruine von **Ardvreck Castle**, die auf einer Halbinsel fast mitten im *Loch Assynt* liegt. Die Burg wurde als eine der wenigen in dieser wilden, einsamen Landschaft 1490 erbaut und war Sitz der MacLeods, eines der am weitesten verzweigten Clans in Sutherland und auf den Isles. Viele Legenden ranken sich um den Bau. See, Ruine und die Berge im Hintergrund vereinen so recht das, was sich der romantisierende Tourist unter den Highlands vorstellt.

Der Wanderweg

Außer den Wegen mit ihrem Wasser tragen die Höhen zur Tourenleistung bei. Wir beginnen in 70 m Höhe in Inchnadamph und müssen drei Pässe überwinden, die 420 m, 625 m und 462 m hoch sind.

Bei der Brücke in *Inchnadamph* zweigt ein privater Fahrweg von der A 837 nach Osten ab. Nach 1 km sieht man rechts einen Steg über den Fluß. Etwa an dieser Stelle biegt links ein Fußweg in die Höhe ab. Er ist zunächst längere Zeit bequem begehbar und führt am (orographisch) rechten Hang im Tal des *Allt Poll an Droighinn* [Ault Pol an Dröjin] anhaltend aufwärts. Kurz nach einer überdachten Bank (welch ein unerwarteter Komfort in dieser Landschaft!) wenden wir uns an einer Weggabelung nach links. Hier haben wir den ersten Übergang mit 420 m Höhe erreicht. Der zweite, der 625 m hohe Paß, ist bereits sichtbar.

Unterhalb des Passes zwischen dem Glas Bheinn und dem Beinn Uidhe läuft man zwischen Blockmeeren und nassem Gras.

Es geht nun etwas bergab zum *Loch Fleodach Coire* [Loch Flotach Korre]. Ein Steg wird passiert. Nach ihm wandern wir am westlichen Ufer des Sees entlang. Nachdem wir zwei weitere Zuflüsse zum See passiert haben, müssen wir, nach Nordwesten schwenkend, den uns gegenüberliegenden Hang angehen. Der Weg ist hier schwer zu finden. Man halte sich an die Steinpyramiden auf halber Höhe, dann findet man auch den Weg wieder. Er steigt nun anhaltend zum zweiten Paß auf. Hier oben ist kaum noch Bewuchs anzutreffen. Über Geröll und Blockmeere steigen wir auf den Sattel: Die Aussicht nach beiden Seiten ist großartig!

Nach dem Paß muß man den Weg wiederfinden. Er führt erst links am Hang entlang und wendet sich dann nach rechts (Osten) an den Fuß eines felsigen Steilhangs. Nach einem reichlichen Kilometer kommt eine kritische Stelle: Wir laufen auf einer schmalen Landbrücke zwischen zwei Lochs (links der kleine, rechts der große See). Am Ende dürfen wir nicht dem sichtbaren Weg folgen, sondern müssen weglos links etwas auf die Höhe. Oben trifft man dann auch die ersten Steinpyramiden wieder. Vom Wege kann man jetzt sehr schön den rechts herabstürzenden großen *Eas a Chùal Aluinn Waterfall* sehen. Der Weg wendet sich nun nach Westnordwest und steigt schließlich zum dritten Paß (462 m) an. Wenn man ihn überwunden hat, eröffnet sich dem

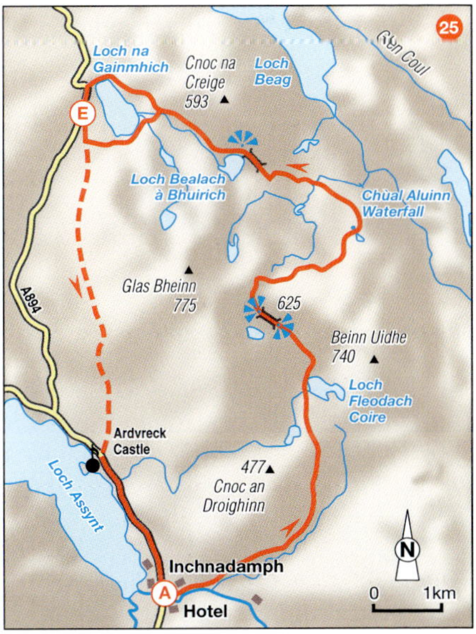

Ardvreck Castle am Loch Assynt war einst Sitz der MacLeods, eines der mächtigsten Clans in Sutherland.

Wanderer ein wunderbarer Blick auf das Meer, auf die *Eddrachillis Bay* mit ihren vielen Inseln.

Vor dem großen *Loch na Gainmhich* [L. na Gänwich] gabelt sich der Weg. Rechts geht es nördlich am See vorbei zur A 894 (kürzer) – links zurück am Südufer des Sees entlang und nochmals leicht ansteigend zur Autostraße. Hier endet unsere Tour. Wenn Sie keine Abholmöglichkeit haben, müssen Sie die 8 km auf der Straße zurück nach Inchnadamph laufen oder auf eine Mitnahmegelegenheit hoffen. Den Füßen wird der Asphalt nach so viel Steinen und Wasser guttun! Man kann auch auf einem Weg am Fuße des *Glas Bheinn* [Glas Wen], dazu nochmals 100 m ansteigend, laufen und trifft am Ende auf die kleine Halbinsel im *Loch Assynt*, auf der die Ruine von *Ardvreck Castle* steht.

i Nützliche Informationen

Ausgangspunkt: Inchnadamph, Straßenbrücke über den River Fraligill.
Gehzeit: Inchnadamph – Paß 625 m: 3 Std.; Paß – Loch na Gainmhich/ A 894: 2½ Std.
Sehenswürdigkeiten: **1.** Ruine des Ardvreck Castle (1490). **2.** Inchnadamph: Höhlen, in denen prähistorische Funde gemacht wurden (Auskunft im Hotel Inchnadamph).
Information: Hotel Inchnadamph (siehe Unterkunft).
Unterkunft: **1.** Inchnadamph – IV27 4HN: Hotel, Tel. (01571) 822202.
2. Achmelvich – IV27 4JB (24 km w. Inchnadamph, Abzweig von der B 869): JH, einfache Hütte, Tel. (01571) 844480, 38 Betten.
3. Lochinver – IV27 4LP: 3 Hotels, 1 Guest House, 10 B&B.

26 Verzahnung von Land und Wasser im Inverpolly National Nature Reserve

Lochinver – Strathan – Inverkirkaig – Loch an Eisg-brachaidh – Loch Buine Móire – Druim Bad a'Ghaill – Stac Pollaidh – Parkplatz

Tourencharakter: Die Tour ist zunächst als »Autowanderung« geplant, so daß die Anteile für Fahren und Laufen nach Belieben verteilt werden können.
Die Wanderung führt auf einer wenig befahrenen, befestigten Straße in wechselndem Auf und Ab 25 km ohne Orientierungsprobleme an den Fuß des Sandstein-Doppelberges Stac Pollaidh. Dieser wird zum Schluß über die Einsattelung zwischen beiden Gipfeln zum Teil bestiegen oder zur Hälfte umrundet.
Gesamtgehzeit: 1–3 Std. für die Straße; 2–3 Std. für den Stac Pollaidh.

Das **Inverpolly National Nature Reserve** ist von der oro- und hydrographischen Struktur her sicher eines der interessantesten Nature Reserves Schottlands. Es bietet Landschaft pur, ohne zivilisatorische Eingriffe, auch ohne Geschichte und Kultur. Zentrum des etwa 108 km^2 großen Gebiets bildet der 849 m hohe *Cul Mor*, mit 2787 feet »nicht ganz ein Munro«. Wasser und Land durchdringen sich im Inverpolly Nature Reserve wie kaum sonst in Schottland. Es gibt an die 100 Binnenseen zwischen 6 Millionen m^2 wie dem *Loch Sionascaig* [L. Schineskik] und 40 m^2. Die Westküste wird von zehn Buchten mit 17 vorgelagerten Inseln und Inselchen gebildet. Das Gelände besteht aus granit- und gneisdurchsetzten Hügeln und Kuppen bis zu 200 m Höhe. Zwischen ihnen haben sich in den Mulden die Seen gebildet. Der Boden ist fast durchweg mit feuchtem Torf bedeckt, Ergebnis des Absterbens der postglazialen Wälder vor etwa 4000 Jahren infolge eines humiden Klimawechsels. Auf dem Torf wachsen Gras und Heide. Entweder ist die Humusschicht über dem Urgestein nur 20 cm dick, oder die Heide hat unter sich den wasserundurchlässigen Ortstein gebildet. Mit dem Regen kommt ständig Wasser von oben; einsickern kann es nicht, also fließt es ab oder schwemmt den Humus auf wie einen Schwamm.

Die Berge im Südosten von Lochinver, der ellipsenförmige **Suilven** (731 m) und der **Canisp** (846 m), gelten als die ältesten Felsformationen der Welt. Der Gneis, aus dem sie aufgebaut sind, ist 2,8 Mrd. Jahre alt, entstammt also dem Präkambrium, als es noch kein Leben auf der Erde gab. Auch der **Stac Pollaidh** [Stachk Poullie – meist aber zu Stäk Polli anglisiert], den wir am Ende unserer Tour teilweise besteigen, ist sehr alt, wenn auch aus Sandstein, und wird auf 2 Mrd. Jahre geschätzt. Da dieser stark verwittert, sieht der Doppelberg aus, als sei er von einem Kranz hoher Säulen umgeben. Den höchsten Punkt zu besteigen erfordert Kletterkünste. Vergleiche mit dem Elbsandsteingebirge kommen auf, und tatsächlich steht auf der Südseite eine isolierte Säule wie eine kleine »Barbarine«. Eine andere Formation wird im Volksmund die »Hummerschere« genannt.

Nahe an der Westküste verläuft ein schmales Sträßchen, das wegen der Abgeschiedenheit der Landschaft nur wenig befahren wird. Wir benutzen es von Lochinver über Inverkirkaig bis an den Fuß des Stac Pollaidh zum »Auto-

wandern«, analog der Tour 23. Bergaufstrecken kann man fahren, Bergabstrecken laufen. Kommt ein Regenschauer: flugs ins Auto! Scheint die Sonne: heraus aus ihm samt Fotoapparat! Und sollte permanenter Regen Sie ans Auto binden, stimmt die Überschrift immer noch: Wasser nicht nur vor und auf dem Land, sondern nun auch noch über ihm!

Der (Auto-)Wanderweg

In *Lochinver* geht es beim Schild »The Royal Bank of Scotland« erst geradeaus (der Hafen liegt rechts), dann auf dem nächsten Straßenabzweig nach links (beidemal Straßen-Ww. »Inverkirkaig«). Bis zur Einmündung in *Badnagyle* gibt es auf 20 km keine Wegprobleme. Links liegen die Lochs, rechts das Meer. Auf vier landschaftlich besonders schöne Etappen, die zum Laufen einladen, sei hier ausdrücklich verwiesen:

1. Die Bucht *Loch Kirkaig* mit ihrem Ufer, das darauffolgende Tal des *River Kirkaig* mit seinen Stromschnellen bis zum Parkplatz an der Brücke ($^{1}/_{2}$ Std.). Hier wird auch ein Wanderweg zu den *Falls of Kirkaig* angeboten (Ww., + 1$^{1}/_{2}$ Std.).
2. Der Blick vom Paß *Cnoc an Eisgbrachaidh* [Krochk an Eschk-brachie] auf die Inseln und Halbinseln im Meer, die darauffolgende Hochuferstraße und das schöne Tal des *Allt Gleann an t-Srathain* [Ault Gljaun an Trahin] bis *Rhegreanoch* (1$^{1}/_{4}$ Std.).
3. Der Blick von einem Paß auf den *Loch na Dail* und die sich anschließende Talwanderung bis zur Brücke über den *River Polly* (P) (20 Min.).
4. Der Abstieg vom *Druim Bad a'Ghaill* [Druim Bad a-Gahl] mit anschließender Uferwanderung am *Loch Bad a'Ghaill* (maximal 1 Std.).

Von der Einmündung in die Straße nach Ullapool (hier scharf links zurück) bis zum Parkplatz sind es noch 6 km. Hier beginnt der

Aufstieg zum Stac Pollaidh

Der Trampelpfad steigt steil, zum Schluß sehr steil etwa 500 m in der Direttissima bis in den Sattel zwischen den beiden Felsburgen. Wer diesen Steilanstieg vermeiden will, kann bei der Weggabelung nach der ersten Steilstufe rechts gehen, auf der Ostseite allmählicher an Höhe gewinnen und schließlich auf Kehren in den besagten Sattel gelangen. Der östliche, niedrigere der beiden Berge läßt sich bis zum Vorgipfel leicht und rasch ersteigen. Wenn man auf den westlichen Gipfel will, halte man sich an die Nordseite des Grates. Man kommt, gelegentlich kraxelnd, bis zur vorletzten Säule; die letzte erfordert Klettertechnik.

Ebenso, wie die interessanten Sandsteinformationen mit ihrem säulenartigen Aufbau aus der Nähe zu betrach-

»Verzahnung von Land und Wasser« – am Loch an Eisg-brachaidh wird dies besonders deutlich.

ten, lohnt der Ausblick auf den großen *Loch Sionascaig* [L. Schineskik] im Norden und auf den *Cul Mor* im Osten die Mühen des Aufstiegs. Für den Abstieg wird der Ersatzweg der Aufstiegsroute auf der Ostseite empfohlen. Von einer Umrundung des Stac Pollaidh ist abzuraten, da man die Fußspuren auf der Westseite nicht mehr »Weg« nennen kann.

Nützliche Informationen

Ausgangspunkt und Information: Lochinver – IV27 6HS, Tourist Information Centre, Main Street, Tel. (01571) 844330, geöffnet Mo.–Sa. 9–18.30, So. 11.30–17.30 Uhr.
Gehzeiten: Lochinver – Parkplatz: 1–3 Std. je nach Einteilung; Stac Pollaidh: 2½ Std.
Sehenswürdigkeiten: Ullapool, siehe Tour 27.
Unterkunft: **1.** Lochinver: 3 Hotels. Tel. 844496, 844270, 844648; 12 B&B.
2. Achmelvich: JH, siehe Tour 25.
3. Achininver – IV26 2YL (32 km Autofahrt vom P am Stac Pollaidh): JH, einfache Hütte, Tel. (01854) 622254, 19 Betten.
4. Ullapool – IV26 2UJ (36 km Autofahrt vom P aus): JH, Shore Street, Tel. (01854) 612245, 80 Betten, Voranmeldung ratsam; 16 Hotels, 18 Guest Houses, 32 B&B.
In der Nähe: 5 km nnö. der Einmündung der kleinen Straße vom P in die A 835 bei der Paßhöhe *Knockanrock* Aussichtspunkt und Nature Trail.

27 Das malerische Glen Achall

Leckmelm – Srath Nimhe – East Rhidorroch Lodge – Glen Achall – Rhidorroch River – Loch Achall – Ullapool River – Ullapool

Tourencharakter: Problemloser Anstieg durch das Hochtal Srath Nimhe und über eine weitläufige Paßhöhe in das Glen Achall. Danach 12-km-Wanderung in dem schönen, abwechslungsreichen Tal, neben dem Rhidorroch River und am Nordufer des Loch Achall nach Ullapool.
Gesamtgehzeit: 5–6 Std.

Am Ende unserer langen Wanderung treffen wir in der Hafenstadt **Ullapool** mit ihren weißgetünchten Fischerhäusern ein. Die Stadt wurde erst 1788 von der British Fisheries Society gegründet, als der Boom im Heringsfang begann. Als nach knapp 100 Jahren die Heringsschwärme ausblieben, drohte dem Stützpunkt der Niedergang. Die rechtzeitige Umstellung auf Hochseefischerei bewahrte den Ort vor dem wirtschaftlichen Aus. Dieses Bild des Fischerdorfs vermittelt Ullapool freilich nur im Winterhalbjahr, wenn außer den kleinen Kuttern auch die Fischereimutterschiffe im Hafen überwintern, vor allem russische.

Im Sommer hingegen erlebt man, wie Ullapool außer durch die Hochseefischerei mit dem Tourismus wirtschaftliche Probleme bekämpft. Der Ort, mit 800 Einwohnern der Größe nach eher ein Dorf, wirkt aber in seiner Anlage mit dem rechtwinkligen Straßennetz nach Plänen des Bauingenieurs Thomas Telford, der auch am Caledonian Canal mitwirkte, wie eine echte Kleinstadt. Sie hat sich seit der Jahrhundertwende zu einem Touristenzentrum für die schottische Atlantikküste der Highlands entwickelt. Und seit die Autofähre nach *Stornoway* auf der äußeren Hebrideninsel *Lewis* besteht, findet hier ein lebhafter Durchgangsverkehr statt. Vogel- und Seehundliebhaber können zusätzlich auf die seit 1946 unbewohnten *Summer Isles* übersetzen. In der *Shore Street* am Quai sieht man Hotels, Guest Houses, Geschäfte, Restaurants, Pubs, Teestuben usw.

Die 1788 gegründete Fischersiedlung Ullapool zieht mit ihrer Fähre auf die Äußeren Hebriden, ihren Pubs und Teestuben und einem niveauvollen Kulturangebot im Sommer viele Touristen an.

Der Golfstrom und seine Ausläufer bewirken am *Loch Broom* und *Loch Ewe* sehr milde Winter. In Verbindung mit der bevorzugten Lage des Küstenverlaufs gedeihen hier bereits subtropische Pflanzen! Nicht nur vor dem *Caledonian Hotel*, sondern auch in den Gärten der Einfamilienhäuser von Ullapool wachsen zierliche Palmen. Und auf der Küstenstraße am Loch Broom kommt man durch Koniferenhaine mit Zedern, Araucarien, Scheinzypressen und Douglastannen. Den Gipfel aber stellt **Inverewe Gardens** dar, wo in jahrzehntelanger Arbeit ein Park voller farbenprächtiger, exotischer Gewächse entstand. Er ist für schottische Verhältnisse schon etwas Ungewöhnliches, obwohl der Uferstreifen ganz schottisch bleibt. Trotzdem, wer Vergleiche liebt, könnte schon geneigt sein, sich in einen Parco im Tessin versetzt zu fühlen.

Selbst die Kunst hat sich bis hierher in den Norden Schottlands »verirrt«. Im *Ceilidh Place* hat sich ein kleines Kulturzentrum etabliert, in dem in den Sommermonaten Künstler aus ganz Europa auftreten. Und mit der »großen Kunst« kam Ullapool schon vor dem 2. Weltkrieg in Berührung. Oskar Kokoschka, von den Nazis als »Entarteter« verfolgt, emigrierte nach London und besuchte von da aus gelegentlich Ullapool. Er malte Schafe, Fasane, Moorhühner, während in Osteuropa der Krieg tobte. Wer war nun entartet: der, der den Krieg vom Zaum gebrochen hatte, oder der, der malte?

Im Zentrum von Ullapool steht diese originell verzierte Normaluhr.

Der Wanderweg

Wir verlassen den langen *Loch Broom* an der Brücke 800 m nach *Leckmelm.* An der Straße steht das Hinweisschild zum »Tir-Aluinn-Hotel«, an unserem Abzweig vor der Brücke der Ww. »Leckmelm Holiday Cottages«. Wir gehen 400 m auf einer Private Road. Vor der letzten Privateinfahrt zweigt nach rechts durch ein Gatter ein Fahrweg ab, der uns zuerst steil, später allmählicher ansteigend in das trogförmige Hochtal *Srath Nimhe* [Stra Niwe] bringt. Bis auf 400 m Höhe sind hier streckenweise die Aufforstungen vollzogen worden. Im Rückblick sehen wir die zahlreichen »Munros« im Gebirgsstock *An Tellach,* die bis zu 1062 m aufsteigen.

Das Trogtal geht schließlich in eine weite Hochebene über, wobei man nach rechts schön in das *Gleann a'Chadha Dheirg* [Gljaun e Chaë Jerek] mit dem links liegenden Munro *Seana Bhraigh* [Schaune Wrai], 927 m, blicken kann. Wieder schaut man in eine baumlose, gewellte Berglandschaft, in der es auf mindestens 500 km^2 kein menschliches Anwesen gibt! Nach der Paßhöhe geht der ohnehin rauh gewordene Fahrweg in einen Footpath über, der gut zu finden ist. Wo er durch nasse Grashänge führt, helfen Steinpyramiden.

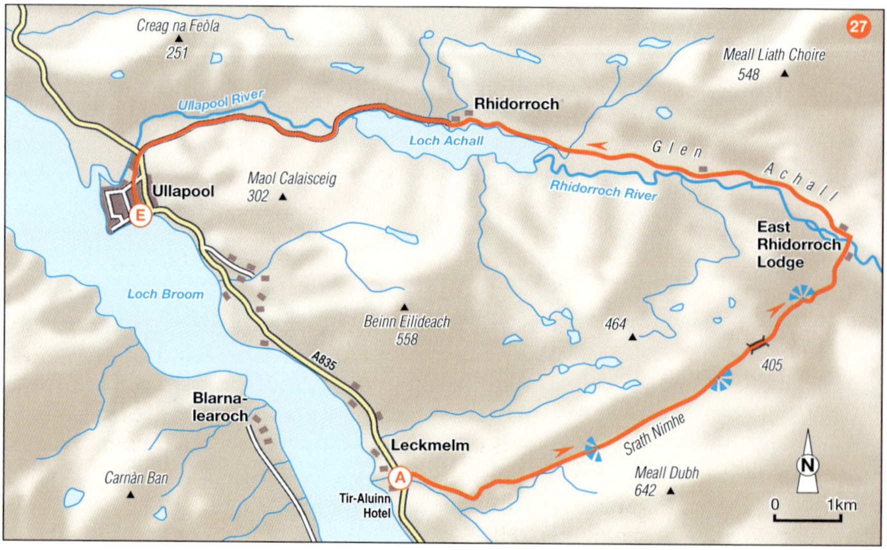

Nützliche Informationen

Ausgangspunkt: Leckmelm, Abzweig am Tir-Aluinn-Hotel.
Gehzeiten: Leckmelm – East Rhidorroch Lodge: 2¾ Std.; Lodge – Ullapool: 3 Std.
Sehenswürdigkeiten: Ullapool:
1. Loch Broom Museum, im Hinterzimmer eines Buchladens, geöffn. Mo.–Sa. 10–18 Uhr.
2. The Ceilidh Place, West Argyll Street, Buchhandlung, Restaurant, Veranstaltungszentrum, gelegentlich Theatergastspiele, Klassik, Jazz und Folk.
3. Ullapool-Museum in der alten Pfarrkirche, Ortsgeschichte aus 200 Jahren, geöffn. Mo.–Sa. 10–18, Sommer auch 20–21.30 Uhr.
Information: Ullapool – IV26 2UB: Tourist Information Centre, Argyll Street, Tel. (0 18 54) 61 21 35, Mo.–Sa. 9–19, So. 13–18 Uhr.
Unterkunft: **1.** Ullapool: siehe Tour 26, außerdem West House, Independent Hostel, West Argyll Street, Tel. 61 31 26. **2.** Leckmelm – IV23 2RJ (8 km s. Ullapool, Ausgangspunkt): Tir-Aluinn-Hotel, Tel. 61 20 74.
Bergrettung: Ullapool, Mountain Rescue Post, Tel. 999 (es meldet sich der Notruf).
Übergang zur Region VI: Beim Überwechseln von Ullapool zur Brücke bei Kyle of Lochalsh (Zugang zu Tour 28, Information, JH) empfiehlt sich die etwas längere, aber landschaftlich sehr eindrucksvolle Route A 835 – A 832 an der Küste entlang über die Inverewe Gardens und Gairloch (Information) bis Kinlochewe. Dabei sollte man den prächtigen *Inverewe Gardens* unbedingt einen Besuch abstatten (vgl. Vorspann zu dieser Tour, Seite 137). Von Kinlochewe fährt man auf der A 896 durch das majestätische Glen Torridon (Information, JH) bis Strathcarron und dann auf der A 980 nach Kyle of Lochalsh.

Plötzlich öffnet sich der Blick in das zu unseren Füßen liegende *Glen Achall*: ein herrliches Bild! Kaledonischer Naturwald mit schottischen Pinien füllt die Talhänge, der Fluß mäandriert zwischen weiten Schotterbänken, und bald wird unter uns auch die ausgedehnte *East Rhidorroch Lodge* sichtbar. Die Mauer, die das stattliche Feriendomizil umgibt, läßt sich auf einer Eisenleiter überwinden. Nach der Lodge überqueren wir auf einer Hängebrücke, die beim Betreten lustig schaukelt, den *Rhidorroch River.*

Der nun folgende 12-km-Marsch auf gutem Fußweg führt durch ein Tal, das an malerischen Reizen nichts zu wünschen übrig läßt: Knorrige Bäume stehen auf dem breiten Talboden; seltsam geformte Wacholderbüsche beleben eine Flußwindung; Schafe, Pferde, auch die so typisch zotteligen Highland Beasts grasen auf den Weiden; und rechts über uns stehen 200 m hohe, senkrechte Granitfelsen. Schließlich taucht vor uns der 3 km lange *Loch Achall* mit seinen freundlichen Uferpartien auf. Über ihm begrenzt der seit geraumer Zeit schon zu sehende Tafelberg *Beinn Ghobhlach* [Ben Eolach] den Horizont.

Wenn sich am See-Ende die Straße teilt, bleiben wir rechts auf dem Asphalt, da der linke Weg durch ein verschlossenes Gatter blockiert ist. Nur die letzten 2 km sind durch ein verfallendes Kieswerk etwas ernüchternd im Vergleich zu dem vielen Schönen, das wir unterwegs gesehen haben. Ganz zum Schluß nimmt uns Ullapool mit seinen schmucken Einfamilienhäusern auf; in manchem Garten stehen tatsächlich kleine Palmen!

VI. Auf die Inneren Hebriden: Die Isle of Skye

Grundinformation und Sehenswürdigkeiten

Mehr als 550 Inseln liegen vor der Nordwestküste Schottlands. Sie werden in die *Inneren* und *Äußeren Hebriden* unterteilt. Letztere nennt man auch die *Western Isles.* Die beiden größten und bedeutendsten Inseln der Inneren Hebriden sind die *Isle of Skye* (Touren 28 bis 31) und die *Isle of Mull* (Tour 35). Bei unseren Wanderrouten beschränken wir uns auf diese beiden Inseln, da sie wegen ihrer Festlandsnähe auf Brücken oder laufendem Fährbetrieb rasch und bequem erreichbar und auch gut mit Unterkünften erschlossen sind. Landschaftliche Vielfalt und einige Castles machen beide Inseln zu bevorzugten Wanderzielen. Die *Outer Hebrides* dagegen bedürfen längerer Fährstrecken über See. Außerdem nimmt das Risiko von Schlechtwettertagen mit ihnen noch zu. Dieser Abschnitt ist der **Isle of Skye** mit vier Routen gewidmet.

Die Landschaft dieser Insel ist durch ihren ständigen Wechsel von Meer, fjordartigen Buchten, Bergen mit steilen Felsen und Klippen besonders abwechslungsreich. Daneben gibt es aber auch einige Flachküsten und zur allgemeinen Überraschung einen leuchtend weißen Strand. Die Reiseliteratur behauptet, es seien Korallenablagerungen; und in der Tat werden die Strände *Coral Beaches* genannt. Da Korallen jedoch eine ständige Wassertemperatur von über 20 °C benötigen, muß entweder der Golfstrom einmal sehr »heiß« gewesen sein oder die hellen Kalkgehäuse stammen von zertrümmerten Muscheln. In der Regel ist die Insel jedoch von einem Kranz hoher Klippen eingefaßt. Im Norden dominieren Tafel- oder Fluhberge wie der *Storr* (719 m, Tour 28) oder die beiden *Healabhals* [Helewals] südwestlich *Dunvegan* (Tour 30).

Echtes Bergsteigen kann man im Süden in den **Cuillin Hills** betreiben. Diese »Dolomiten Schottlands« sind zwar nicht aus Kalk, sondern aus 70 Mio. Jahre alter Basaltlava aufgebaut, tragen aber ausgesprochenen Hochgebirgscharakter: Vom Meeresspiegelniveau steigen sie bis an die 1000-m-Grenze auf (*Sgurr Alasdair*, 993 m). Von weither kommen die Kletterer, um hier ihre Künste zu erproben. Oft aber unterschätzen sie den Schwierigkeitsgrad der Wände, so daß es schon zahlreiche Todesopfer gab. Die »Mountain Rescue Post« in *Bualintur* und *Broadford* sorgt für Bergrettung bei Unglücksfällen.

Das Klima der Inneren Hebriden ist zwar ausgesprochen feucht, aber besonders im Winter durch die Einwirkung des Golfstroms sehr mild, so daß z. B. im Park von *Dunvegan Castle* Palmen gedeihen.

Ungeachtet ihrer exponierten Lage kann die Isle of Skye auf eine bewegte Geschichte zurückblicken. 3000 v. Chr. kamen die ersten Siedler, neolithische Bauern aus dem Mittelmeerraum. Dann folgten die Kelten und hinterließen die gälische Kultur. Sie wird seit dem vorigen Jahrhundert in zunehmendem Maße wiederentdeckt. So findet man bei Broadford auf dem Friedhof der *Church of Strath* Grabkreuze des 19. Jh., die sich an den alten keltischen Hochkreuzen orientieren. Überhaupt ist Skye eine Hochburg der Gälen.

Wenn es auch nur einige tausend Einwohner sind, die auch zu Hause noch Gälisch sprechen, so sind doch fast alle Ortsnamen und topographischen Bezeichnungen an Küsten und Gebirgen gälisch. Früher wurde das gälische Brauchtum nur von privaten Organisationen, aber kaum vom Staat, nicht einmal von der Scotch National Party gepflegt. Der in Deutschland geborene schottische Geschäftsmann gälischer Herkunft Jan Noble meint dazu kritisch:

»Ich finde es erstaunlich, daß oft riesige Summen ausgegeben werden, um historische Gebäude zu erhalten ... aber das Konzept, daß eine ganze Kultur, ja eine ganze Zivilisation Unterstützung braucht, das ist uns bisher nicht aufgegangen.«

So werden auch das *Kilmuir Croft Museum* in *Hungladder* an der Nordspitze, das Museum in *Dunvegan* und das *Piping Centre*, die Ausstellung zur Geschichte der Dudelsackmusik, in *Boreraig* bis heute privat finanziert. Trotzdem hat sich die Situation erheblich verbessert. So wird das Institut zur Pflege der gälischen Sprache, *Comunn na Gàidhlig*, heute zu 90% vom Staat finanziert.

Auf die Kelten folgte die Invasion der Wikinger und dann eine längere Zeit norwegischer Herrschaft. Sie endete 1266, als der rigorose Clan des Earl of Ross die Herrschaft an sich riß. Unter ihm hatte das einfache Volk sehr zu leiden. Bis ins 15. Jh. dauerten die Auseinandersetzungen innerhalb des Clans, wobei der Titel von einem Familienzweig zum anderen hin und her wanderte. Zur Zeit der Napoleonischen Kriege stellte die Insel 50% ihrer Bevölkerung als Infanteristen, dazu 71 Offiziere, der britischen Armee zur Verfügung.

Heute hat Skye nur etwa 10 000 Einwohner. Sie haben sich ihre Eigenständigkeit in hohem Maße bewahrt, so daß sie sich in ihren Gebräuchen deutlich vom übrigen Schottland abheben. Auf den Äußeren Hebriden werden die Sonntage z. T. noch in presbyterianischer Askese verbracht.

Die Isle of Skye ist ungeachtet des Protestes von Umweltschützern und Inselbewohnern seit 1995 mit dem Festland durch die Straßenbrücke *Kyle of Lochalsh – Kyleakin* verbunden (£ 5.60 pro Wagen). Außerdem gibt es noch von Ostern bis Oktober die Autofähren *Glenelg – Kylerhea* und im Süden *Mallaig – Armadale*. Letztere ist für den kürzesten Übergang von Tour 31 zu Tour 33 unter Auslassung von Tour 32 von Interesse.

Der Fährbetrieb wird konkurrenzlos von der *Caledonian MacBrayne Ltd.* betrieben. Darüber gibt es bereits ein spöttisches Gedicht:

»The earth belongs unto the Lord
And all that it contains
But for the Piers of the Western Isles
For they are David MacBrayne's.«

(»Die Erde gehört unserem Herrn und alles, was sich auf ihr befindet – außer den Anlegestellen auf den Westlichen Inseln, die gehören David MacBrayne.«)

Was bewog Mendelssohn zur Hebriden-Ouvertüre?

Strenggenommen gehört diese musikhistorische Replik gar nicht in diese Region. Denn der Entstehungsort der Hebriden-Ouvertüre lag auf der unbewohnten Insel **Staffa** etwas nördlich der Isle of Mull (Region VII). Aber Titel und Thema dieser Musik sind nicht auf die kleine Insel lokalisiert, sondern gelten mit ihrer schwermütigen Grundstimmung für alle Hebrideninseln. Deshalb wird hier an **Felix Mendelssohn-Bartholdy** erinnert.

Der Komponist war erst 20 Jahre alt (und schon berühmt), als er mit seinem Freund Klingemann 1829 eine ausgedehnte Wanderung durch das schottische Hochland unternahm. Dabei riskierte er auch einen Abstecher per Schiff zur Insel Staffa, obwohl das bei dem damaligen Stand der christlichen Seefahrt und der stets stürmischen See etwas gewagt erschien. In der Tat nahmen sich die äußeren Umstände von Mendelssohns Besuch auf Staffa weitaus prosaischer aus, als es der Musikenthusiast angesichts eines Opus von internationalem Rang vielleicht wahrhaben will: Felix wurde seekrank.

Auf Staffa galt seit jeher die *Fingalshöhle* mit ihren wie Orgelpfeifen gestaffelten Basaltsäulen als etwas ganz Besonderes für die fremden Besucher. Ob Mendelssohn, wie behauptet wird, noch auf Staffa die ersten Takte des Hauptthemas niederschrieb, ist angesichts der Seekrankheit des Komponisten zu bezweifeln. Hinzu kommt, daß der Komponist bereits einen Tag vor seinem Besuch auf Staffa die ersten Takte des Themas seiner Familie mitgeteilt haben soll. Er kann sich natürlich auch im Datum geirrt haben. Wahrscheinlich ist, daß er unmittelbar nach der Rückkehr von der stürmischen Fahrt zur Feder griff, sobald fester Boden die Übelkeit verschwinden ließ.

Aber da muß ihn das Erlebnis im nachhinein doch mächtig aufgewühlt haben: Das Eingangsthema wird etwas flapsig als »melodische Beschreibung einer Seekrankheit« interpretiert (Peter Sager). Denn nun ließ sich Mendelssohn sowohl von den Orgelformen als auch von dem Klang, den die auslaufenden Wellen in der Höhle verursachen, zu neuer Musik inspirieren – zu seiner Konzertouvertüre op. 6, der er zunächst den Namen *Die einsame Insel* gab. Als *Hebriden-Ouvertüre* ist sie in die Musikgeschichte eingegangen. Sie sollte nach seinen Worten »nach Tran und Möwen schmecken«.

28 Grandiose Basalt-Formationen: The Old Man of Storr

Parkplatz – The Old Man of Storr – (Storr) – Parkplatz

Tourencharakter: Aufstieg zu den Felsnadeln um den »Old Man of Storr« und dort Weg nach eigener Wahl. Auf eine Möglichkeit zur Besteigung des Storr-Plateaus wird hingewiesen.
Gesamtgehzeit: 3 Std. (bei Aufstieg bis auf den Storr 5 Std.)

Der Felsenlandschaft auf der **Insel Skye** sieht man nicht an, daß sie geologisch nicht mehr zur Fortsetzung des Kaledonischen Gebirges gehört, sondern Teil von Ureuropas »Laurentia« ist. An der Trenn- und Verschiebungslinie zwischen Ur- und Paläo-Europa quoll vor Jahrmillionen Magma nach oben. Nach dem Erstarren blieben die harten Kraterkerne stehen, während die Erosion das weichere Gestein ringsum mit der Zeit abtrug. So entstanden die Basalt-Monolithen am **Storr**, von denen der höchste 58 m mißt und aussieht, als ob Obelix hier einen seiner Hinkelsteine vergessen hätte. Sein Name *The Old Man of Storr* zeigt, wie sehr die bizarren Felsformationen die Phantasie der Menschen anzuregen vermochten. Auch andernorts hat keltische Fabulier-

Bizarre Basalt-Formationen beschäftigen das Auge beim Aufstieg zum Storr.

Vom Plateau des Storr schweift der Blick über die zerklüftete Felsküste.

kunst und Legendenbildung die Landschaft immer wieder plastisch topographiert und mit sagenhaften Gestalten bevölkert (vgl. Touren 29 und 30).

Daß dieses Gebiet seit über 1000 Jahren besiedelt ist, beweist ein sensationeller Fund am Ufer unterhalb des Old Man of Storr. 1891 wurden hier Broschen, Arm- und Halsreifen aus Silber sowie eine große Zahl von Münzen gehoben. Der Schatz stammt aus dem 10. Jh. und wurde vermutlich von den Wikingern zurückgelassen.

Der Wanderweg

Am *Storr* hatte 1993 die Forestry Commission den Normalanstieg wegen starker Erosion vorübergehend geschlossen, um die Schäden zu beseitigen. Jetzt ist der Weg durch aufgelegte Reisigzweige neu gerichtet und wieder begehbar. Dieser Normalanstieg führt vom Parkplatz durch den Wald Richtung **The Old Man of Storr**. Besser noch als dieser Normalweg erweist sich der Aufstieg, wenn man vom Parkplatz zunächst nach Nordosten etwa 500 m auf der Straße entlangwandert, bis der Waldrand im rechten Winkel von der Straße wegführt und nach Nordwesten verläuft. Man steigt nun direkt auf den »Old Man« zu, den man wie einen steinernen Wächter in der Höhe vor sich aufragen sieht.

Oben angelangt, ist es angesichts des Gewirrs von Wegen zwischen den Felsformationen nicht sinnvoll, eine detaillierte Wegbeschreibung zu geben. Nach Westen zu gibt es auch eine Möglichkeit, zwischen den Wänden der Felsmauer auf das 200 m höher gelegene Plateau zu gelangen und es wieder zu verlassen. Durchqueren Sie den Garten von Felsnadeln nach eigenem Belieben, und halten Sie sich dabei vorwiegend in westlicher Richtung!

Für den Abstieg empfiehlt es sich, die Basalttürme um den »Old Man« nach Süden zu verlassen und am westlichen Waldrand abzusteigen. Eine Mauer vor dem Wald dient als Leitlinie; auf ihr kann man zum Schluß auch einen wasserreichen Bach, der aus dem Wald kommt, gut überqueren. Wenn man die Straße erreicht hat, muß man auf ihr noch 500 m nordöstlich zum Parkplatz laufen.

Nützliche Informationen

Ausgangspunkt: Parkplatz »Forest Walks« am Fuße des Storr.
Gehzeiten: Auf- und Abstieg zum Old Man of Storr je 1½ Std. (bei Aufstieg bis auf den Storr insges. 5 Std.).
Information: Portree – IV51 9EL: Tourist Information Centre, Bayfield Lane, Tel. (01478) 612137, geöffn. Mo.–Fr. 9–17 Uhr (im Sommer auch an Wochenenden und abends länger).
Unterkunft: **1.** Portree (11 km s. des P): 10 Hotels, 6 Guest Houses, 28 B&B, 3 Hostels, Tel. (01478) 613332, 613641, 613737.
2. Broadford – IV49 9AA (30 km s. des P): JH, Tel. (01471) 822442, 65 Betten; 2 Hotels, 20 B&B.
3. Kyleakin – IV41 8PL: JH, Meuse Lane, Tel. (01599) 534585, 108 Betten; 2 Hotels; 5 B&B; 2 Independent Hostels, Tel. 534087, 534510.
4. Uig – IV51 9YD (35 km n. und dann sw., nahe Tour 29): JH, Tel. (01470) 542211, 64 Betten; 3 Hotels; 13 B&B.
Bergrettung: Portree, Mountain Rescue Post, Tel. (01478) 999 (Notruf).

29 Kiltfels, Gefängnis, Nadel, Tisch – Felsnamen am 58. Breitengrad

a) Aussichtspunkt bei Elishader: Kilt Rock
b) Parkplatz der Straße Brogaig-Uig – Quiraing-Felsen – Loch Hasco – Loch Langaig – Dunans
c) Kendram – Cnoc a Chlachain – The Aird – Kilmaluag Bay – Cnoc a Chlachain – Kendram

Tourencharakter: Dreiteilige Wanderung an der Ostküste der Halbinsel Trotternish. Die Etappen zwischen den Teilen müssen mit dem Auto überbrückt werden. Teil a) besteht nur in einem Aussichtspunkt. Die Wanderung b) führt durch Gebirge, vorbei am Fuß des Quiraing und seinen bizarren Felsformationen. Teil c) führt über eine schmale Asphaltstraße und offenes Gelände auf einen Aussichtsberg. Der Rückweg erfolgt in Küstennähe mit Blick über eine schöne Bucht.
Gesamtgehzeit: 3–4 Std.

Von *Portree* bis kurz vor die Nordspitze verläuft quer durch die Halbinsel *Trotternish* eine Felsstufe, die die Halbinsel in einen östlichen, niedrigeren und einen westlichen, 300 bis 700 m hohen Teil gliedert. Die schönsten Felsformationen findet man am *Storr* (Tour 28) und am *Quiraing*. Hier stehen vor der Felswand drei Basaltobelisken, denen man die Namen *The Prison, The Needle* und *The Table* gegeben hat. Es ist eine ähnliche Landschaft wie am Storr, aber während dort die Monolithen isoliert stehen, haben sie hier Kontakt mit der Felswand. Diesem großartigen Fels-Szenario gilt der Hauptteil b) unserer dreiteiligen Wanderung.

Bei Teil c) sind wir nun endlich an der Nordspitze. Von *Cnoc a Chlachain* [Krock e Chlachin], wo man spätestens das Auto stehenlassen muß, sind es 50 Minuten auf den 111 m hohen *Aird* (gälisch: *Ben Volovaig*). Von hier hat man einen schönen Blick hinüber zum *Meall Tuath* [Mjaul Tua], 117 m an der Nordspitze, zur Klippenküste *Lùb a Sgiathain* [Lub e Skiëhin] und in der Ferne bis zur Landspitze *Rubha Réidh* [Ruwe Re] auf dem schottischen Festland.

Die Weiterfahrt wird wegen des Quartiers Richtung *Uig* erfolgen. Übernachtet man im *Hotel Duntulm Castle* (das Ende der Teilwanderung c kann man dorthin verlegen), so hat man am Abend Zeit, auf den Felsvorsprung *Ru Meanish* (engl.) zu gehen, wo die Ruine von **Duntulm Castle** steht. Es wurde auf den Fundamenten einer Wikingerfestung erbaut und war von 1539 bis 1715 Sitz des Clans der MacDonalds of Sleat. Nach einer Legende soll die Amme den jüngsten Sohn des Clan-Chiefs versehentlich aus einem Fenster ins Meer fallen gelassen haben, woraufhin der Chief um 1700 das Schloß verließ.

Fährt man in Richtung Uig weiter, so kommt man 3 km südwestlich Duntulm erst bei **Kilmuir-Clachan** am **Skye Museum of Island Life** vorbei, das sehr anschaulich in alten Bauernhäusern das frühere Leben auf Skye zeigt, und dann beim Friedhof von Clachan zum **Monument to Flora MacDonald**. Es wurde zum Gedenken an die »berühmteste Frau in der Geschichte von Skye« errichtet. Sie hatte 1746 nach der verheerenden Niederlage der Schotten in der Schlacht von Culloden den Young Pretender, Prinz Charles Edward, auf der Flucht vor den Soldaten des Hannoverkönigs Georg II. als irische Magd Betty Burke verkleidet und vorübergehend im Haus der MacDonalds versteckt. Obwohl Flucht und Versteck von den Highländern und Inselbauern ungeachtet eines Kopfgeldes von 30 000 Pfund für die Auslieferung von Bonnie Prince Charlie gedeckt wurden, sprach sich die Geschichte herum. Die Fluchthelferin Flora wurde für zwei Jahre im Londoner Tower eingesperrt. Aber da war Prince Charles schon auf dem Weg nach Frankreich. Nach ihrer Freilassung und vielen Jahren in Amerika kehrte Flora im Alter wieder nach Skye zurück. Sie starb am 3. März 1790 und liegt in Clachan unter einem großen keltischen Kreuz begraben.

Weithin sichtbar ist das weißgetünchte Hotel Duntulm Castle an der Nordspitze von Skye. Von der eigentlichen Burg sind hingegen nur noch einige Ruinenreste zu sehen.

Der Wanderweg

Heute wird einmal mehr geschaut als gelaufen. Die »Vorspeise« a) ist überhaupt nur dem Auge und gar nicht den Füßen gewidmet. Am Aussichtspunkt bei **Elishader**, direkt an der Straße von Portree nach Duntulm, schauen wir auf 80 bis 100 m hohe Basaltklippen. Es ist eine faszinierende Felsenküste: Neben uns stürzt ein Wasserfall aus dem *Loch Mealt* 90 m in die Tiefe – nach links blicken wir zu den lotrechten Klippen des *Kilt Rock* – nach rechts zu den Klippen *Dùn Griánan* [Dun Grianen] – und in der Ferne schieben sich Inseln, Halbinseln und schließlich das schottische Bergland zwischen das graugetönte Meer und den bewegten Himmel.

Teil b) bildet den »Hauptgang« unseres dreiteiligen Menüs. In *Brogaig* [Brokik] biegen wir nach links in die kleine Nebenstraße, die nach Uig führt und vor deren 15% Steigung gleich zu Beginn gewarnt wird. In zwei steilen Kehren schiebt sich die Straße an die Oberkante der Felsstufe. Hat man sie erreicht, kann man den Wagen links auf einem Parkplatz abstellen.

Von hier führt ein Weg immer am Fuß des **Quiraing** entlang. Bis auf einige feuchte Stellen und eine kurze Kraxelei beim Queren eines aus den Felsen kommenden Baches ist er von guter Qualität. Schließlich gehen wir direkt unterhalb der drei Obelisken *The Prison, The Needle* und *The Table* entlang. Besonders die »Nadel« hebt sich wie eine »Barbarine« gegen den Himmel ab.

Wenn nach einer reichlichen Stunde Wanderung eine zweite, kegelförmige Nadel in Sicht kommt, gabelt sich der Weg. Wer wieder zum Auto zurück muß, sollte hier umkehren. Der linke Weg führt nach einem nochmaligen Anstieg aus der Felslandschaft heraus in das Tiefland. Über diesen Weg kann

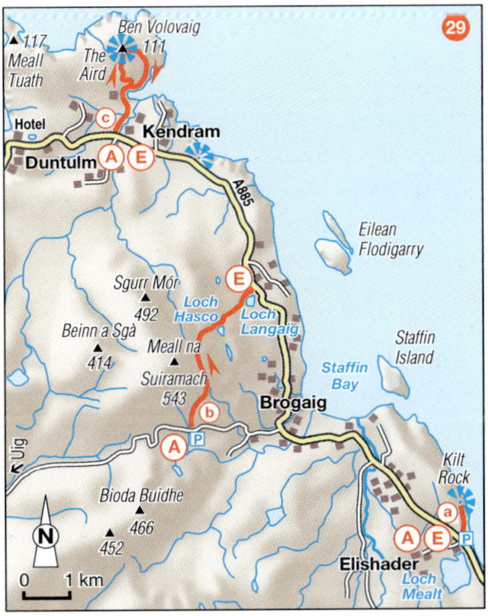

Nützliche Informationen

Ausgangspunkte: **a)** Parkplatz am Wasserfall des Loch Mealt.
b) Parkplatz der Straße Brogaig – Uig oberhalb der Felskante
c) Kendram, Abzweig der Stichstraße nach Cnoc a Chlachain.
Gehzeiten: **a)** 5 Min.; **b)** 2 Std.; **c)** $1^1/_2$ Std.
Sehenswürdigkeiten: **1.** Duntulm Castle, Ruine (1539 bis 1715).
2. Kilmuir-Clachan: The Skye Museum of Island Life, geöffn. Mo.–Sa. 9.30–17.30 Uhr.
3. Clachan: Monument to Flora MacDonald und ihr Grab.
Information und Unterkunft: **1.** Staffin – IV51 9JS (nahe Staffin Bay): Dun Flodigarry Hostel, Tel. (01470) 552212.
2. Hotel Duntulm Castle, Tel. 552213.
Fährverbindungen: von Uig nach den Western Isles Harris und North Uist.

man den Anschluß an den Teil c) per pedes herstellen (+ $2^1/_2$ Std.). Auf dem rechten Weg dagegen setzen wir im Normalfall unsere Wanderung fort. Wir gehen zunächst fast eben durch eine breite Lücke zwischen den Höckern. Dann sieht man 100 m unter sich den *Loch Hasco*. Im steilen Abstieg ist der Weg etwas heikel und undeutlich. An der Nordspitze des Sees treffen wir hier auf einen alten Weg, der vorbei am *Loch Langaig* [L. Lankik] zur Straße führt.

Schafe auf Skye sind offensichtlich schwindelfrei.

Von hier wechseln wir nun zum »Nachtisch« c) über, indem wir knapp 6 km bis *Kendram* fahren. (Unterwegs gibt es an der Klippenküste *Bàgh nan Gunnaichean* [Ba nan Gunichen] nochmals einen Aussichtspunkt.) Unmittelbar hinter der Straßenbrücke über den *Kilmaluag River* führt rechts zurück eine kleine Stichstraße bis zu den fünf Häusern oberhalb der Bucht *Port Gobhlaig* [P. Golag]. Dann muß man weglos Richtung *The Aird* vorankommen: Trifft man auf Zäune, gehe man an ihnen entlang, bis der Draht einmal etwas niedriger gezogen ist und sich überwinden läßt oder gar ein Gatter kommt. **The Aird** (111 m) ist wegen seiner felsigen, steilen Ränder nur von der sanfteren Ostseite her besteigbar, hier allerdings ohne Zäune, teilweise auf Granitplatten und auch auf Pfadspuren, so daß man relativ leicht auf ihn hinaufkommt. Von der Gipfelkonsole aus kann man die Klippenküste im Osten wunderbar überblicken. Den Abstieg müssen wir auch wieder über die Ostflanke wählen, können uns aber, um etwas zu variieren, näher an die Küste *Stac Lachlainn* [Stachk Lachlin] halten. Auch hier gibt es Pfadspuren und weniger Zäune. Schließlich kommen wir wieder auf die Straße.

30 Imaginäre Festgelage, Palmen und Korallen: Die Landschaft um Dunvegan

a) Orbost House – Idrigill Point – Orbost House
b) Dunvegan Castle and Gardens
c) Claigan – Coral Beaches bei Rubha na Gairbhe – Claigan

Tourencharakter: Auch diese Tour gliedert sich in drei Teile. Am Beginn steht eine Hin- und Zurück-Wanderung im Küstenbereich, die sich natürlich beliebig verkürzen läßt. Der 2. Teil ist Dunvegan Castle und der Geschichte des MacLeod-Clans gewidmet. Zum Schluß wird ein etwa 1 km langer weißer Sandstrand (Coral Beaches) besucht.
Gesamtgehzeit: 6½–7 Std.

Dunvegan Castle genießt den Ruf, älteste bewohnte Burg Schottlands zu sein, obwohl das andere Castles auch von sich behaupten. Es wurde im 9. Jh. gegründet und im 16. Jh. neu errichtet, wobei der aus dem 14. Jh. stammende Turm in die Anlage mit einbezogen wurde. Mindestens 800 Jahre war die Burg Sitz des Clan-Chiefs der **MacLeods**. Dunvegan Castle kann heutzutage von Ostern bis Mitte Oktober besichtigt werden. Im Innern sind Erinnerungsstücke des Clans, Gemälde, Waffen u. a. ausgestellt. Originellstes Exponat ist die *Fairy Flag*, das »Feenbanner«. Der vierte Chief, William, soll sich in eine Fee verliebt haben, die ihm die Fahne mit der Zauberformel übergab, daß sie dreimal den Clan aus großer Not retten könne. Zweimal schon soll der Zauber funktioniert haben. Was also liegt näher, als die Fairy Flag mit besonderer Sorgfalt aufzubewahren, damit die Prophezeiung auch noch ein drittes Mal in Erfüllung gehen kann.

Mit dem Glanz und Reichtum der MacLeods hat auch eine schöne Geschichte zu tun, die sich Anfang des 16. Jh. abgespielt haben soll und die symbolisch für den Stolz, das Selbstbewußtsein, aber auch für die Überheblichkeit des Chieftains ist. Alasdair MacLeod, dem der **Healabhal Bheag** [Helewal Weg] gehörte, war als Gast auf Palace Holyroodhouse geladen. In der Runde spottete ein Earl der Lowlands, auf Skye gäbe es wohl keinen Saal, der so weiträumig wäre wie dieser auf Holyrood Palace, mit einer so hohen Decke, einer so reichen Tafel und so glänzenden Kandelabern. *»Doch«*, soll MacLeod gesagt haben, *»und schöner als dieser! Ich lade ein!«* Wochen später reiste der Earl nach Skye. MacLeod führte ihn auf den Healabhal Bheag. Das grüne Plateau des Tafelbergs war mit Speisen und Wein bedeckt, an den Felsrändern standen ringsum Männer mit Fackeln. Nach dem Bankett zeigte der Gastgeber in den Sternenhimmel und sagte:

»Sie werden mit mir übereinstimmen, Sir, daß mein Dach luftiger ist als das von Holyrood, daß diese Tafel größer ist als jede andere in den Städten, und daß meine Gefolgsleute prächtiger sind als Kandelaber!« (Aus: Peter Sager, »Schottland«, DuMont Kunst-Reiseführer)

Beim Anblick der steilen Hänge kommen einem freilich Zweifel, ob hier Pferde überhaupt hinaufkommen und ob die Bediensteten des Alasdair MacLeod hier alle Speisen und Getränke haben hinauftragen können. Und herrschte bei der Tafel wirklich eine so windstille, sternenklare Nacht wie in der Überlieferung beschrieben – wo doch das Wetter auf Skye so stürmisch und regnerisch ist? Aber daß es dennoch so gewesen sein könnte, ist doch eine schöne Geschichte.

Der Wanderweg

Heute gibt es einmal kein »Vorgericht«, dafür zwei »Nachspeisen«. Wir beginnen gleich mit der großen Wanderung von 5 bis 6 Stunden Dauer. Zunächst kann man von Dunvegan aus und besonders bei der Anfahrt nach Orbost House sehr schön die beiden Tafelberge *Mac Leods Table North* und *Mac Leods Table South* sehen, auf denen sich die eingangs erwähnte Geschichte zugetragen haben soll.

a) Bei *Orbost House* lassen wir das Auto stehen. Zur Not könnte man auf schlechtem Fahrweg auch noch bis zur Bucht fahren, aber der Blick über den *Loch Bharcasaig* [L. Warkesik] mit *Harlosh Island* und *Wiay*, ja den *Cuillins* im Hintergrund ist so schön, daß man ihn besser zu Fuß genießt. Der Fahrweg biegt über eine Brücke und durch zwei Gatter in den Wald, wo wir knapp 2 km auf dem breiten Schotterweg laufen.

Am Waldrand müssen wir einen kleinen Fluß queren, dann geht der Fahrweg in einen Fußweg wechselnder Qualität über. Wo er undeutlich wird, helfen Cairns weiter. Wir überschreiten einen 157 m hohen Paß. Nach ihm wird zweimal ein Drahtzaun überstiegen (200 m Abstand) und ein Schafpferch passiert. Hier tauchen auch überraschenderweise zweimal Pfosten mit roten Pfeilen auf. Nach einem Abstieg und erneuten Aufstieg muß man etwas rechts halten und den Bergrücken durch eine Mulde überqueren, statt fast ebenen, abgegrasten Schafweiden nach links zu folgen. Immer hat man einen bezaubernden Blick in den *Loch Bracadale*, seine Inseln und die ihn umrahmenden Klippen.

Man passiert nochmals ein Tal und

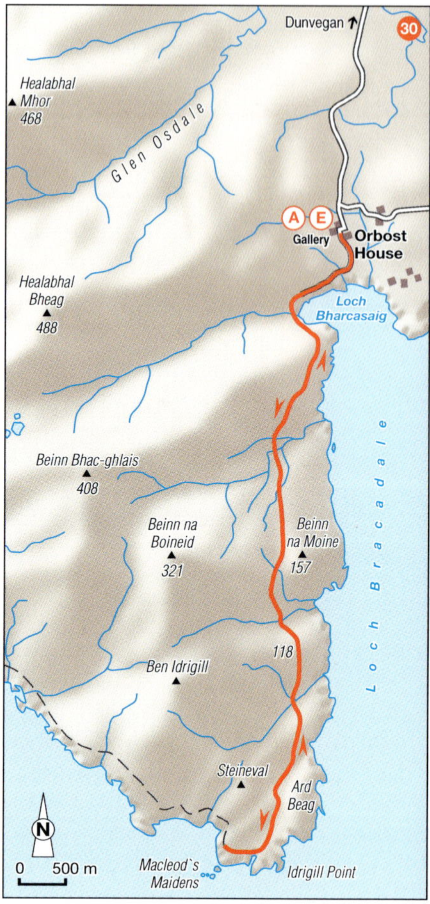

folgt dem Weg zwischen *Steineval* und *Ard Beag* bis zum **Idrigill Point**, wo der Weg nach Westen umbiegt. Um das Glanzstück der Klippenküste an diesem südlichen Punkt sehen zu können, muß man zum Schluß den Weg nach links verlassen und bis zur Klippenkante vorgehen. Dann erblickt man die drei aus der Brandung ragenden Felsnadeln, die den Namen *MacLeod's Maidens* erhalten haben. Der Rückweg erfolgt wie der Hinweg.

b) Wir besuchen *Dunvegan Castle* und seinen Park. Bis 16.30 Uhr ist Einlaß; man kann dann noch eine Stunde im Schloß bleiben, während

i Nützliche Informationen

Ausgangspunkte: **a)** Orbost House; **b)** Dunvegan Castle; **c)** Claigan.
Gehzeiten: a) 5–6 Std.; **b)** 1/2 Std.; **c)** 1 Std.
Sehenswürdigkeiten: **1.** Orbost House: Gallery (Gemälde), geöffn. tägl. außer So.
2. Dunvegan Castle (9. und 16. Jh.), geöffn. Mo.–Sa. 10–17.30 Uhr, So. 14–17.30 Uhr (Einlaß bis 16.30 Uhr).
3. Dunvegan-Kilmuir: Museum, geöffn. tägl. Mo.–Sa.
4. Borereaig (5 km w. von Dunvegan): The Piping-Centre, Museum zur Geschichte des Dudelsacks, geöffn. tägl. außer So. 9–18 Uhr.
Information und Unterkunft: **1.** Dunvegan – IV55 8WA: Atholl House, Tel. (01470) 521219 und 2 weitere Hotels; 17 B&B.
2. Orbost House – IV55 8ZB: B&B, Camping, Tel. 522206.

die Gardens immer offen sind. In einer Video-Schau informiert der derzeitige XXVIII. Chief der MacLeods über die Geschichte des Castles und des Clans.

c) Zum zweiten »Nachtisch« fahren wir das kleine Sträßchen nach *Claigan* [Klaggen] bis zum Ende, wo sich ein Parkplatz (Ww. »Coral Beaches«) befindet. Nach 1 km kommt man an den ersten weißen Strand, der aus feinen Kalktrümmern besteht. Hinter einer Anhöhe befindet sich der Hauptteil des Strandes, 1 km lang.

Dunvegan Castle ist seit 800 Jahren Sitz der MacLeods of MacLeod.

31 Ein Bergsteigerparadies am Rande Europas: Die Cuillins

Rundwanderung:
a) (Elgol – Loch Coruisk mit dem Boot) – Loch Coruisk – Rubha Bàn – Camasunary – Elgol.
Durchquerungen:
b) Elgol – Camasunary – Loch na Crèitheach – Srath na Crèitheach – Sligachan.
c) Kilmarie – Loch na Crèitheach – Strath na Crèitheach – Sligachan.

Tourencharakter: Angebot von drei Wandermöglichkeiten als Rundwanderung oder Durchquerungen in großartiger Gebirgslandschaft, auf freilich teilweise schlechten Wegen. Die Wahl hängt wesentlich von den Abholmöglichkeiten durch ein Auto ab. Man kann aber z. B. auch eine Kombination der bis Sligachan weitergeführten Tour a) mit der Tour b) in der Gegenrichtung und dem Ausbau zur Zwei-Tage-Tour (Übernachtung in Sligachan) herstellen und dadurch wieder an das Auto in Elgol herankommen.
Gesamtgehzeit: a) 6 Std.; b) 5 Std.; c) 4½ Std.

Obwohl Schottland auf dem Festland mit den Cairngorms, den Western Highlands oder dem Ben Nevis nun wahrlich genug imposante Bergformationen aufzuweisen hat, ist man doch geneigt, die Cuillins [Kuhlins] auf der **Insel Skye** als das Nonplusultra anzusehen. Auf einem Areal von ungefähr 100 km² erheben sich nicht weniger als 18 Munros, die meisten knapp 1000 m hoch, wie der höchste Gipfel *Sgurr Alasdair* [Skur Alister] mit 993 m. Da sie direkt aus dem Meer aufsteigen, hat man 1000 m hohe Hänge und Wände vor sich. Bis in den Sommer hinein tragen die Rinnen am Gipfelaufbau auch noch Schneereste.

Topographisch wird diese Gebirgskette als **Cuillin Hills** bezeichnet, aber es sind alles andere als »Hügel«. Die wilde Bergkette entstand vor 70 Mio. Jahren aus Basaltlava, die im Erstarrungsprozeß eine fast schwarze Farbe annahm: *Black Cuillins* werden die Berge daher gern genannt. Die Eiszeit arbeitete nochmals an den Formen, und unterwegs sieht man an den großen Basaltplatten überall die Spuren des Gletscherschliffs. Dazu entstanden die malerischen Gletscherseen *Loch Coruisk* [L. Koruschk] und *Loch na Crèitheach* [L. na Krehach].

Der schönste von ihnen, der Loch Coruisk, füllt das riesige Kar aus, das auf drei Seiten von 14 Munros umschlossen ist. Die pittoreske Szene läßt sich kaum noch steigern. Kein Wunder, daß die Romantik Maler und Dichter hierher lockte. **William Daniell** ist mit seinem Gemälde »Loch Coruisk« im Jahr 1819 vielleicht doch noch der kleine Rest an Steigerung gelungen, der noch möglich war. Aber solche Art Übertreibung toleriert man bei den Romantikern: Sie haben eben den See und die Berge *so* gesehen. Nachdem **William Turner** 1831 an den See gekommen war, malte er ihn wiederholt als Illustrationen zu Walter Scotts Roman »Lord of the Isles«, wobei jener weniger an MacLeod als vielmehr an die gewaltige Natur und die Berggipfel als den eigentlichen Herrn dachte.

Der Wanderweg

Die Cuillins sind Klettergebiet und genießen unter Kennern den Ruf eines der interessantesten Klettereldorados Europas. Der griffarme, vom steilen Gras durchsetzte, plattige Basalt stellt hohe

Anforderungen, ebenso das unberechenbare Wetter. Wir wollen in den Cuillins nicht klettern, sondern wandern. Die meisten Wege bilden lediglich Zugänge zu den Einstiegen in die Kletterrouten. Es gibt aber eine Ausnahme. Der westliche und östliche Teil der Cuillins werden durch ein breites, nur 25 m hohes Tal mit drei Seen und benachbartem sanften Gelände getrennt, das *Srath na Créiheach* [Stra na Krehach]. Hier gibt es Wege, auf denen man das Zentrum bequem durchqueren kann. Um hier zu wandern, bieten sich uns zwei Möglichkeiten an: die Rundwanderung und die Durchquerung.

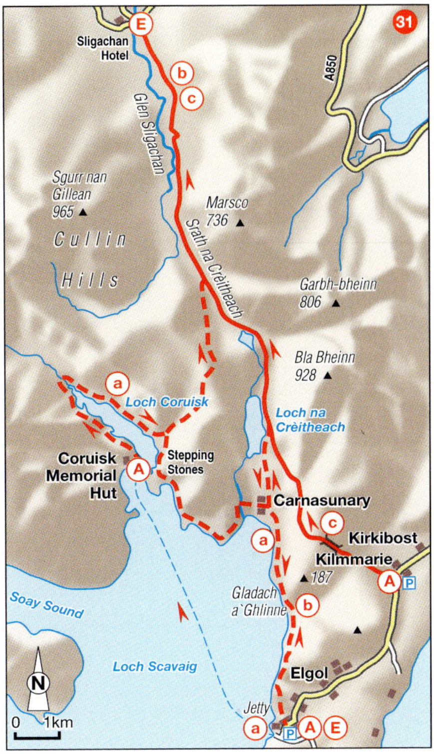

a) Als Ausgangspunkt für die **Rundwanderung** wird die Anlegestelle des Motorbootes an der *Coruisk Memorial Hut* gewählt. Auf einer Mischung aus Moorboden und ungewöhnlich großen Basaltplatten und -bändern geht man um einen kleinen Bergrücken herum und schwenkt nach Nordwesten. Nach 1/4 Stunde wird der *Loch Coruisk* in seiner vollen Länge und wilden Umrahmung sichtbar. Den auf der Karte eingetragenen Weg entlang der Südseite des Sees bis in den Talschluß des Coiruisg [Koruschk] muß man nicht voll auslaufen. Da man unterwegs ohnehin permanent nasse Füße bekommt, kann man den Zufluß zum See knöcheltief durchwaten und damit gleich an das Nordufer kommen. Dieses ist steil, so daß der Weg teilweise direkt am Wasser entlangführt. Die übrigen Passagen sind nach Regentagen wieder recht naß. Das Abkürzungsmanöver mit Flußdurchwatung kann man wiederholen, wenn der Pfad das Ufer verläßt, um in Richtung Paß nach Nordosten zu verlaufen.

Nach 1/2 km ist die Umrundung des Loch Coruisk beendet. Man sieht die »Stepping Stones«, die zum Ausgangspunkt führen. Der Weg verläuft nach einem kleinen Paß am Ufer der Halbinsel entlang, die der *Sgurr na Stri* [Skur na Strie] bildet. Er ist zwar landschaftlich sehr reizvoll, hat aber zwei kritische Stellen: Auf die erste weist bereits der Name *The Bad Step* hin. Über die Klippen muß man sich die Linie des geringsten Widerstandes suchen und dabei einmal eine Klippe im Reitersitz passieren. Am Ende der Halbinsel trifft man auf den Fluß *Abhainn Camas Fhionnairigh* [Awin Kamas Juneri], den man etwas flußauf von den Resten eines Brückenpfeilers knöcheltief durchwaten muß. Dann ist man in *Camasunary* (engl.) und läuft nun den Weg nach *Elgol* in der entgegengesetzten Richtung, wie er in b) beschrieben ist. (Abkürzungen und Umgehung der kritischen Wegstrecke siehe unter »Varianten«.)

Von der Bucht Cladach a'Ghlinne (Variante b) schaut man in die Cuillins, deren Gipfel sich nur gelegentlich von ihren Wolkenmützen befreien.

b) Die **Durchquerung** beginnt in *Elgol*, wo noch vor der steilen Abfahrt zum Pier rechts am Schild »Garsbheinn« eine Zufahrt abzweigt. Vor dem Gatter des Hauses beginnt rechts der »Footpath to Coruisk« (Ww.). Er ist, vor allem nach Regenfällen, recht feucht, so daß man besonders bei der Traversierung der Steilhänge am *Ben Cleat* und *Beinn Leacach* [Ben Ljechkach] wegen der Rutschgefahr etwas achtgeben muß. Nach dem Passieren der Bucht *Cladach a'Ghlinne* [Kladach e Chline] halten wir uns im Aufstieg bei einem Erosionsausbruch rechts und dürfen nicht zu zeitig den Steilhang angehen. Dann muß man an einer Steintreppe nochmals rechts gehen. Sonst gibt es keine Probleme. Der Ausblick auf die große Bucht *Loch Scavaig* [L. Skawag] und die sich hinter ihr auftürmenden Berge entschädigt für den schlechten Weg.

Wunderschön ist dann die Bucht *Camas Fhionnairigh* [Kamas Juneri]. An die Mauer einer Hausruine in *Camasunary* ist der Abzweig »Sligachan« geschrieben. Dieser Weg hat im Gegensatz zum ersten Teil in der Regel festen Untergrund, und man kann gut auf ihm ausschreiten. Man kommt am *Loch na Crèitheach* [L. na Krehach] vorbei. Rechts erhebt sich der *Bla Bheinn* [Blah-Wen], 928 m; links voraus sieht

Nützliche Informationen

Ausgangspunkte: **a)** Elgol, Parkplatz am Pier; **b)** Elgol, Abzweig Ww. »Garsbheinn«; **c)** Kilmarie, Parkplatz.
Gehzeiten: siehe Kasten
Information: Broadford – IV42 8QD: Tourist Information Centre, Car Park, Tel. (01471) 822361, geöffn. Mo.–Sa. 9–20 Uhr.
Unterkunft: **1.** Sligachan – IV47 8SW: Hotel, Bunk House (Matratzenlager) und Campsite, Tel. (01478) 650204. **2.** Sconser (5 km nö. Sligachan): Lodge Hotel, Tel. 650333; 4 B&B. **3.** Broadford: siehe Tour 28. **4.** Elgol: einige B&B. **5.** Kirkibost – IV49 9AX: Guest House »Strathaird«, Tel. (01471) 866269. **6.** Camasunary: offene Hütte, nur für Rucksacktouristen (Selbstversorgung). **7.** Glen Brittle – IV47 8TA (22 km von Sligachan): JH, Tel. (01478) 640278, 48 Betten.
Fahrzeiten des Bootes Elgol – Coruisk Memorial Hut: nach Bedarf (pro Fahrt 5 bis 12 Personen), in der Regel 10, 13 und 16 Uhr, Tel. (01471) 866244 oder 866236.
Ausrüstung: Teleskop-Skistock und evtl. Gummistiefel ratsam.
Bergrettungsstation: Glen Brittle, Mountain Rescue Post, Tel. (01478) 999 (Notruf).
Busverbindung: Mo.–Sa. ab Broadford 11.25 Uhr – an Elgol 13 Uhr; Mo.–Fr. ab Elgol 8.05 – an Broadford 8.45 Uhr; Sa. ab Elgol 8.55 – an Broadford 9.40 Uhr.
Varianten zu a): **1.** Wer *The Bad Step* und die Flußdurchwatung nicht scheut, aber die Wegstrecke um 1½ Std. verkürzen will, gehe nach der Landung des Bootes gleich über die *Stepping Stones* auf die Halbinsel und verzichte auf die Umrundung des Loch Coruisk. **2.** Wer die kritischen Stellen umgehen will, verlasse den Loch Coruisk über den Paß in das *Srath na Crètheach* und gehe in ihm nach S nach *Camasunary* (+ 1½ Std.).

man die zahlreichen Munros der nördlichen Gruppe, z. B. den 965 m hohen *Sgurr nan Gillean* [Skur nan Giljen]. Der Weiterweg führt durch das breite *Srath na Crèitheach* [Stra na Krehach] und mündet schließlich in das *Glen Sligachan* [G. Sligachen]. Wegprobleme entstehen nicht. Die Berge treten nun weiter zurück. 3 Stunden nach Camasunary erreicht man Sligachan, wo man sich im Hotel-Restaurant nach dem langen Marsch stärken und ausruhen kann.

c) 500 m südwestlich *Kilmarie* befindet sich an der Straße ein Parkplatz. Hinter einem Gatter führt ein recht rauher Fahrweg auf den Paß *Am Màm* (187 m). Nach ihm steigt man etwa 50 m bis zu einer scharfen Linkskehre ab, wo man den Fahrweg verläßt und auf einem Fußweg geradeaus weitergeht. Nach 2 km gleichmäßigen Abstiegs trifft man am *Loch na Crèitheach* auf die in b) beschriebene Route, der man nun bis *Sligachan* folgt.

Bei der Überfahrt von Elgol zum Loch Coruisk (Variante a) tuckert das Motorboot auch dicht an einer Seehund-Kolonie vorbei.

VII. Von Castle zu Castle

Grundinformation und Sehenswürdigkeiten

Wo immer man in Schottland umherschweift, stets trifft man auf das Spannungsverhältnis von urwüchsiger Natur einerseits und architektonischen Zeugnissen einer aristokratischen Vergangenheit andererseits: Burgen und Schlösser, davon viele Ruinen, aber fast ebenso viele auch noch bewohnt. Naturgemäß sind sie in den kargen Regionen des Nordens dünner gesät und oft nur als trutzige Mauerreste erhalten, während sich weiter südlich verfeinerte Lebensart und Prachtentfaltung manifestierten. Dazu mag auch beigetragen haben, daß die Chieftains der im Süden gelegenen Clans eher geneigt waren, mit den Engländern zu sympathisieren und auf Bestechungsgelder einzugehen als die stolzen Highlander.

Auf unserer Fahrt von der Isle of Skye nach Süden, Richtung Glasgow, werden wir die zunehmende Dichte und den besseren Erhaltungszustand der Schlösser feststellen können. Es beginnt mit **Eilean Donan Castle**, 16 km hinter dem *Kyle of Lochalsh*. Die malerisch auf einer Felsinsel gelegene Burg wurde in den Jahren nach 1230 erbaut. Fast ein halbes Jahrtausend blieb sie im Besitz der Clan-Familie MacRae, bis im Frühjahr 1719 die Festung von spanischen Söldnern besetzt wurde, die zur Unterstützung des ersten Jakobiteraufstandes ins Land gerufen worden waren. Daraufhin beschossen englische Kriegsschiffe die Burg und zerstörten sie dabei gründlich. Nach dieser und anderen Niederlagen mußte James Keith, militärischer Führer der Jakobiten, das Land verlassen. Darben mußte er dennoch nicht. Erst in spanischen, dann in russischen Diensten, brachte er es schließlich beim »Alten Fritz« bis zum Feldmarschall in der preußischen Armee.

200 Jahre blieb Eilean Donan Castle Ruine, bis es die Familie MacRae von 1912 bis 1932 in 20jähriger finanzieller und baulicher Kleinarbeit restaurieren ließ. So kann es heute seinen musealen Charakter nicht verleugnen, soll aber trotzdem das meistfotografierte Castle Schottlands sein.

60 km müssen wir nun durch das schöne *Glen Shiel* und das schnurgerade *Glen Albyn* fahren, bis wir in **Fort William** wieder auf Schlösser treffen, diesmal gleich zwei am Ort: die Ruine von *Old Inverlochy Castle* und das pompöse, 1863 im viktorianischen Stil erbaute *Inverlochy Castle*, das jetzt als Luxushotel dient.

Ein weiteres Touristenzentrum ist **Oban** mit seinen zahlreichen Fährverbindungen zu den vorgelagerten Inseln. Schon zu Fontanes Zeiten konnte es im Sommer mitunter schwierig sein, ein Hotelbett zu ergattern. Theodor mußte sich mit einem Zimmer im Hinterhaus über einem Pferdestall, *»der sich bald unangenehm bemerkbar machte«*, bescheiden. Dennoch war er beeindruckt von der Stadt, die sich im Halbkreis an der Bucht entlangzieht.

»Was aber dieser Bucht eine besondere Schönheit gibt, das ist nicht der Reiz und die Weitgespanntheit ihrer Ufer, sondern umgekehrt, der Blick von diesen Ufern aus aufs Meer. Zu der ewigen Schönheit des Ozeans gesellt sich hier ein so besonderer Reichtum von flachen Inseln und hohen Vorgebirgen, daß man zweifelhaft wird, wem

denn eigentlich das Terrain gehört, dem Land oder dem Meer, und in den Bühnenraum dieses Riesentheaters zu blicken glaubt, dessen ohnehin weit gedehnte Perspektive durch allerhand Seitenkulissen bis ins Unendliche zu wachsen scheint.«

1,5 km nördlich des Ortszentrums von Oban liegt die aus dem 12./13. Jh. stammende Burgruine **Dunollie Castle**, ehemals Sitz der Chiefs des MacDougall-Clans. Auch deren zweiter Sitz, **Gylen Castle** an der Südspitze der Insel *Kerrera*, steht nur noch als Ruine spektakulär auf einer Klippe. 1647 brannten presbyterianische Truppen die Burg nieder.

Von historisch weitaus größerer Bedeutung ist die Ruine von **Dunstaffnage Castle** aus dem 13. Jh., ca. 5 km nördlich von Oban. Hier befand sich bis Mitte des 9. Jh. der Aufbewahrungsort des schottischen Königssteins und im frühen Mittelalter neben Iona die bedeutendste Begräbnisstätte schottischer Könige.

Wenn man mit der Fähre von Oban auf die *Isle of Mull* übersetzt, schiebt sich auf einem Felsvorsprung **Duart Castle** ins Blickfeld. Das Schloß wurde im 13. Jh. erbaut und war seit 1390 Sitz der Clan-Chiefs der MacLeans. Nach dem 2. Jakobiteraufstand wurde es konfisziert und erst 1912 von Sir Fitzroy MacLean zurückgekauft und restauriert. Heute ist in ihm ein Clan-Museum untergebracht.

Die **Isle of Mull** war bis ins 19. Jh. kahles Land, in dem eine unbeschreibliche Armut herrschte. Immerhin gab es damals noch 10 000 Einwohner auf der Insel, während es heute infolge Abwanderung in die Industrie nur noch 2600 sind. Um so mehr muß man staunen, auf einer derart vernachlässigten Insel im Park des frühviktorianischen Landsitzes **Torosay Castle** eine nachgerade barock anmutende Gartenanlage vorzufinden. Im *Statue Walk* stehen 19 Statuen von Antonio Bonazza (18. Jh.), die um 1900 von einer verfallenen italienischen Villa aufgekauft wurden. In einem Steingarten gedeihen von Neuseeländischem Flachs bis zu Azaleen an die 25 verschiedene Arten. Der Golfstrom macht es möglich.

Die »Insel der Heiligen« unter dem Hammer

Von Mull aus bieten sich Exkursionen zu zwei Inseln an, die aus gänzlich unterschiedlichen Gründen unser Interesse verdienen. **Staffa** ist mit seinen senkrechten Basaltsäulen, vor allem in der *Fingalshöhle*, eine grandiose Naturkulisse: ein ungeheurer vulkanischer Rülpser der Erdgeschichte, der jenseits der Irischen See sein Pendant in den Felsformationen des *Giant's Causeway* in Nordirland findet. Der Riese Fionn MacCumhaill (Fingall) habe sich, so erklärt die irische Mythologie diese geologische Besonderheit, einen Damm zwischen Irland und Schottland gebaut, um trockenen Fußes hinüberzugelangen.

Ein eher geistiges Bindeglied zwischen den beiden keltischen Kulturen

800 Jahre beste Wohnlage: Duntrune Castle.

Irlands und Schottlands stellt die **Insel Iona** dar. 563 gründete der irische Mönch St. Columban hier ein Kloster, von dem aus die Missionierung ganz Schottlands erfolgte und das bis zum Ende des 7. Jh. Mittelpunkt der keltischen Kirche blieb. Iona wurde zur »Insel der Heiligen«, zur »Wiege des Christentums in Schottland« und darüber hinaus zur letzten Ruhestätte von insgesamt 48 schottischen Königen (unter ihnen Duncan und Macbeth).

Und just diese Stätte schottischer Identität sollte 1979 meistbietend verscherbelt werden! Der damalige Besitzer, der XII. Duke of Argyll, sah sich zum Verkauf genötigt, um seine nicht eben niedrigen Erbschaftssteuern begleichen zu können. Die Empörung war verständlich und allgemein. Der National Trust of Scotland, bemüht das nationale Kulturerbe zu bewahren, rief zu Spenden für den Kauf auf, blieb aber dennoch weit hinter den kapitalkräftigeren Überseeanbietern zurück. Erst als das Londoner Luxuswarenhaus Harrods weitere 1,5 Mio. Pfund zuschoß, konnte der National Trust die Insel kaufen – und alles blieb weiterhin in schottischer Hand.

Die Campbells – »immer auf der Seite der Sieger«

Das Land **Argyll**, das sich südöstlich von Oban bis zur Halbinsel *Knapdale* erstreckt, gilt als Wiege Schottlands. Im 15. Jh. wurde es in weiten Teilen das Land der Campbells, und noch heute ist es einer der ausgedehntesten Landsitze in Schottland. Der **Campbell-Clan** hat es in seiner 1100jährigen Geschichte durch kluges Taktieren, pragmatisches Handeln und auch ein gerüttelt Maß an Skrupellosigkeit verstanden, zu einer der reichsten und mächtigsten Adelsfamilien aufzusteigen. Waren der VIII. und IX. Earl of Argyll noch wegen Hochverrats enthauptet worden, so schlug sich der X. Earl auf die Seite der englischen Krone, wofür ihn William III. von Oranien mit dem Titel »Duke of Argyll« belohnte. Von nun an folgten die Campbells dem sicheren Instinkt, »immer auf der Seite der Sieger zu stehen« – das hieß: gegen die Jakobiten, für England und für die Union. *»Wir waren die Macht hinter dem Thron, wir waren die inoffiziellen Könige von Schottland«*, bekennt Ian Campbell, heute XII. Duke of Argyll. Nicht minder beeindruckend sein sonstiger, offizieller Titelbandwurm: Der Herr Herzog ist u. a. auch Marquess of Kintyre and Lorne, Viscount of Lochow, Lord of Inverary, Admiral of the Western Coast and Isles, Lord of Mull, Morven and Tiree, Master of the Royal Household in Scotland, Keeper of the Great Seal of Scotland, Keeper of the Royal Castles of Dunstaffnage, Carrick, Tarbert and Dunoon, vor allem aber MacCailein Mór, der »große Campbell«, Oberhaupt eines weltweit 13 Millionen zählenden Clans.

Unrühmlich ist der Name dieses Clans mit den beiden Massakern von *Dunoon* (1646) und *Glen Coe* (1692) verbunden. Im **Dunoon** vollzogen sie die Rache an den Lamonts of Lamont: *»Wir räucherten sie aus wie Ratten und schlachteten sie ab, alle 350, nachdem wir ihnen freies Geleit versprochen hatten.«* Noch perfider war der Bruch von Versprechen und der Mißbrauch des heiligen Gastrechts im Tal von **Glen Coe**: Als 1689 in der Glorious Revolution das englische Parlament James II. absetzte, schlugen sich die meisten Hochländer auf die Seite des geschaßten Stuartkönigs. Nach dessen endgültiger Niederlage verlangte nun die englische Regierung von den rebellischen Clan-Chiefs den Treueid auf William III., den neuen Monarchen. Dies sollte bis zum 31. Dezember

1691 erfolgen. Der Chief der MacDonalds of Glencoe kam infolge schlechten Wetters erst einige Tage nach Ablauf der Frist in Inveraray an, um seinen Eid zu leisten. Dieser wurde protokolliert, und MacDonald of Glencoe fühlte sich sicher. Doch im Auftrag des Schottlandministers Williams III. marschierte Captain Campbell of Glenlyon mit 120 Mann seines Clans am 1. Februar 1692 ins Glen Coe. Unter dem Vorwand, die Garnison in Fort William sei überfüllt, bat er um Quartier und ließ sich fast zwei Wochen gastfreundlich bewirten. Noch am Abend des 12. Februar hatten der Campbell-Captain und der MacDonald-Chief gemeinsam gegessen, Wein getrunken und Karten gespielt. In der folgenden Nacht kam es zum Massaker an den arglosen MacDonalds. »Ich hoffe, die Soldaten werden die Regierung nicht mit Gefangenen belästigen«, hatte die Order an die Campbell-Schergen gelautet. Alle, derer man habhaft werden konnte, wurden niedergemacht, die Hütten abgebrannt, das Vieh fortgetrieben.

Doch die Zeiten haben sich geändert. Es gab da *»some diabolic mistakes in our history«*, distanziert sich **Ian Campbell**. Er ist ein moderner, hochgebildeter Gentleman, der als Direktor von Elektronikfirmen heute wieder auf dem richtigen Pferd sitzt. Sein Besitz und seine Titel hinderten ihn andererseits in den 80er Jahren nicht, sich, wenn ihn die Laune dazu packte, auch einmal ins Pförtnerhäuschen von *Inveraray Castle*, dem prächtigen Stammsitz der Campbells (siehe Tour 37), zu setzen und die Eintrittsgelder zu kassieren, obwohl dies der heutige amtliche Pförtner energisch bestreitet.

32 Eilean Donan Castle im Loch Duich

Eilean Donan Castle – Dornie – Aussichtspunkt Carr Brae – Coire Dhulnnid – River Glennan – Bundalloch – Dornie

Tourencharakter: Die Sehenswürdigkeit steht diesmal am Beginn und am Ende unserer Wanderung: das malerisch auf einer Insel gelegene Eilean Donan Castle als historischer Rahmen der Tour. Dann folgt eine längere Rundwanderung an den nordöstlichen Steilhängen des Loch Duich und seinem Hinterland, auf zwar feuchten, aber vergleichsweise guten Wegen. Als Variante wird eine Streckenwanderung angeboten.
Gesamtgehzeit: 5–6 Std.

Eilean Donan Castle bietet so recht das Bild, das man sich von wilder Schottlandromantik macht: eine trutzige Burg, umrahmt von glitzerndem Wasser, Bergen und Tälern. Landschaft und wiederaufgebautes Castle, malerisch auf einer Felsinsel im Wasser gelegen, gehen eine großartige Symbiose ein. Kein Wunder also, daß es zahlreiche Titelfotos (natürlich auch dieses Buches) ziert und als Kulisse für den Film »Highlander« weit bekannt wurde.

Die 760 Jahre alte Burg befindet sich am Schnittpunkt dreier Meeresbuchten: *Loch Alsh, Loch Long* und *Loch Duich*. **Loch Long** ist ungeachtet seines Namens der kleinste und kürzeste der drei Fjorde. Unsere anschließende Wanderung gilt zunächst dem tief ins Landesinnere greifenden Loch Duich. Überraschenderweise wird er um so breiter, je tiefer er ins Land vordringt. Wenn wir am nordöstlichen Steilufer

Das auf einer Insel im Loch Duich gelegene Eilean Donan Castle präsentiert sich im Gegenlicht besonders fotogen.

entlangwandern, haben wir wiederholt herrliche Tiefblicke auf den Meeresarm. Am Ende des Sees spannt sich die mittelalterliche Steinbrücke *Shiel Bridge* kühn über den *River Shiel*; das benachbarte Dorf wurde nach ihr benannt.

Das sich nach Osten anschließende **Glen Shiel** gehört zu den großartigsten Landschaften Schottlands. Das anfangs breite Trogtal, später enge Kerbtal wird auf beiden Seiten von hohen Bergketten flankiert, die rund zwei Dutzend »Munros«, darunter ein halbes Dutzend »Tausender« enthalten. Die Nordkette steht unter der Verwaltung des National Trust of Scotland.

Nach dem Beschuß von Eilean Donan Castle durch englische Kriegsschiffe im Jahr 1719 kam es an der engsten Stelle des Tales zu einem Gefecht zwischen den sich zurückziehenden Schotten und den nachdrängenden Engländern. Die Paßhöhe liegt 271 m hoch. Danach fällt das Glen Shiel wieder ab und beherbergt die malerischen Seen *Loch Cluanie, Loch Loyne* und *Loch Garry*. In *Invergarry* endet dann die romantische Talfahrt.

Der Wanderweg

Am Beginn der Tour werden wir die ungemein fotogene Lage von *Eilean Donan Castle* auf einer Insel im Fjord bewundern. Wenn wir zeitig genug aufbrechen, wird es am Vormittag noch nicht geöffnet haben, sondern auf unseren Besuch am Ende der Wanderung warten.

Vom Castle gehen wir 600 m nach Norden, wo kurz vor der Brücke über den *Loch Long* die Straße nach *Dornie* abzweigt. Noch ehe das Dorf erreicht wird, führt wiederum rechts eine schmale Straße nach »Carr Brae, Viewpoint« (Ww.). Das Sträßchen steigt gleichmäßig bis zu dem Aussichtspunkt in 179 m Höhe an. Von ihm und evtl. einem zweiten dahinter liegenden Hügel überblickt man sehr schön den *Loch Duich*. Vom Aussichtspunkt steigen wir 2 km bis zu einem links stehenden, verfallenen Haus ab.

Bis hierher verlaufen die Rundwanderung und als Variante die Streckenwanderung gemeinsam. Wählt man die Rundwanderung, geht man am Haus vorbei auf einem deutlich ausgetrete-

Nützliche Informationen

Ausgangspunkt: Parkplatz am Eilean Donan Castle.
Gehzeiten: Dornie – Abzweig am verfallenen Haus $1^1/_2$ Std.; Haus – Paßhöhe 525 m 2 Std.; Paßhöhe – Dornie 2 Std.
Sehenswürdigkeiten: Eilean Donan Castle (1230), geöffn. 10–17.30 Uhr.
Information: **1.** Kyle of Lochalsh – IV40 8AB; Tourist Information Centre, Tel. (01599) 534276, tägl. 9–19 (im Aug. bis 21 Uhr). **2.** Shiel Bridge – IV40 8HB: Tour. Information Centre, Tel. 511264, geöffn. Mo.–Sa. 9–18 Uhr.
Unterkunft: **1.** Kyle of Lochalsh – IV40 8AB: 1 Hotel, 8 B&B.
2. Balmacara-Hotel – IV40 8DH: Tel. (01599) 586329.
3. Ardelve/Dornie – IV40 8DY: 1 Hotel, Tel. 555213, 2 Guest Houses, 3 B&B.
4. Ratagan – IV40 8HT (2 km w. Shiel Bridge): JH, Tel. 511243, 44 Betten, Voranmeldung ratsam; 1 B&B.
5. Shiel Bridge – IV40 8HL: Kintal Lodge Hotel, Tel. 511275.
6. Inverinate – IV40 8HE: 3 B&B.
Busverbindung: Mo.–Sa. ab Inverinate 12.45 – an Ratagan, JH 14.30 Uhr; ab Inverinate 15.50 – an Dornie 16 Uhr.
Variante: Von besagtem Haus, wo die Rundwanderung die Straße verläßt, steigt man die kleine Straße weiter ab. Auf der A 87, auf die sie mündet, muß man 2 km, z. T. auf Fußwegen, bis *Inverinate* laufen. Hier zweigt nach links ein Forstweg ab. Man behalte bei allen Abzweigungen die Richtung oberhalb der Straße bei und gelangt schließlich wieder auf dieselbe kurz vor dem Damm, der eine Bucht durchquert.

nen Pfad und schwenkt in das Kerbtal *Coire Dhuinnid* [Korre Guinid] ein. Nach einer guten Stunde Aufstieg auf relativ festem Weg muß man kurz nach einigen Hausruinen und den Resten einer Hängebrücke das Tal nach links (Norden) verlassen. An den Pfosten eines ehemaligen Zauns steigt man in einem Seitental 200 m auf. Auf der ebenen, weitläufigen Paßhöhe (525 m) helfen Cairns weiter, wenn der Weg undeutlich wird. Im Abstieg vom Paß blickt man in das breite Tal des *River Elchaig*.

Man kommt an eine Weggabelung, wo man links (Westen) in das Tal des *River Glennan* absteigt. Auf einem gut begehbaren Weg gelangt man mal rechts, mal links vom Fluß schließlich nach *Bundalloch*. Von hier an hat man wieder feste Straße bis Dornie und zum Eilean Donan Castle.

33 Neptuns Treppe am Ende des Caledonian Canal

Bhf. Spean Bridge – Gairlochy – Caledonian Canal – Neptune's Staircase – Fort William

Tourencharakter: Eine leichte, aber landschaftlich recht attraktive Tour auf durchweg festem Untergrund. Nach $1^1/_2$ Std. auf wenig befahrener Straße läuft man auf dem befestigten Dammweg 2 Std. am Kaledonischen Kanal. Höhepunkt der angenehmen Wanderung bildet die Schleusentreppe »Neptune's Staircase«.
Gesamtgehzeit: $3^1/_2$–4 Std.

Fort William besaß am Südwestende des *Glen Albyn* lange Zeit hohe strategische Bedeutung. 1650 wurde es auf

Neben dem Caledonian Canal wandert man zwei Stunden lang auf einem breiten, befestigten Dammweg.

Befehl Cromwells von General Menk als *Fort Inverlochy* gegründet und 40 Jahre später unter dem Oranier William III. in *Fort William* umbenannt. Mit der 1822 erfolgten Eröffnung des **Caledonian Canal** stieg zunächst noch die strategische Bedeutung des Forts. Doch nach den »erfolgreichen« Clearances bestand keine Gefahr mehr für den Kanal, so daß die Befestigungen Mitte des 19. Jh. geschleift wurden. Die letzten Reste sind am Eingang zum Friedhof von Craig zu sehen.

Vor der Einmündung des Caledonian Canal in den Loch Linnhe liegt eine Schleusentreppe von acht Schleusen, Neptune's Staircase, um die 40 m Höhenunterschied zwischen dem Binnensee *Loch Lochy* und dem Fjord *Loch Linnhe* zu überwinden. Weniger der Kanal, der sich im 20. Jh. als wirtschaftlicher Mißerfolg erwies, als vielmehr der Bau der Eisenbahnlinie von Glasgow nach Fort William und der Anschluß an das offene Meer haben energieorientierte Industrieanlagen hierher gezogen: Carbon- und Aluminiumwerke. Letztere beziehen ihre Energie zur Alu-Rohgewinnung und -Verarbeitung aus den Wasserkraftwerken am Ben Nevis. Gegen Ende unserer Wanderung können wir die großen Rohrleitungen an den unteren Hängen des Berges sehen, die das Wasser vom niederschlagsreichsten Ort Großbritanniens in das Werk leiten. Der Kanal wurde trotz der nicht erfüllten wirtschaftlichen Erwartungen nicht stillgelegt, sondern für touristische Zwecke offengehalten: Motorboote und Segler benutzen ihn, auch ein Hotelschiff verkehrt auf ihm.

Abseits der Stadt und ihrer Industrieanlagen wurde in einem parkähnlichen Waldgelände 1863 das viktorianische Granitschloß **Inverlochy Castle** errichtet. Die Queen war bei ihrem Besuch entzückt über Lage und Bau: »I never saw a lovelier or more romantic spot.« Nach dem 2. Weltkrieg wurde das Castle zum Hotel umgebaut. Unter den Gästen sind viele, deren Kasse nicht zu knapp ist: Golfspieler, vermögende Pensionäre, reiche Japaner usw. Um so mehr überrascht es, daß das Hotel von Mitte November bis Mitte März geschlossen ist. Denn in unmittelbarer Nachbarschaft zu ihm hat sich an den Nordhängen des Ben Nevis der Skizirkus *Nevis Range* mit acht Liften etabliert, so daß es an wohlhabenden Wintergästen nicht mangeln dürfte. Der Zubringer-Sessellift befördert die Skifahrer aus 100 m Höhe auf 650 m, wo die Skilifte beginnen. Freilich bewirkt die Nähe des Golfstroms oft, daß nur an den beiden obersten Liften zwischen 800 und 1150 m Höhe Wintersport möglich ist.

Der Wanderweg

Die Wanderung beginnt zunächst etwas prosaisch. Vom Bahnhof *Spean Bridge*, wohin wir von Fort William mit dem Früh- oder Mittagszug gelangen, gehen wir erst rechts und nach der

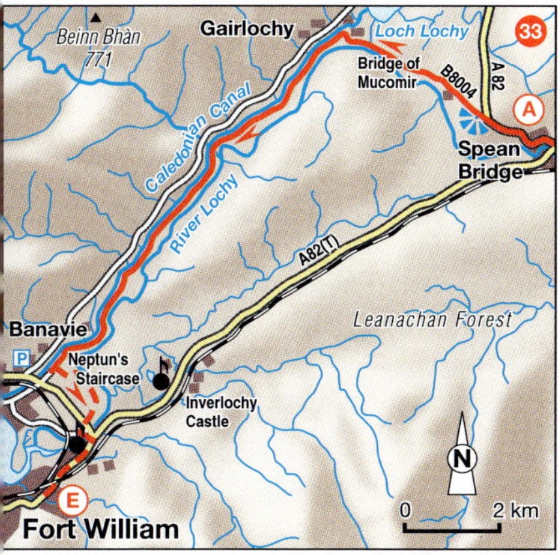

Brücke über den *River Spean* links auf der A 82. Am Morgen ist die Straße noch wenig befahren. Nach 2 km kommen wir an einen Aussichtspunkt am Fuß eines Kriegerehrenmals aus dem 2. Weltkrieg. Wir können beides links auf einem Asphaltweg umgehen; man sieht auch von ihm aus genug vom *Leanachan Forest* und dem darüber thronenden Ben Nevis. Auf der kleinen, wenig benutzten Nebenstraße B 8004 gelangen wir an einen zweiten Aussichtspunkt kurz vor einer Hochspannungsleitung. Von ihm kann man sehr schön die cañonartige Vertiefung einsehen, in der der River Spean sich sein Flußbett in das Hügelland gegraben hat. Die Straße führt nun über die *Bridge of Mucomir* bis zur Schleuse in *Gairlochy*.

Noch vor der Schleusenbrücke gehen wir links am Schleusenwärterhäuschen vorbei, auf dem soliden Dammweg am *Caledonian Canal*, den wir nun für 2 Stunden nicht mehr verlassen. Es ist »a lovely scenery«, was wir in diesen beiden Stunden erleben. Nach rechts haben wir immer Sicht in die Berge, nach links im ersten Drittel hinüber zum Ben Nevis, falls wir einen der 65 Tage im Jahr erwischt haben sollten, an denen er wolkenfrei ist. Ge-

i Nützliche Informationen

Ausgangspunkt: Bhf. Spean Bridge.
Gehzeiten: Spean Bridge – Gairlochy: 1 1/2 Std., Gairlochy – Neptune's Staircase: 2 Std.
Sehenswürdigkeiten: **1.** Neptune's Staircase, Schleusentreppe des Caledonian Canal.
2. Inverlochy Castle (1863, heute Hotel).
3. Old Inverlochy Castle (Ruine, 13. Jh.).
4. West Highland Museum (18. Jh., Jakobiter-Gedenkstätte), Cameron Square, Mo.–Sa. 10–17 Uhr.
Information: **1.** Fort William – PH33 6AJ: Tourist Information Centre, Cameron Square, Tel. (01397) 703781, Mo.–Sa. 9–17, So. 10–17 Uhr (im Sommer auch länger).
2. Spean Bridge – PH34 4EU: Tourist Information Centre, bei der Bahnstation, Tel. (01397) 712576, geöffn. Mo.–Sa. 9–18, So 10–17 Uhr.
Unterkunft: **1.** Fort William: 14 Hotels, 21 Guest Houses, 80 B&B; 1 Hostel, Tel. (01397) 700711.
2. Inverlochy Castle – PH33 6SN: Tel. (01397) 702177 (Luxushotel).
3. Spean Bridge: 2 Hotels, 11 Guest Houses, 9 B&B.
4. Glen Nevis – PH33 6ST: JH, Tel. 702336, 127 Betten, ganzj. außer Nov., Voranmeldung ratsam.
Campingplätze: **1.** Nahe der Schleusentreppe: Linnhe Caravan Park, Tel. 772376 und Lochy Caravan and Camping Park, Tel 706172; **2.** Glenn Nevis: 3 Plätze, Tel. 702191; 705848, 70595; **3.** Lochyside: 2 Plätze, Tel. 702546, 702908.
Bahnverbindung: Fort William – Spean Bridge: Mo.–Sa. 4 Züge, So. 3 Züge. Sonderfahrten mit der Dampfeisenbahn nach Mallaig, eine landschaftlich großartige Strecke, nur im Mai, sonst normaler Verkehr.

Die Schleusentreppe »Neptune's Staircase« wird, obwohl schon 1822 eröffnet, noch heute für den Wasser-Tourismus genutzt.

legentlich kommt ein Motorboot vorbeigetuckert. Rechts und links ist Weideland; Schaf- und Kuhgeblöke in allen Tonarten tönt durch die Büsche. Was man am Kaledonischen Kanal am meisten bewundern muß, ist die ingenieur- und bautechnische Leistung, den Kanal hier an einem Hang angelegt zu haben. Rechts hat er Kontakt mit dem Weideland; aber links benötigt er den Damm, auf dem wir laufen. Im Anfang liegen der *River Lochy* und der Kanal fast auf gleicher Ebene. Je länger wir aber wandern, desto mehr versinkt der Fluß in der Tiefe. Man hört ihn nur noch, aber sieht ihn nicht mehr. Den grandiosen Abschluß der Tour bildet die Schleusentreppe von acht Schleusen, genannt *Neptune's Staircase*. Im Grunde endet hier unsere Wanderung. Wenn man zu seinem Quartier in Fort William zurückkehren will, kann man dazu eine Station mit der Mallaig-Bahn fahren oder auf Nebenstraßen, vorbei an der Ruine von *Old Inverlochy Castle* aus dem 13. Jh., in die Stadt laufen.

34 Internationales Finale: Auf den höchsten Berg Großbritanniens

Nevis Bridge – Ben Nevis Walk – Ben Nevis (1344 m) – und zurück

Tourencharakter: Nur bei guter Sicht lohnende Bergtour, die bis Anfang September von trainierenden Sportlern dicht frequentiert ist. Für den etwas ermüdenden und monotonen Aufstieg, der nur in halber Höhe durch einen kleinen See belebt ist, wird man auf dem Gipfelplateau durch die Rundsicht und den Blick in das wilde Coire Leis entschädigt.
Gesamtgehzeit: 6–7 Std.

Kein anderer Grund könnte einen überzeugen, den **Ben Nevis** zu besteigen, als der, daß er der höchste Berg der Britischen Inseln ist. 4408 ist er hoch, nein, nicht Meter, sondern feet. Auch die 1344 m könnten also einen Bergsteiger nicht verlocken, hinaufzusteigen, selbst wenn man einkalkulieren muß, daß der Aufstieg bei *Fort William* nahezu in Meeresniveau beginnt und die Waldgrenze bei 200 m Höhe liegt. Weder der breite Weg, der mit großen und kleinen Steinen fast gepflastert ist, noch die Monotonie der Landschaft, die man im Aufstieg zu sehen bekommt, noch die an Pilgerfahrten erinnernden Menschenmassen, die an Schönwettertagen unterwegs sind, können einen locken. Sie schrecken eher ab. Oben auf dem Gipfel gibt es freilich ein kurzes Aha-Erlebnis: Nach Norden blickt man in ein wildes Kar, in das der sonst sanfte Berg mit 700 m hohen Wänden abrupt abbricht, und durch dieses Kar zieht der Ostgrat als reizvolle Klettertour mit Stellen bis zum dritten Schwierigkeitsgrad.

An Schönwettertagen setzt der große »Run« auf den Ben Nevis ein, wobei den Bergwanderern die Wegsuche dank des breiten Aufstiegsweges abgenommen ist.

Bleiben nur zwei Dinge, die eine Ben-Nevis-Besteigung interessant machen: das Wetter und die Menschen. Im Winter, wenn die Wächten über das Kar hängen und Nebel seine Kanten verhüllt, oder im Sommer, wenn Sturm und Hagel den Berg peitschen, kann eine Besteigung problematisch werden. Noch vor Jahren warnte schon am Beginn des Weges eine Tafel vor Leichtsinn, denn »every year several people are killed on Ben Nevis«, mit dem schönen Übersetzungsfehler darunter: »Jahr für Jahr werden am Ben Nevis mehrere Menschen umgebracht.«

Amüsant, wenn auch kaum alpin, ist es, die Menschen zu studieren, die da hinauf wallfahren. In einem Sommer, wie ihn Schottland 1984 erlebte, pilgerten täglich an die 500 Leute bergwärts, aber das Gipfelplateau hat Platz für 5000. Da sind Inder, Nigerianer, Japaner unter ihnen, junge Mädchen in Bikini und Sandalen, selbst einen Punk sah ich sich hinaufschwitzen. Das Bedenklichste aber ist, daß dieser Berg zur Sportattraktion geworden ist. Von früh bis abend kann man Leute aller Altersstufen beobachten, die in der Turnhose hinauf und hinunter joggen, schweißgebadet, mit verzerrtem Gesicht, keuchend und japsend. Jährlich findet ein Wettrennen statt, auf den Gipfel und wieder hinab. Der Rekord soll bei einer Stunde und 25 Minuten stehen. Wahrlich, eine gänzlich andere Auffassung von Bergsteigen, als sie uns geläufig ist. Meine ist es nicht.

Der Wanderweg

An der *Nevis Bridge* in Fort William startet an der orographisch rechten Seite des *River Nevis* der »Nevis Walk« (Ww.). 2 km verläuft er noch eben als schmale Fahrstraße im Talgrund bis *Achintee House*. Dann beginnt der Anstieg auf steilem, mehrere Meter breiten, am Rand von Steinen eingefaßten Weg. Von rechts kommt sehr steil der Direktanstieg von der Jugendherberge herauf. Nach 2 Stunden hat man die Mulde erreicht, in der malerisch der kleine *Lochan Meall an t-Suidhe* [Lochen Mjaul an tuhje] in 555 m Höhe liegt.

Östlich des Sees, wenn man schon etwas auf ihn herabschaut, gabelt sich zweimal der Weg. Wir wählen jedes-

Vom Gipfel des Ben Nevis blickt man in das wilde, von Pfeilern und Türmen zerklüftete Coire Leis.

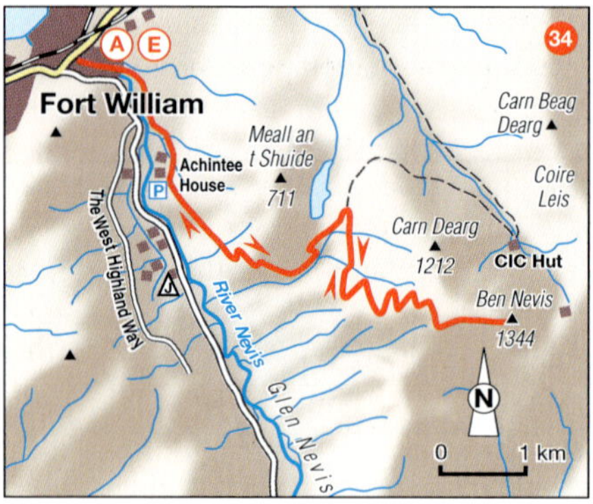

mal den rechten, breiteren Weg, denn die linken Wege führen in das Kar des *Coire Leis* [Korre Lesch] und dienen den Kletterern als Zugang zum Einstieg in die Felswände. Der weitere Anstieg erfolgt nun als Zickzackweg in neun Kehren an der Westflanke des Ben Nevis. Die Umgebung mit ihren Geröllhalden wirkt monoton. Lediglich die sich steigernde Aussicht reizt, immer höher zu gehen. Nach der vorletzten Kehre läßt die Steigung nach, und der Weg strebt von Westen dem Gipfel zu.

Dieser wird durch ein riesiges Plateau gebildet, auf dem mehrere tausend Menschen Platz haben. Eine Ruine stammt von dem ehemaligen Observatorium. Den höchsten Punkt markiert kein Kreuz, sondern eine Steinkonsole, um die sich oft die Bergsteiger drängen. Nachdem man die Aussicht (so man eine hat) genossen hat, entdeckt man die Nähe: Nach Norden stürzt der Berg in nahezu senkrechten Wänden in das wilde, 700 m tiefer liegende Coire Leis ab. Wenn man Glück hat, kann man an nebelfreien Tagen Kletterer am Plateaurand dem Kar entsteigen sehen.

Nachdem man sich satt gesehen hat, tritt man den Abstieg an, der auf dem gleichen Weg wie der Aufstieg erfolgt.

i Nützliche Informationen

Ausgangspunkt: Fort William, Nevis Bridge.
Gehzeiten: Aufstieg 4 1/2 Std., Abstieg 2 1/2 Std.
Information und Unterkunft: siehe Tour 33. Für die Touren 33 und 34 besonders günstig am Ben Nevis: JH, Fort William – PH33 6ST, Tel. (01397) 702336; Achintee Guest House, Tel. 702240, Nevis Bank Hot. Tel. 705721.
Bergrettungsstationen: Mountain Rescue Post im Coire Leis (CIC-Hut) und in Fort William, Tel. 999 (Notruf).

35 Torosay Castle und Duart Castle auf der Isle of Mull

Craignure – Druim Mór – Torosay Castle – Duart Castle – Duart Point – Torosay Castle – (Isle of Mull Railway) – Rubha na Sròine – Craignure

Tourencharakter: Leichte Wanderung, die in Küstennähe zu zwei berühmten Schlössern führt und von der Höhe 43 (Duart Point) einen schönen Blick über den Sound of Mull zur Insel Lismore gewährt. Auf dem Rückweg bietet sich die Gelegenheit, mit einer Schmalspurbahn fast 2 km Weg einzusparen.
Gesamtgehzeit: knapp 3 Std.

Um von Fort William (Touren 33 und 34) auf die Isle of Mull zu gelangen, gibt es zwei Möglichkeiten: 1. Auf der A 830 und A 861 um den *Loch Eil* herum, am *Loch Linhe* entlang und bis kurz vor *Strontian*; dann Abzweig nach links auf der A 884 bis *Lochaline*. Anschließend übersetzen mit der Fähre nach *Sgeir Mhór* [Skär Wor]. 2. Auf der A 82 und ab *Glenduror* auf der A 828 nach *Oban*. Von hier mit der Fähre nach *Craignure*. Die erste Möglichkeit besitzt den Nachteil der längeren Anfahrt (132 km), aber den Vorteil der kürzeren Fährverbindung (15 Min.). Im Sinne des Themas liegen bei *Lochaline* 3 km nordnordöstlich das **Kinlochaline Castle** aus dem 15. Jh. (1650 zerstört, 1890 Neubau 400 m weiter) und 3 km südöstlich, allerdings jenseits des *Loch Aline*, die Ruine **Ardtornish Castle** aus dem 14. Jh. malerisch auf einer Landspitze. Außerdem muß man vom Anlegehafen bis Craignure noch 10 km auf oder neben der Straße zurücklegen. Bei der 2. Möglichkeit ist es genau umgekehrt: kürzere Anfahrt (80 km), dafür längere Fährverbindung (40 Min.). Zusätzlich wird hier das Thema noch mehr als bei 1.) berücksichtigt, denn rings um Oban gibt es sieben Castles (siehe Vorspann zur Region VII).

Die **Isle of Mull** gehört geographisch zu den größeren südlichen Inseln der *Inneren Hebriden*, historisch jedoch zur *Grafschaft Argyll* und verwaltungstechnisch zur Region *Strathclyde*. Zwischen Sommer und Winter besteht nicht nur klimatisch, sondern auch touristisch ein problematischer Unterschied. Im Sommer wohnen dreimal so viele Menschen in Ferienwohnungen (von den Einheimischen »weiße Siedler« genannt) wie fest ansässige Einwohner auf der Insel – im Winter dagegen ist die Isle of Mull menschenleer und infolge ihrer weitgehenden Baumlosigkeit ziemlich trostlos. Das Interesse der mobilen Touristen gilt den drei Schlössern *Torosay* und *Duart Castle*, über die im Vorspann bereits berichtet wurde, sowie *Aros Mains Castle* im Nordteil der Insel.

Im Westen sind der Isle of Mull die beiden Inseln *Iona* und *Staffa* vorgelagert, die aus unterschiedlichen Gründen große Berühmtheit erlangt haben. Die **Insel Iona** war Ausgangspunkt der Christianisierung der Britischen Inseln. Außerdem wurden hier über viele Jahrhunderte hinweg 60, meist schottische Könige beigesetzt. Auf dem Friedhof der Iona Cathedral kann man noch irische Hochkreuze finden. Die *Fingalshöhle* der **Insel Staffa** regte bekanntlich Felix Mendelssohn-Bartholdy 1829 bei seiner Schottlandreise zur »Hebriden-Ouvertüre« an.

Der Wanderweg

Schwerpunkt der heutigen Tour ist nicht das Laufen, sondern das Schlendern, Schauen und Genießen. Wir beginnen am Parkplatz der Pier von *Craignure*. Zunächst laufen wir 500 m auf der Autostraße nach Südosten, dann zweigt nach links ein Fahrweg ab (Schild »Forestry Comission, Torosay Castle, 1 mile«). In schönem Wald mit z. T. altem Baumbestand und immer wieder sich bietenden Blicken hinüber nach Duart Castle schlendern wir in 1/2 Stunde zum Landsitz **Torosay Castle**. Das Besondere der *Torosay Gardens* kündigt sich durch einen weitausladen-

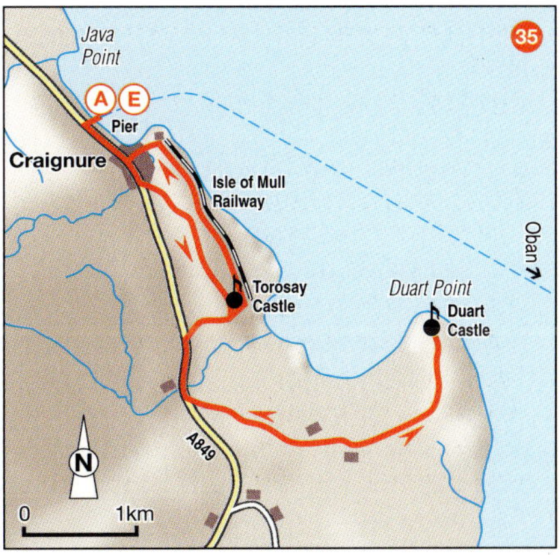

Torosay Castle auf der Isle of Mull bildet ein sympathisches Beispiel für publikumsfreundliche Öffnung aristokratischer Wohnsitze.

den Norwegischen Ahorn an, der sich im Sommer rot zu färben beginnt.

Das Schloß wurde 1858 von David Bryce, einem der führenden viktorianischen Architekten, erbaut. Es gehört den Guthries, die verwandtschaftliche Beziehungen zu Winston Churchill hatten. Der 4. Laird of Torosay, David Guthrie-James, war schon ein ungewöhnlicher Mensch. 1937 nahm er als Schiffsjunge auf einem Viermaster an einer Weltumsegelung teil. Der Bericht über seine geglückte Flucht aus einem deutschen Kriegsgefangenenlager während des 2. Weltkriegs wurde zu einem Bestseller. Nach dem Krieg nahm er an drei Antarktis-Expeditionen teil. Dabei sammelte er so viel Erfahrung, daß er bei der Herstellung des Films mitwirkte, der den tragischen Verlauf von Captain Scotts Südpol-Expedition 1911/12 nachvollzieht.

Was Torosay Castle so sympathisch macht, ist die Publikumsnähe der Schloßherrin, der verwitweten Jaquetta Digby. Sie führt mitunter Besuchergruppen persönlich durch das Castle und hat eine Etage ihres Domizils zur Besichtigung freigegeben. Man darf sich in die Sessel des Salons setzen, in alten Familienalben blättern und fotografieren. Kein Aufpasser ist zu sehen, keine Absperrung, kein »No Entry!«.

Am meisten aber überrascht die Parkanlage. Ist man gewohnt, in Schottland nur Ruinen, Gotik und nachgeahmte Gotik oder viktorianische Prachtentfaltung vorzufinden, so blickt man nun aus den Fenstern des Salons in einen barocken Garten, der es mit den Parks Augusts des Starken aufnehmen kann: Terrassen, Balustraden, Brunnen, Kolonnaden, Treppen und eine Skulpturenallee von 19 Statuen. Ja, der Park bietet sogar noch mehr: Es gibt einen Wassergraben, einen japanischen Garten, einen Felsgarten usw. Das alles ist so gekonnt gestaltet, daß ich am liebsten verschweigen möchte, daß der gesamte Park in Etappen ein Produkt des 20. Jh. ist, um Ihnen die Illusionen nicht zu nehmen. Schlendern Sie in dem herrlichen Gelände herum, heute haben Sie richtig Zeit dazu!

Wir verlassen Torosay Castle Richtung Straße, auf der wir 700 m laufen, um dann nach links zum **Duart Castle** abzuzweigen (Ww.). Nach 3/4 Stunden Fußmarsch auf dem kleinen Sträßchen kommen wir zum zweiten historisch bedeutsamen Punkt unserer Tour. Das erste Castle wurde 1360 vom 5. Chief des MacLean-Clans, Lachlan Lubanach, erbaut. Im 16. Jh. kam die Südostseite hinzu. Nachdem alles reichlich verfallen war, wurde es 1912 restauriert. »Aus neu mach alt!«, diesem Eindruck kann man sich beim Besuch nicht ganz entziehen. Zwischen vielen Fotos, Fahnen und Orden findet man auch Kurioses: Als Cromwell das

Nützliche Informationen

Ausgangspunkt: Craignure, Pier, Anlegeplatz der Fähre aus Oban oder Parkplatz.
Gehzeiten: Craignure – Duart Castle: 1 3/4 Std.; Duart Castle – Station der »Isle of Mull Railway«: 1 Std.
Sehenswürdigkeiten: **1.** Torosay Castle, frühviktorianischer Landsitz mit italienischem und japanischem Garten. Schloß tägl. 10.30–17.30 Uhr, Mitte April bis Mitte Okt. Park ganzj. geöffn. **2.** Duart Castle (13. Jh., 1912 restauriert), tägl. geöffn., Mai bis Sept.
Information: **1.** Oban – PA34 4AR: Tourist Information Centre, Argyll Square, Tel. (01631) 563122, tägl. 9–19 Uhr. **2.** Craignure – PA65 6BB: Tourist Information an der Pier, Tel. (01680) 812377, tägl. 9–17 Uhr (im Sommer bis 19 Uhr).
Unterkunft: **1.** Oban: 20 Hotels, 27 Guest Houses, 50 B&B, 3 Caravan Parks, 2 Hostels. **2.** Oban – PA34 5AF: JH, Esplanade, Tel. (01631) 562025, 102 Betten. **3.** Craignure: Isle of Mull Hotel, Tel. (01680) 812361; Craignure Inn, Tel. 812305. **4.** Tobermory – PA76 6NU: JH, Tel. (01688) 302481, 45 Betten.
Fährverbindungen: **1.** Oban – Craignure: tägl. mehrmals in regelmäßigen Zeitabständen, Fahrtdauer 40 Min. **2.** Lochaline – Sgeir Mhor/Isle of Mull: tägl. etwa alle 2 Std.
Kleinbahn: »Isle of Mull Railway«, Torosay Castle – Craignure: Zugfolge Mo.–Fr. etwa alle 1/2 Std., Sa./So. etwa alle 2 Std.
In der Nähe: **1.** Aros Mains Castle im Norden. **2.** Dunstaffnage Castle (7 km nö. Oban), 13. Jh., tägl. April–Sept. **3.** Iona (siehe Vorspann), Fähre ab Fionnphort, Tel. (01681) 700358. **4.** Staffa mit Fingalshöhle: Fähre ab Fionnphort, Tel. 700358 und 700338.

Schloß erobern wollte, fand er es verlassen. Statt dessen ließ ein Sturm drei seiner Schiffe sinken. In den 60er Jahren machte man Unterwasseraufnahmen davon: Neben einer Schiffsverzierung liegt eine menschliche Rippe. Bildunterschrift: »Decoration on the sea bed.«

Zum Schluß wartet neuzeitlich Kurioses auf uns. Nachdem wir nach Torosay Castle zurückgewandert sind, gehen wir am Schloß vorbei zur Station der »Isle of Mull Railway«. Eine Schmalspurbahn von 40 cm Spurbreite und 1,5 m Waggonhöhe, gezogen von der Dampflok »The Lady of the Isles«, bringt uns mit viel Sicherheitsvorkehrungen (überall an der Strecke steht »Danger!«) zurück nach Craignure. Im Waggon berührt der Kopf beim Sitzen fast die Decke. Trotzdem warnt ein Schild: »Do not stand up in the moving train.«

Nicht nur Ausstellungsräume, auch einige Privatgemächer der Besitzer von Torosay Castle sind dem interessierten Publikum zugänglich.

36 5000 Jahre Geschichte am Kilmartin Burn: Cairns, Steinkreise und Castles

a) Carnassarie Castle – Kilmartin – Kilmartin Valley – Stockavullin – Poltalloch – Duntrune Castle
b) Anaskeog – Kilbride – Lochan Add – Loch Leathan – Stroneskar – Greganterve Beg – wie a) – Anaskeog
c) wie a) bis Poltalloch, dann – Tayness – Kilmartin – Carnassarie Castle

Tourencharakter: Man hat die Wahl zwischen einer kürzeren Strecken- (a) oder je einer Rundwanderung als große (b) oder kleine (c) Variante. Kernstück bildet das Kilmartin Valley; Cairns (Grabkammern), Standing Stones, Stone Circles (Steinkreise) und drei Castles sorgen für eine Begegnung mit 5000 Jahren Geschichte.
Gesamtgehzeit: a) 3 Std.; b) 7 Std.; c) 5 Std.

Während die Landschaft am kleinen *Kilbride-Paß* (98 m) und im *Glen Glachandubh* [Glen Klachenduh] – was soviel wie »Schwarzsteintal« bedeutet – einsam und wenig fruchtbar ist, ist das breite, ebene *Kilmartin Valley*, durch welches der zweite Teil unserer Wanderung führt, wegen seiner Fruchtbarkeit seit 5000 Jahren besiedelt. Seit der frühen Bronzezeit wohnen hier Menschen.

Der Kult der Ahnenverehrung und Totenbestattung führte zu einem fast 6 km langen, linear angeordneten Gräberfeld. Von ihm sind noch sieben Cairns und vier Steinkreise vorhanden. Die beiden Steinkreise von *Temple Wood* und der *Nether Largie South Cairn* bei *Stockavullin* entstammen der Zeit vor oder um 3000 v. Chr. und sind wohl die ältesten Funde im Kilmartin Valley.

Die Cairns haben eine ziemlich einheitliche Ausstattung, obwohl zwischen dem ältesten **South Cairn** und dem jüngsten **Ri Cruin** rund 1000 Jahre liegen. Über einer mehrfach unterteilten Steinkammer wölbte sich ein trapezförmiger Steinhaufen, der später eingestürzt ist. Der Durchmesser der Cairns beträgt bis zu 30 m, die Höhe ca. 3 m. Im South Cairn wurden bronzene Becher gefunden, die von Bestattungen um 2000 v. Chr. stammen.

Die beiden Steinkreise South Cairn und Ri Cruin waren anfangs Heiligtümer, die vermutlich der Sonnenverehrung dienten, und wurden erst später zur Bestattung einzelner Toter genutzt. Bei **Temple Wood** ist der nördliche Kreis der ältere; er bestand ursprünglich aus Holzpfählen. Der südliche, größere ergänzte den nördlichen durch Steinbauten. Beide Steinkreise waren knapp 2000 Jahre in Gebrauch; das ist eine Konstanz an Bestattungskultur, die an Dauer der Neuzeit seit Christi Geburt entspricht.

Das Kilmartin Valley öffnet sich nach Süden in die weite Ebene **Mòine Mhór** [Meune Wohr] um den *River Add*. Hier befinden sich weitere vier Cairns, je ein Tumulus (Hügelgrab), Cist (Zisterne) und Henge (kreisförmiges Grab), sowie fünf Standing Stones (aufrechte Steine) und drei Cup & Ring marked Rocks (ausgehöhlte Felsmarkierungen), so daß man auf rund zwei Dutzend bronzezeitliche, z. T. restaurierte Grab- und Kultfunde kommt. Cairns und Steinkreise wurden im 20. Jh. so gut restauriert, daß das Gefühl für ein mehrtausendjähriges Alter darüber zu schwinden droht.

Zwischen dem jüngsten Cairn und den Castles liegen rund 3500 Jahre. Et-

Bei Temple Wood im Kilmartin Valley umsteht ein Rund von Standing Stones die bronzezeitliche Grabkammer.

was nördlich von Kilmartin treffen wir auf die Ruine von **Carnassarie Castle**. Ende des 16. Jh. residierte hier John Carswell als »erster protestantischer Bischof der Inseln«. An der Ostseite der Straße steht in Kilmartin eine weitere, freilich sehr bescheidene Ruine: *Kilmartin Castle*.

Am »kulturellen Ende« unserer Wanderung schließlich sehen wir auf einem Küstenvorsprung malerisch **Duntrune Castle** stehen. Die Schloßherrin gibt Interessenten Auskunft über die 800jährige Geschichte des Castles. Die Gardens rechts sind öffentlich, zwar nicht sehr ausgedehnt, aber im Rosengarten recht pittoresk.

Der Wanderweg

Kernstück unserer Tour 36 bildet das *Kilmartin Valley*, ein breites Tal, das nicht nur archäologisch, sondern auch landschaftlich interessant ist. Es beginnt an der Ruine von Carnassarie Castle und endet an dem alten Duntrune Castle. Beschränkt man sich auf diesen interessanten Teil, kommt man auf eine 11 km lange Streckenwanderung (a); für Wanderer mit Abholmöglichkeit in Duntrune Castle kein Problem. Ist man auf eine Rundwanderung angewiesen, gibt es die große und die kleine Variante (b und c).

a) Vom Parkplatz an der A 816 begeben wir uns in 10 Minuten hinauf zum Carnassarie Castle. Mächtig und klotzig steht die Ruine des im 16. Jh. erbauten Castles auf dem Hügel. Der Innenhof kann betreten und der Turm bestiegen werden, was zu einem schönen Überblick über das im Süden liegende Kilmartin-Tal verhilft.

Im Abstieg Richtung Parkplatz befindet sich rechts ein kleiner Wald. In ihm führt ein Trampelpfad aufwärts zu einem offengelassenen Fahrweg. (Wenn man aus dem Wald kommt, auf die Telegraphenstange zuhalten.) Den Fahr-

Auch im Duntrune Castle, dem ältesten noch bewohnten Schloß Schottlands, begrüßt die Besitzerin den interessierten Besucher gern zu einem Small talk.

weg gehen wir abwärts; nach 1 km erhält er festen Untergrund. Nach einer Kiesgrube wenden wir uns links in das Dorf **Kilmartin**. Hier kann man den *Glebe Cairn*, den Friedhof mit seinen alten Grabkreuzen und Grabplatten sowie das Innere der Kirche besichtigen.

Wir gehen zurück Richtung Kiesgrube. Kurz vor ihr biegt links ein Fahrweg ab, an dessen linkem Rand sich

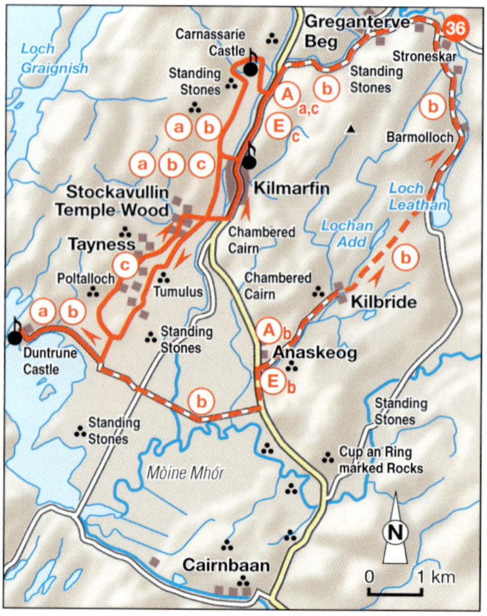

der *North Cairn*, bei dem man in die Grabkammer hinabsteigen kann, und der *Mid Cairn* befinden. An der darauffolgenden Kreuzung (Schule) laufen wir geradeaus weiter und kommen nun zu der großartigsten Anlage des gesamten Gräberfeldes, dem **Temple Wood** mit seinen beiden Steinkreisen. Auch an der nächsten Kreuzung gehen wir geradeaus und steigen am Hang leicht aufwärts, so daß man einen schönen Überblick über die weite, parkähnliche Landschaft mit ihren vielen Schafen erhält. Vor der Kirche von *Poltalloch* wandern wir links abwärts und verlassen die Teerstraße nach rechts auf einem Schotterweg. Wenn man im Abstieg einmal rechts zurückschaut, sieht man eine ausgedehnte Ruine. Einst war sie ein Manor House aus dem 19. Jh. Sie ist wie so viele Schloßruinen in Großbritannien ein Ergebnis der britischen Steuergesetze. Viele Schloßbesitzer konnten die hohen Grundsteuern nicht aufbringen; aber wenn ein Haus kein Dach mehr hat, ist es nicht mehr steuerpflichtig. Also trug man das Dach ab, zog in ein anderes Anwesen, und der Landsitz verfiel.

Ähnlich haben es die Besitzer von **Duntrune Castle** gehalten, denen außer dem Castle auch dieses Manor House gehörte. Sie deckten das letztere ab und zogen sich in das erstere zurück. Dadurch wurde *Duntrune Castle* zum ältesten bewohnten Schloß in Großbritannien. Dieses Castle, das wir von *Barsloisnoch* aus auf Teerstraßen in einem 3-km-Marsch erreichen, bildet einen sehr malerischen und schönen Abschluß unserer Tour. Auf einer in den *Loch Crinan* hineinragenden Landzunge gelegen, hebt es sich am Nachmittag gegen die glitzernde See ab.

b) Die Rundwanderung als große Variante beginnt an den Häusern *Anaskeog* [Anaskieg], wo von der A 816 ein Fahrweg nach Nordosten abzweigt (Ww. »Rhudil« und »Kilbride«). Nach 2 km kommt man nach *Kilbride*. Wenn Ihnen der Farmer recht energisch versichert, daß es den auf der Karte eingetragenen Fußweg nicht gebe, so sagen Sie ihm freundlich, daß Sie dies wüßten, daß Sie aber weglos zu gehen gewohnt seien, alle Gatter wieder schließen und die Tiere nicht stören würden. Es ist nämlich auch weglos überall ein gutes Vorankommen möglich. Den Fahrweg verläßt man gleich nach den Hofgebäuden nach rechts, überquert einen Bach und hat im Anfang, wenn es aufwärts geht, auch noch Wegreste. Die kleinen Waldstücke bleiben links unten. Nach und nach strebt man auf den Kamm eines Höhenrückens und hat von da einen klaren Überblick: links der *Lochan Add*, dann ein breiter Sattel und schließlich am Fuß eines Steilhanges absteigend den *Loch Leathan*. Auf einer kleinen Asphaltstraße läuft man über *Gregenterve Beg*, wo die ersten *Standing Stones* auftauchen, und durch ein sehr malerisches, enges Tal mit Kalkfelsen zum Carnassarie Castle. Von hier an wandert man wie bei a). Der Rückweg zum Ausgangspunkt erfolgt auf 6 km Teerstraße über *Dalvore* und *Drimvore* (29 km, 7 Std.).

c) Die kleine Variante verläuft zunächst wie die Streckenwanderung a). Zurück wandert man von *Barsloisnoch* über *Tayness* bis zur Schule. Von da geht es auf der A 816 über *Kilmartin*, das man erst auf dem Rückweg besichtigt, zum Parkplatz am Carnassarie Castle (21 km, 5 Std.).

i Nützliche Informationen

Ausgangspunkt: **a)** und **c)** Parklatz am Fuß von Carnassarie Castle; **b)** Abzweig der Nebenstraße von der A 816 an den Häusern Anaskeog.
Gehzeiten: siehe Kasten.
Sehenswürdigkeiten: **1.** Carnassarie Castle, Ruine (16. Jh.).
2. Kilmartin: Kilmartin House, Centre for Archaeology and Landscape Interpretation, Tel. (01546) 510278, tägl. 10–17.30 Uhr, Friedhof: Grabkreuze und -platten (10. Jh.).
3. Kilmartin Valley: Gräberfeld (Standing Stones, Stone Circles, Cairns usw.)
4. Duntrune Castle (12. Jh.), Park öffentl.
5. Lochgilphead: Kilmory Castle mit subtropischen Gärten.
Information: Lochgilphead – PA31 8JN: Tourist Information Centre, Loch Nell Street, Tel. (01546) 602344, geöffn. Mo.–Sa. 9.30–18.30, So. 11–17 Uhr.
Unterkunft: **1.** Kilmartin – PA31 8RW: 1 Hotel, Tel. 510250; 4 B&B.
2. Ford (6 km nö. von Kilmartin am Loch Awe): 1 Hotel, Tel. 810273.
3. Cairnbaan – PA31 8SJ (10 km s. Kilmartin): 1 Hotel, Tel. 603668.
4. Lochgilphead (12 km s. Kilmartin): 2 Hotels, 1 Guest House, 2 B&B.

37 Inveraray Castle – oder die »völlige Mißachtung der Kosten«

Inveraray – Cemetry – Dubh Loch – Glen Shira – Kilblaan – Cemetry – Inveraray Castle – Inveraray

Tourencharakter: Den unbestreitbaren Schwerpunkt der Tour bildet Inveraray Castle. Für dessen Besichtigung ist der Nachmittag vorgesehen. Vorher wird die eigentliche Wanderung durch das malerische Glen Shira mit seinem kleinen Dubh Loch auf meist festen Wegen durchgeführt.
Gesamtgehzeit: 4 Std.

Inveraray am *Loch Fyne*, im Herzen der Grafschaft Argyll, ist seit der 1. Hälfte des 15. Jh. Stammsitz der Chiefs des **Campbell-Clans**. In ihrer Bautätigkeit spiegelt sich auch deren Aufstieg zu einem der führenden Adelsgeschlechter Schottlands (vgl. Vorspann zu Region VII). Ein traditionell bewehrter Festungsturm mußte anfangs in den unruhigen Jahrhunderten genügen. Aber spätestens seit Mitte des 18. Jh. saßen die mittlerweile zu Herzögen avancierten Campbells fest im Sattel, es brachen friedlichere Zeiten an, und statt auf Rache und Vergeltung konnte man jetzt sein Augenmerk auf Architektur und stilvolle Repräsentation lenken. 1741 ließ Archibald, III. Duke of Argyll, die alte Burg abreißen. In den folgenden Jahren entstand bis 1785 das im Kastellstil gehaltene neue **Schloß**: Ein quadratischer Block mit vier runden Ecktürmen (die 1879 noch mit kegelförmigen Spitzdächern versehen wurden) umschließt den massigen, zinnenbewehrten Zentralturm. Trotz der Mischung von Stilelementen und der fast eineinhalb Jahrhunderte umfassenden Baugeschichte besticht der Entwurf des englischen Baumeisters Roger Morris durch seine harmonische Ausgewogenheit. Neugotische Spitzbögen verbinden sich mit mittelalterlichen Zinnenkränzen, Symmetrie mit Exzentrik, englischer Castle-Stil des Äußeren mit französischem Dekor im Interieur.

Kontraste auch im Innern des Schlosses, das der Schotte Robert Mylne gestaltete. Besonders beeindruckend ist das Kernstück, die *Armoury Hall* (Rüstungshalle), die den gesamten Zentralturm einnimmt. Rund 1300 Waffen – Gewehre, Spieße und Hellebarden – sind kunstvoll in Kreisen und Halbkreisen an den Wänden arrangiert, so daß man über ihrem dekorativen Effekt fast deren kriegerische Vergangenheit vergessen möchte. Im ersten Stock flankiert diesen Raum eine Galerie, auf der der hauseigene Piper morgens um 8 Uhr mit Dudelsacktönen den Schloßherrn aus den Federn scheucht. Nur sonntags darf der Herzog ausschlafen.

Nach dem doch eher martialischen Ambiente der Armoury Hall tritt uns in den angrenzenden Salons französische Eleganz in Vollendung entgegen. Prächtige Gobelins, Wand- und Deckenstukkaturen des Rokoko, Kristallüster und Louis-Seize-Mobiliar zieren die beiden prunkvollsten Räume, den *Tapestry Drawing Room* und den *State Dining Room*. Wie meinte schon Dr. Samuel Johnson bei seinem Besuch 1773: *»Was ich hier am meisten bewundere, ist die völlige Mißachtung der Kosten.«* Und vielleicht auch deshalb kommt Peter Sager zu dem Urteil: *»Von allen Burgen der Highlands die am wenigsten schottische.«*

1975 zerstörte ein verheerendes Feuer weite Teile dieses imposanten Castles. Wenn man es nicht aus der Literatur erführe, würde man es kaum

In Inveraray Castle manifestiert sich der nicht gerade diskrete Charme der schottischen Aristokratie.

glauben, denn man sieht nicht das geringste davon. Aber wohl dem, der eine große Familie hat. Ian Campbell, der »abgebrannte« XII. Duke of Argyll, schrieb einen Bettelbrief an die Mitglieder seines weltweit verstreuten Clans. Es war gar nicht nötig, daß alle 12,5 Mio. Campbells, die 1963 bei einer Zählung in aller Welt registriert wurden, zum Wiederaufbau beitrugen. Es genügten einige Tausend der Zahlungskräftigsten dieser worldwide family, um mit Spenden in Millionenhöhe das Schloß in kürzester Zeit wiederherstellen und das Interieur restaurieren zu lassen. Die kostbaren Gobelins, Möbel und Waffen waren ohnehin rechtzeitig geborgen worden.

Als Archibald in den 40er Jahren des 18. Jh. mit dem Neubau von Inveraray Castle begann, ließ er mit der alten Burg auch gleich das allzu nah angrenzende Fischerdorf abreißen. Es paßte nicht in das ästhetische Gesamtkonzept. Schöner und großzügiger, freilich auch in gebührender Distanz zum Schloß, entstand das **neue Inveraray**, das so zur ersten geplanten Stadt Schottlands wurde. Einheitlich klassizistisch im georgianischen Stil präsentiert sich das Schwarz-Weiß der Häuserfassaden in der *Main* und *Front Street.* Eine optische Einheit bilden auch Schloß, Stadt und Umgebung: Vom Festungsturm auf dem nahen *Dun na Cuaiche* überblickt man sie als eine gelungene Synthese von Architektur und Landschaft. 1795 ergänzte Robert Mylne die »Reißbrettstadt« durch die klassizistische Kirche in der Mitte der Hauptstraße. Gefängnis und Gerichtsgebäude der Stadt (19. Jh.) beherbergen heute ein originell gestaltetes Museum, das versucht, mit Wachsfiguren und nachgespielten Gerichtsszenen die Geschichte des Strafvollzugs im vorigen Jahrhundert »lebendig« werden zu lassen.

Der Wanderweg

Wir beginnen an der Tourist Information in *Inveraray*. Schön ist der Blick über die Bucht *Loch Shira*. Im Anblick des friedlichen Bildes ahnt man nicht, daß hier von 1941 bis 1944 drei Jahre lang Teile der Invasionsarmee für den »D-Day« in der Normandie geprobt haben und daß der König und Churchill persönlich hier Inspektionsbesuche bei den Vorbereitungen für den »Längsten Tag« durchführten.

Wir halten uns zunächst an die Hinweisschilder in Richtung »Inveraray Castle«. Leider wird der Anblick der Frontseite des Schlosses durch einen großen Parkplatz für die Automobilisten reichlich entstellt. An diesem

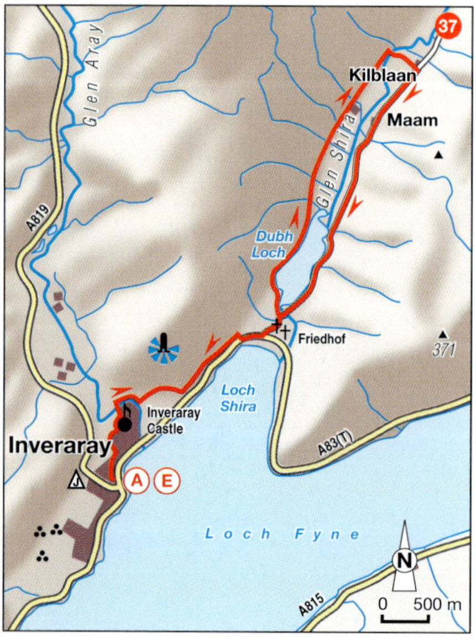

Parkplatz gehen wir links auf eine verzierte Brücke über den *River Aray*. Nach ihr biegen wir ungeachtet der Markierungen für andere Spaziergänge gleich rechts auf einen Fahrweg. Vom Hochufer über dem River Aray hat man mehrfach einen schönen Blick über die Parklandschaft von Inveraray und zum Castle. Nach 1/2 Stunde treffen wir auf die A 83, auf der wir 300 m zurücklegen müssen.

Dann zweigt vor einem kleinen Friedhof links ein asphaltiertes Sträßchen ab. Direkt vor einer Brücke verlassen wir es nach 200 m nach links; von den drei Fahrwegen, die hier abgehen, wählen wir den rechten. Er führt uns zuerst am *Dubh Loch* [Duh L.] vorbei und dann in das *Glen Shira*. Auf dem Fahrweg kommen wir, nachdem wir eine Transformatorenstation passiert haben, gut voran. Links liegt der Steilhang, rechts die Tallandschaft mit ihren Wiesen, auf denen Kühe weiden. Die Häuser von *Maam* lassen wir rechts liegen. Erst nach einem weiteren Kilometer biegen wir rechts durch ein Gatter nach *Kilblaan*, wo wir wieder auf die kleine Straße treffen. Diese laufen wir nun nach Süden zurück, diesmal das Glen Shira und den Dubh Loch von der anderen Seite und in der Gegenrichtung sehend. An der Brücke treffen wir auf den Abzweig vom Morgen und gehen den Rest, wie wir gekommen sind.

Den Abschluß bildet der Besuch von *Inveraray Castle*. In den letzten Jahren ist es zum Pflichtprogramm aller Schottlandreisenden und besonders der Busgesellschaften geworden. Geführte Gruppen in Englisch, Deutsch, Französisch und Italienisch durchfluten die hohen Räume. Würden die zahlreichen Field Marshalls und Hausherren aus zwölf Argyll-Generationen in ihren dekorativen Uniformen das Treiben zu ihren Füßen wahrnehmen können: sie

Nützliche Informationen

Ausgangspunkt und Information: Inveraray – PA32 8UY, Tourist Information Centre, Front Street, Tel. (01499) 302063, geöffn. Mo.–Sa. 9.30–18.30, So. 11–17 Uhr.
Gehzeiten: Inveraray–Kilblaan 2 Std.; Kilblaan – Inveraray Castle 1 1/2 Std.; Inveraray Castle – Inveraray 1/2 Std.
Sehenswürdigkeiten: **1.** Inveraray Castle, Stammschloß der Herzöge von Argyll, April–Juni, Sept./Okt., Mo.–Do., Sa. 10–13, 14–17.45, So. 13–17.45 Uhr, Juli/Aug. Mo.–Sa. 10–17.45, So 13–17.45 Uhr.
2. Combined Operations Museum, Cherry Park (in der Nähe des Schlosses), April–Okt., tägl. außer Fr. 11–18, So. 13–18 Uhr.
3. Inveraray: Stadtanlage, Uferpromenade, All Saints Episcopal Church mit Glockenturm, Inveraray Jail (»Lebendiges« Gefängnismuseum, tägl. 10–18 Uhr), The Arctic Penguin Maritime Museum an der Pier.
Unterkunft: Inveraray – PA32 8XD: JH, Tel. (01499) 302454, 38 Betten; 4 Hotels, 4 Guest Houses, 10 B&B.

wären entsetzt. So aber blicken sie den Betrachter aus einer Position der Würde, Selbstgefälligkeit und Macht an. Stellen Sie sich vor, Sie würden mit ihnen sprechen – das macht mehr Spaß als auf die Führungen zu hören.

38 Rest and be thankful

Paß »Rest and be thankful« – Allt Coire Odhair – Inveronich – Pole Farm – Gleann Mór – »Rest and be thankful«

Tourencharakter: Solide Rundwanderung im Gebirge mit vier Varianten. Der Weg führt erst an den Hängen des Glen Croe, dann über einen 400 m hohen Paß und schließlich auf einem Cycle Way an den Hängen des Gleann Mór. Ausgangs- und Endpunkt bildet der Paß mit dem schönen Namen »Rest and be thankful«. Die Wegqualität ist sehr unterschiedlich. Die Paßwanderung ist naß und verläuft im Abstieg 800 m durch ein Hochmoor. Der Rest sind breite, feste Forstraßen, auf denen sich sehr gut laufen läßt.
Gesamtgehzeit: 4 1/2–5 Std.

Nach so viel Sightseeing in dieser Region und als Abschluß des Tourenangebots wollen wir uns noch einmal so richtig der Natur und der Fortbewegung in ihr per pedes widmen. **»Rest and be thankful«** – welch herrlicher Name für eine Abschlußtour! So wollen wir es halten, wenn wir die letzten Schritte dieses ausgedehnten Wanderangebots getan haben: Verweilen und dankbar sein!

Der schöne Name für diesen Paß ist nicht von ungefähr entstanden. Der Übergang verbindet drei Fjorde miteinander: Im Westen *Loch Fyne*, im Süden *Loch Goil* und im Osten *Loch Long*. Besonders für die Verbindung von *Inveraray* nach *Glasgow* war dieser Paß schon im 17. und 18. Jh. bedeutsam. Auch die *Old Military Road* (vgl. Tour 18) benutzte ihn, ebenso heute die A 83.

Der alte Paßanstieg folgte nicht deren Verlauf, sondern dem *Gleann Beag* [Gljaun Beg] und dem *Gleann Mór*, zwei tief eingeschnittenen Tälern mit steilen Wänden. Dieser Anstieg war für damalige Verhältnisse recht steil. Fast vom Meeresspiegelniveau ging es auf

246 m hinauf. Schon der Zugang durch das Gleann Beag (wörtl.: kleines Tal) muß gefürchtet gewesen sein, denn der englische Name lautet »Hell's Glen« (Höllental). Wer diesen Aufstieg benutzte, kam müde und erschöpft oben an. Bis heute gilt, was der Romantiker Keats schon vor 150 Jahren beklagte: Auf der Paßhöhe steht kein Inn, kein Gasthaus.

Die Automobilisten freilich, die heutzutage in dichtem Verkehr den Paß traversieren, ahnen nichts von den damaligen Strapazen. Sie fahren auf den Parkplatz, verspeisen im Auto ihre Mittagsbrote, während der Regen auf die Frontscheiben prasselt, und hören dabei Radio. Aber ob sie auch noch richtig dankbar sein können?

Der Wanderweg

Wir beginnen unsere Wanderung am besagtem Parkplatz auf dem Paß *Rest and be thankful,* nachdem wir den schönen Tiefblick in das *Glen Croe* genossen haben. Wir begeben uns auf die schmale B 828, die dem Verlauf der historischen Paßstraße folgt, und steigen auf ihr leicht an. Nach 300 m zweigt links eine Forststraße ab, die sich nach 200 m nochmals gabelt. Wir gehen auf der linken der beiden, als Radweg ausgeschilderten Straßen und steigen im *Argyll Forest Park* einen reichlichen Kilometer bis zu einer erneuten Gabelung ab.

Wir folgen dem Cycle Way rechts aufwärts. Die Forststraße verliert dann

Am Ende der letzten Tour überblickt man von der Glasfront der Jugendherberge Ardgartan den Loch Long mit dem Zauber seiner Spiegelung.

Auf der Paßhöhe »Rest and be thankful« steht im Sommer fast täglich ein Piper, der allen, die den Paß überschreiten, schottische Weisen auf dem Dudelsack bläst.

wieder an Höhe. Etwa 1,5 km nach der letzten Gabelung schickt uns ein Ww. »Lochgoilhead« nach rechts auf einen Fußweg. Die Überquerung des Passes und der Abstieg in das *Allt Coire Odhair* [Ault Korre Oger] sind durch weiße Pfosten markiert. Beim Eintritt in den Wald muß man einen Zaun mittels einer Steighilfe passieren. Beidseits des Weges ist der Wald wie in einer Schneise gelichtet. An einem Ww., der einen Abzweig links nach *Coilessan* ausweist, gehen wir rechts abwärts. Den nächsten Pfosten kann man schon sehen. Nach sehr nassem Gelände wird der Weg wieder fester und erkennbarer.

Vor einer Holzbrücke trifft man schließlich auf einen Ww., wo wir rechts dem Schild »Forest Walk« folgen. Auf Stufen gelangen wir aufwärts zu einem weiteren Steg, der den in Kaskaden herabstürzenden *Donish Water* überquert. Von der Höhe an ist der Weg endlich wieder breit und fest und durch rote Punkte markiert. Im Abstieg kann man einen recht schönen Blick auf *Lochgoilhead* genießen.

Der Weg mündet schließlich bei der Farm *Inveronich* in das Tal des *River*

Nützliche Informationen

Ausgangspunkt: Parkplatz auf der Paßhöhe »Rest and be thankful«.
Gehzeiten: Parkplatz – Paß, 400 m, 1¼ Std., Paß, 400 m – Inveronich 2 Std.; Inveronich – Parkplatz 1½ Std.
Information: **1.** Ardgartan – G83 7AR: Tourist Information Centre, Tel. (01301) 702432.
2. Tarbet – G83 7DE am Loch Lomond: Tourist Information Centre, Main Street, Tel. 702260, geöffn. April bis Okt.
Unterkunft: **1.** Ardgartan – G83 7AR: JH, Tel. (01301) 702362, 60 Betten, an Wochenenden Voranmeldung.
2. Arrochar – G83 7AU: 3 Hotels, 5 Guest Houses, 12 B&B.
3. Tarbet: 1 Hotel, 1 Guest House, 10 B&B.
4. für die Rückfahrt: Loch Lomond, Arden, JH Alexandria Castle – G83 8RB: Tel. (01389) 850226, 160 Betten, Voranmeldung ratsam.
Bergrettung: Arrochar, Moutain Rescue Post, Tel. (01301) 999.
Varianten: **1.** Vom Paß »Rest and be thankful« Abstieg ins *Glen Croe* auf der *Old Military Road.* Nach 50 Min. auf der Brücke über den *Croe Water* und danach rechts Aufstieg, bis man auf den Cycle Way trifft. Diesem links zurück aufwärts folgen, dann wie beschrieben (+ 1¼ Std.).
2. Wie 1.), aber am Cycle Way geradeaus weiter und zurück zum Paß (Gesamtgehzeit 2 Std.).
3. An der Gabelung nach dem Verlassen der B 839 rechts absteigen bis zur Pole Farm und dann auf der B 839/B 828 im Talgrund des Gleann Mór wieder aufsteigen (Gesamtgehzeit 2½ Std.).
4. Kombination von 2.) und 3.) (4½ Std.)

Goil. Wir gehen rechts und dann nach 200 m auf dem Fahrweg, bis wir auf die B 839 treffen. Ihr folgen wir 1,5 km, dann zweigt nach rechts und an der unmittelbar folgenden Gabelung links eine weitere Forststraße ab, die als Cycle Way ausgewiesen ist. Vor der *Pole Farm* wenden wir uns rechts und steigen nun auf der guten, breiten Waldstraße gleichmäßig im *Gleann*

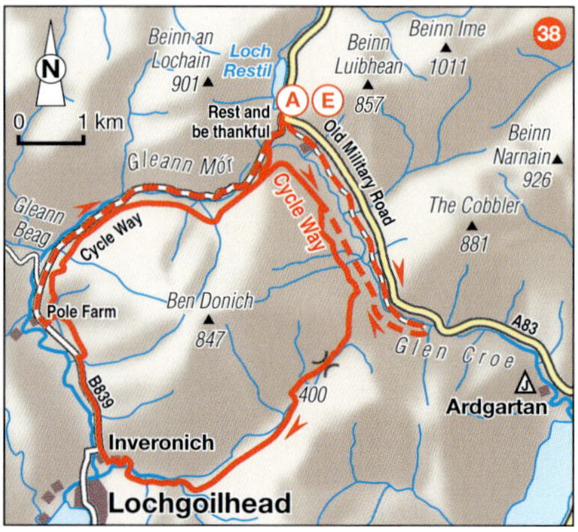

Mór an. Der Wald wurde in den letzten Jahren abgeholzt, so daß man ständig freien Blick auf die Hänge gegenüber hat, die vom *Beinn an Lochain* [Ben an Lochän] herabziehen. Unter sich sieht man die schmale Asphaltstraße, die dem Verlauf des alten Pfades folgt.

Wir kommen an der eingangs erwähnten Gabelung heraus, wo wir die Tour begonnen haben. Nach 10 Minuten sind wir wieder am Paß. Unsere letzte Wanderung ist zu Ende, und wir haben allen Grund, der Aufforderung »Rest and be thankful!« nachzukommen. Wenn wir Glück haben, spielt ein Piper, ein Dudelsackpfeifer im Kilt, hier oben seine melancholische Musik. Wenn es auch etwas »touristy« wirkt, wie die Reisenden sich rechts und links neben ihm postieren, um sich »abfotografieren« zu lassen – für uns ist es ein schöner Abschluß.

Allgemeine nützliche Informationen

Unterkünfte: Jugendherbergen, Independent Hostels, Bed and Breakfast, Guest Houses, Hotels

Die Wahl der richtigen Unterkunft ist natürlich eine Frage des Reisestils, des Geldbeutels, aber auch der vorhandenen Kapazitäten. Nachstehend werden die Unterkunftsmöglichkeiten in der Reihenfolge der Preise aufgeführt.

Das Netz der Jugendherbergen (JH, *Youth Hostels*) ist in Schottland recht dicht, im Süden naturgemäß dichter als im Norden. Besorgen Sie sich rechtzeitig vom *Deutschen Jugendherbergswerk, DJH-Hauptverband*, Bismarckstraße 8, 32576 Detmold, Tel. (0 52 31) 7 40 10, eine *Youth Hostelling International Card* (ggf. für Familien oder Senioren) sowie das Verzeichnis *SYHA, Handbook, Free Map of Scotland*. Letzteres kann man in Schottland in jeder JH kaufen. Wer noch nicht Mitglied eines JH-Verbandes ist, kann sich in jeder schottischen JH eine *International Guest Card* ausstellen lassen. Die ersten sechs Nächte zahlt er jeweils eine zusätzliche Gebühr, danach ist er faktisch Vollmitglied.

Im Anschluß an alle Touren sind die in der Nähe befindlichen JH angegeben. Das Verzeichnis SYHA weist alle 80 JH in Schottland sehr detailliert aus. Diese werden in vier Sterne-Kategorien eingeteilt. Von der Ein-Stern-JH mit sehr einfacher Ausstattung (z. B. Touren 24 bis 26) bis zur Vier-Sterne-JH, z. B. im Carbisdale Castle, steigern sich »Komfort« sowie die Preislage (für Erwachsene von DM 13 in der JH* bis ca. DM 30 in der JH****, Stand 1997).

Alle JH besitzen voll ausgestattete Küchen zur Selbstversorgung, mindestens einen Aufenthaltsraum *(common room)* und – beim dortigen Klima besonders wichtig – einen Trockenraum *(drying room)*. Duschmöglichkeiten sind in der Regel vorhanden, ebenso ein kleiner Laden an der Rezeption. Größere JH verfügen auch über Gelegenheit, Kleider zu waschen *(laundry facilities)* oder bieten preisgünstige Mahlzeiten an. JH* und JH** schließen tagsüber von 10.30 bis 17 Uhr; »Zapfenstreich« ist 23 Uhr. Sie erwarten darüber hinaus eine kleine »duty«, d.h. Ihre Mithilfe beim Reinigen der Unterkunft. JH*** schließen von 11 bis 14 Uhr und abends um 23.45 Uhr. JH **** sind ganztägig geöffnet und gewähren bis 2 Uhr morgens Einlaß. Die JH*** und JH **** (auch einige JH**) sind durch ein Fax-System untereinander verbunden, was Vorbestellungen gegen ein kleines Entgelt möglich macht. Davon sollten Sie stets Gebrauch machen. Diese Vorbestellungen müssen im voraus bezahlt werden; dafür haben Sie die Gewißheit, daß Ihr Bett bis 22 Uhr reserviert bleibt. Besteht keine Fax-Verbindung, müssen Sie privat mindestens einen Tag zuvor telefonisch anfragen und bis spätestens 18 Uhr bei der JH eingetroffen sein. Das internationale Publikum besteht nicht nur aus jugendlichen Radfahrern und Rucksacktouristen, sondern auch aus Familien mit Kindern und älteren Jahrgängen (»recycled teenagers«).

Neben den offiziellen JH der SYHA sind in den letzten Jahren eine Reihe von *Independent Hostels* entstanden, in denen es noch etwas legerer zugeht (z. B. kein Mitgliedszwang, keine Sperrstunde, kein Alkoholverbot). Manches wirkt dabei etwas improvisiert. Ein Verzeichnis dieser Unterkünfte erhalten Sie u.a. beim *Scottish Tourist Board*, 23 Ravelston Terrace, Edinburgh EH4 3EU, Tel. (01 31) 3 32 24 33.

Wer Gemeinschaftsunterkünfte scheut und eine private Atmosphäre wünscht, für den ist das *B&B (bed and breakfast)* genau das Richtige. Es wird überall im Lande so zahlreich angeboten, daß Sie hier immer ein Unterkommen finden (ausgenommen Edinburgh zur Festivalzeit). Die Preise bewegen sich zwischen DM 45 und DM 70.

Die nächst »höhere« Stufe ist das *Guest House*. Hier erwartet man, daß Sie nicht nur eine Nacht bleiben. Es eignet sich also als zentraler Stützpunkt für Wanderungen in der Umgebung (Regionen IV und V). Sowohl beim B&B als auch im Guest House finden Sie leicht Anschluß an die Familie des Gastgebers; die *Landlady* steht für Auskünfte über Geschichte und Landschaft der Umgebung gern zur Verfügung. Im Guest House müssen Sie mit DM 60 bis DM 80 pro Person und Tag rechnen. Dafür haben Sie in der Regel die Möglichkeit, im Haus warme Mahlzeiten einzunehmen.

Die anspruchsvollste Kategorie ist das Hotel. Es bietet jeden Komfort, aber dafür muß man auch von DM 80 an aufwärts bezahlen. Nicht nur alle größeren Orte besitzen Hotels; man findet sie auch in einsamen Gegenden völlig isoliert an der Straße stehen (Touren 22 und 31).

Grundsätzlich haben alle Unterkünfte, gemessen an der Kargheit der Landschaft, eine bemerkenswert gute bis aufwendige Ausstattung. Der Kamin ist kein Luxus, sondern eine Lebensnotwendigkeit im kühlen Sommer. Besorgen Sie sich entweder gleich in Edinburgh oder in einem der Tourist Information Centres der entsprechenden Region die Broschüre *»Where to stay«*. In ihr finden Sie sämtliche Hotels, Guest Houses, B&B, Self Caterings (Selbstversorgung), Bunkhouses (Touristenlager), Independent Hostels, Caravan und Camping Parks mit allen wichtigen Angaben und Preisen verzeichnet. Zusätzlich vermitteln alle Tourist Information Centres Zimmer.

Wanderwege und Markierung

Der ideale Wanderweg ist der von der *Forestry Commission* unterhaltene und gelegentlich durch Pfosten markierte *Forest Walk* (Touren 5, 14, 17). Daneben eignen sich die breiten Forststraßen mit festem Untergrund, die für den öffentlichen Fahrverkehr gesperrt sind, sehr gut zum Wandern. Schon bei ihnen muß man unterwegs mit Gattern rechnen. Im einfachsten Fall lassen sie sich öffnen oder mittels Steighilfen (»stiles«) überwinden. Gelegentlich müssen sie aber auch überklettert werden, was besonders, wenn die Gatterkrone mit Stacheldraht bewehrt ist, einige Geschicklichkeit voraussetzt. Eine besondere Kategorie bilden Radwege (*Cycle Ways*, Touren 8, 9, 16, 19, 33, 38) und historische Anlagen wie die *Old Military Road* aus dem Anfang des 18. Jh. (Touren 18 und 38) oder stillgelegte Bahnlinien *(dismantled railways)*, von denen das Gleisbett noch vorhanden ist (Touren 9 und 10).

Wo diese günstigen Voraussetzungen bei der Tourenplanung nicht gegeben waren, mußte auf wenig befahrene Asphaltstraßen ausgewichen werden (Touren 7, 11, 23, 26, 35, 37). Sie sind natürlich sehr gut begehbar, aber man ist nicht gänzlich befreit vom Straßenverkehr.

Eine Reihe von Touren stellt gewisse Anforderungen an Ausdauer, Ausrüstung und die Überwindung des Weguntergrundes. Das sind die auf den Karten 1:50000 eingetragenen Fußwege. Nicht immer ist bei ihnen in der Natur vorhanden, was die Karte verspricht. Diese Wege sind von sehr unterschiedlicher Qualität. Am besten kommt man in den Hochgebirgen auf ihnen voran (Touren 6, 12 bis 14, 29, 34). In den übrigen Gebieten entsteht ein gewisser Abenteuer-Charakter, der Pfadfindersinn erfordert, denn nicht immer ist der »Weg« als solcher erkennbar (Touren 22, 25, 28, 30 bis 32, 38).

Wegweiser und Markierungen sind hier in der Regel unbekannt. Man läuft nach Karte und nach Sicht. Bei solchen Verhältnissen kann man oft nur mit einer Gehgeschwindigkeit von 2 km/h rechnen! Besonders nach Regenfällen »trieft die ganze Landschaft von Wasser«, und die »Wege« sind oft verschlammt. Aber versinken können Sie nicht, denn das Grundgebirge liegt oft nur 10 bis 20 cm unter der Torfschicht.

Oft müssen nicht nur Gatter überklettert, sondern auch Furten durchschnitten werden. Für diese Tourenkategorie sind Gamaschen und ein Teleskop-Skistock für die Balanceakte auf den Steinen unbedingt zu empfehlende Ausrüstungsgegenstände. Die höchsten Anforderungen stellt eine Variante der Tour 31, wo einerseits eine Klippe im Reitersitz »durchgeschoben«, andererseits ein Fluß knöcheltief durchwatet werden muß.

Die extremste Kategorie stellt das weglose Vorankommen dar. Grundsätzlich verbietet sich dieser Wanderstil eigentlich von selbst in einem Land, in dem vorwiegend Schafzucht betrieben wird, und Zäune, oft mit Stacheldraht versehen, das ganze Land durchziehen. Stacheldraht und Bodennässe machen ein solches »Voran«-Kommen in der Regel zu einem fragwürdigen Vergnügen. In ganz wenigen Fällen aber wurden um der Ausblicke willen kürzere Etappen weglosen Wanderns ausprobiert und für durchführbar befunden (Touren 6, 24, 29c).

Was das Wandern im Weideland betrifft, so ist festzuhalten, daß es in Schottland kein Gesetz gibt, das das Passieren von Privatgelände verbieten würde, vorausgesetzt, daß man alles in seinem Zustand beläßt, geschlossene Gatter nach dem Passieren also wieder schließt, Tiere in Ruhe läßt, kein Feuer macht, keinen Abfall hinterläßt usw. Aber einige Farmer, die möglicherweise durch das Fehlverhalten von Wanderern schlechte Erfahrungen gemacht haben, setzen sich über das Gesetz, dessen Arm nicht überall hinreicht, hinweg und verbarrikadieren ihr Farmgelände gegen Wanderer. Treffen Sie auf eine solche Situation, so suchen Sie keine Konfrontation, sondern ziehen Sie sich als Gast des Landes zurück. Wie man im Grenzfall sich benehmen kann, finden Sie am Anfang der Variante 36 b. Auf der anderen Seite zeigt die Forestry Commission ein betont wanderfreundliches Verhalten, z. B. durch Einrichtung der Forest Walks, der Nutzung von Forststraßen als Radwege und direkte Begrüßung durch Schilder (Tour 20). Allerdings erfordern die großen Anstrengungen, die gegen den Kahlschlag während der »Clearances« gemacht werden, eine Schonung des Waldes. Daher sollten Sie die Einzäunungen vieler, besonders junger Wälder respektieren und auf den Wegen bleiben.

Anreise, Öffentliche Verkehrsmittel, Fahrpläne

Anreise

1994 wurde der Tunnel unter dem Ärmelkanal eröffnet. Das ist nun die schnellste Verbindung zwischen Kontinent und Britischer Insel. Da Autos auf die Züge verladen werden, entstehen freilich immer noch Wartezeiten. Aber insgesamt ist im Vergleich zum Fährbetrieb die Anreisezeit durch den Kanaltunnel ganz wesentlich verkürzt worden.

Wer die u. U. über 2000 km lange Anfahrtsstrecke mit dem eigenen Pkw scheut und diese durch das Erlebnis einer Seereise unterbrechen will, für den bietet sich als vorteilhafteste Art der Anreise die Fähre Rotterdam – Hull an. Sie wird betrieben von der *North Sea Ferries* (King George Dock, Hedon Road, Hull HU9 5QA, Tel. (01482) 795141). Jedes Reisebüro kann Ihnen Fahrpläne und Fahrpreise kurzfristig beschaffen. Für die Überfahrt incl. Dinner und englischem Frühstück werden sehr attraktive Sonderpreise für Familien, Studenten und Senioren angeboten. In der Vor- und Nachsaison gelten weitere Ermäßigungen. Die Fähre verkehrt von Rotterdam nach Hull nur Mo. bis Do.; in entgegengesetzter Richtung So. bis Do. Die Einschiffung muß bis 17 Uhr erfolgen. Nähere Auskünfte erteilt Ihr Reisebüro; die Buchung sollte einige Wochen vor Antritt der Reise erfolgen.

Neben der North Sea Ferries gibt es noch zahlreiche andere Fährgesellschaften, die andere Strecken befahren, z. B.
Scandinavian Seaways: Hamburg – Harwich, Esbjerg – Newcastle
OLAU LINE: Vlissingen – Sheerness
Sealink/Stena Line: Hoek van Holland – Harwich
P&O European Ferries: Oostende – Dover

Ein komplettes Verzeichnis der Fahrpläne und Tarife erhalten Sie mit dem *Verzeichnis der Autofähren nach Großbritannien und Irland* von der Britischen Zentrale für Fremdenverkehr (Adressen siehe unter Tourist-Informationen, Seite 186).

Wer den eigenen Wagen nicht mitführen will, kann das Flugzeug, die Bahn oder den Bus benutzen. Einzige Non-Stop-Verbindung zwischen Deutschland und Schottland bietet die *Lufthansa* ab Frankfurt nach Glasgow (1997 Super-Flieg-und-Spar-Preis: ab DM 549). London ist mit einem Direktflug täglich von jedem deutschen Flughafen erreichbar (1997 ab Düsseldorf: DM 220 bis 500).

Die Anreise mit der Bahn ist natürlich möglich. Aber angesichts ihrer Dauer und des mehrmaligen Umsteigens steht der Preis von DM 400 bis 700 in keinem Verhältnis zu den Umständen.

Eine Anreise mit den schnellen *Rapid-Bussen* von *National Express* läßt sich am besten mit einem Flug bis London kombinieren. Preislich ist dies nicht ungünstig: je nach Flugticket kommt man auf ca. DM 500 für die einfache Strecke. Die billigste, aber auch strapaziöseste Reise bieten die Busse der *Deutschen Touring*, die von allen größeren Orten Deutschlands nach Glasgow hin und zurück für nur DM 278 fahren (Stand 1997). Die Buchung der *Rapid-Busse* sollte über die BTA (s. S. 186) bei *National Express*, die der *Deutschen Touring* beim *Reisebüro Gaeltacht Irland Reisen Moers*, Schwarzer Weg 25, 47477 Moers, Tel. (02841) 930111 mindestens 14 Tage vor Reiseantritt erfolgen.

Öffentliche Verkehrsmittel

Für das Netz der in diesem Buch vorgeschlagenen Wanderungen gibt es in Schottland nur wenige Bahnlinien, die dafür interessant sind: die Strecke Edinburgh–Stirling (Touren 1 bis 3), Perth–Inverness (14 bis 19), Inverness–Helmsdale (20 und 21), Dingwall–Kyle of Lochalsh (27 nach 28), Fort William–Mallaig (Zusatz 34), Fort William–Oban (35), Oban–Glasgow (38). Für diese Fälle bieten sich preisgünstige Netzkarten an: 1. Der *Scot Rail Pass* (unbegrenzte Fahrten an 4, 8 oder 14 Tagen sowie Fährverbindungen zu den Inseln). Diesen Paß kann man nur außerhalb Großbritanniens erhalten, z. B. bei den DER-Reisebüros. Auskunft erteilen *British Rail*, Düsseldorfer Straße 15–17, 60329 Frankfurt/M., Tel. (069) 23854244, und Centralbahnplatz 9, CH-4002 Basel, Tel. (0041/61) 2729378. 2. Das *Freedom of Scotland Ticket* (für ca. £ 50 1 Woche unbegrenztes Fahren). Diese Netzkarte ist in Schottland auf den meisten Bahnhöfen erhältlich.

Interessanter als die Bahn sind auch für Wanderer, die den eigenen Wagen in der Nähe haben, die Busverbindungen. Mit ihrer Hilfe kann man nach Streckenwanderungen wieder zum eigenen Wagen zurückfinden. Das Liniennetz ist gut ausgebaut. Busse oder Postbusse fahren auch zu den kleinen, entlegenen Dörfern, wenn auch nicht sehr oft. Sonn- und feiertags verkehren in der Regel keine Busse. Auf den Inseln bilden die Busse das Hauptverkehrsmittel. Auch für die Buslinien gibt es preisgünstige Netzkarten: z. B. den *Tourist Trail Pass* (5, 8, 15, 22 oder 30 Tage auf dem gesamten Netz unbegrenzt). Man erhält ihn in Schottland auf den Omnibusbahnhöfen in Edinburgh und Glasgow oder in Deutschland bei *Winkelmann Reisen*, Schulstr. 2, 29308 Winsen/Aller, Tel. (05143) 93434.

Ideal ist der *Highlands & Travelpass*, der von März bis Ende Oktober zu fast unbegrenzten Bahn-, Bus- und Fährschiffreisen berechtigt. Der Paß gilt für 7 (13) Tage innerhalb 8 (15) Tagen. Er ist in Schottland auf vielen Bahnhöfen, Busbahnhöfen und Fährenterminals, auch in guten deutschen Reisebüros, erhältlich.

Fahrpläne

Fahrpläne für die Bahn erhält man auf allen Bahnhöfen Schottlands. Für die über 100 Postbusse gibt es einen Fahrplan bei *Post Office Public Relations Unit*, West Port House, 102 West Port, Edinburgh EH3 9HS, Tel. (0044/131) 2287407.

Post und Telefon

Die Postämter sind Mo.–Fr. von 9 bis 17.30 Uhr und Sa. von 9 bis 12.30 oder 13 Uhr geöffnet. In kleinen Orten befindet sich die Post im »Tante-Emma-Laden«. Dann sind sie von 13 bis 14 Uhr geschlossen. Das Postleitzahlensystem ist in Großbritannien sehr detailliert, dafür wenig praktikabel. Es besteht aus einer sechs- oder siebenstelligen Zeichenfolge von Buchstaben und Ziffern, wobei das letzte Zeichen von Straße zu Straße wechselt. Bei den Touristischen Angaben am Ende einer jeden Tour sind die Postleitzahlen bei Information und Unterkunft in der Regel angegeben, falls Sie diese Stellen anschreiben wollen. In der Praxis kennen in kleineren Orten nicht einmal die Postämter ihre eigene Postleitzahl!

Das Telefonnetz ist in Schottland erfreulich dicht. Die berühmten roten Telefonzellen, die man vielfach auf dem offenen Land oder neben Parkplätzen der Forest Walks antrifft, werden freilich in zunehmendem Maße von den modernen, silbernen Rauchglashäuschen mit Drucktastentelefon verdrängt. Die Telefone nehmen bis auf Pennymünzen sämtliche britischen Münzen an. Der Mindesteinwurf beträgt 10 Pence. Von 18 bis 8 Uhr sowie an Sonn- und Feiertagen gilt ein Billigtarif. Für den, der viel telefonieren will, ist es vorteilhaft, sich eine *Phonecard* zu besorgen, die man auf Postämtern, in Zeitungsläden (grüner Aufkleber an der Eingangstür) usw. erhält. Die Zahl der Kartentelefone nimmt von Jahr zu Jahr zu.

Notruf für Polizei, Rettung, Feuerwehr: 999 kostenlos;
Inlandsauskunft: 192;
Auslandsauskunft: 155;
Autohilfe: Automobile Association:
(0131) 2253301
Royal Automobile Club: (0131) 6571122 und (0141) 2484444
Vorwahl für Gespräche aus D, A und CH: 0044
Vorwahl für Gespräche nach D: 01049;
A: 01043, CH: 01041, die Null der nachfolgenden Ortskennzahl entfällt.

Verzeichnis der Feste

Es gibt wohl kaum ein Land in der Welt, das sich so festfreudig geben würde wie Schottland. Es ist das Land der Festivals schlechthin, rund um den Kalender von Januar bis Dezember.

Als größtes Kulturfest der Welt gilt das *Edinburgh Festival*. Auf die 15 speziellen Festivals im Rahmen der Edinburgher Festspiele wurde bereits im Anschluß an die Tour 2 eingegangen.

An zweiter Stelle stehen die *Highland Games*, die erstmals im 11. Jh. in Braemar stattfanden. Sie blicken also auf eine sehr alte Tradition zurück. Bis ins 18. Jh. galten sie der Stärkung des Clans und des schottischen Selbstbewußtseins gegenüber den Engländern. Erst im 20. Jh. haben sie den Charakter von Folklore-Veranstaltungen angenommen. Die Highland Games werden von Mai bis September an verschiedenen Orten abgehalten. Es sind so viele, daß sie in der nachfolgenden Tabelle nicht alle, sondern nur die wichtigsten aufgeführt werden konnten. In den einzelnen Disziplinen dominieren Hammerwurf, Steinstoß, Baumstammschleudern, aber auch Dudelsackmusik und viele traditionelle Tänze wie der *Highland Fling*, der *Seann Triubhas* [Schjaun Trües] und der *Ghillie Calum*, ein Schwerttanz. Wegen seiner fast tausendjähriger Tradition gilt *The Gathering of the Braemar Royal Highland Society* als wichtigstes Festival im gesellschaftlichen Kalender Schottlands: Jedes Jahr erscheint die königliche Familie, um es zu besuchen.

Seit Ende des vorigen Jh. findet zur Pflege der gälischen Sprache und Musik Mitte Oktober *The National Gaelic Mod* statt, kurz *Mod* genannt. Es wird jedes Jahr an einem anderen Ort ausgetragen. Seine Teilnehmer kommen aus Schottland, Wales, Irland und Übersee.

Einen (nicht vollständigen) Überblick über die Festivals in Schottland bietet die nebenstehende Tabelle.

	Highlands, Shetlands, Orkneys	Lowlands	Southern Uplands
Januar	»Up-Helly-Aa«: Nordisches Sonnwendfest. Prozession bei Kerzenlicht mit anschließender Verbrennung eines Wikingerschiffs. Danach Gesang und Tanz bis zum Morgengrauen (Lerwick, Shetlands, letzter Dienstag im Monat)	Am 25.1., dem Geburtstag des Dichters Robert Burns: Burns Night Dinners in Glasgow, Edinburgh und vielen anderen Städten	25.1. Burns Night Dinners in Ayr, Dumfries und anderen Städten (s. u. Lowlands)
Februar			Ba'Game in Jedburgh, Borders
März	Snow Fun Week: Einwöchiges »Schneefest« in Glenshee, Tayside	Whuppity Scourie: Fest zur Vertreibung des Winters in Lanark, Strathclyde; Edinburgh Folk Festival	
April	Shetland Folk Festival Ende April/Anfang Mai in Lerwick, Shetlands	Links Market: Rummel in Kirkcaldy, Fife Kate-Kennedy-Prozession in St. Andrews; Scottish Grand National: Pferderennen in Ayr, Strathclyde; Traditional Music Festival in Mull, Strathclyde	
Mai	Theater-Festivalsaison in Pitlochry, Tayside (bis Oktober). Atholl Highlanders' Parade in Blair Castle, Tayside	Glasgow Mayfestival: Internationales Festival mit Musik, Tanz, Theater. Information: 18 Albion St., Glasgow G1 1LH, Perth Festival of the Arts: Konzert, Theater, Oper, Ballett	
Juni	St.-Magnus-Festival in Kirkwall und Stromness, Orkneys: Musikfestival	Lanimer Festival in Lanark, Strathclyde; Royal Highland Agricultural Show: Landwirtschaftsausstellung in Ingliston bei Edinburgh	Common Ridings in den Borders. Robert-Burns-Festival in Südwestschottland
Juli	Scottish Transport Extravaganza in Glamis Castle, Tayside; Uist Games: Dudelsackfestival auf South Uist (Äußere Hebriden)	Golf: British Open Championship. Royal and Ancient Golf Club, St. Andrews, Fife KY16 9JD; Glasgow International Folk Festival	Herring Queen Festival in Eyemouth, Borders
August	Internationales Jugendfestival der Musik und Künste in Aberdeen, Grampian; Black Isle Show: Landwirtschaftsausstellung mit Highland Games in Muir of Ord, Ross (1. Donnerstag); Glen-Nevis-Flußregatta, Fort William; Northern Meeting: Dudelsackwettbewerb in Inverness	Edinburgh International Festival (bis Anfang September): größtes Kulturfestival der Welt (s. Kapitel Edinburgh), Information: Edinburgh Festival Society, 21 Market St., Edinburgh EH1 1BW; Edinburgh Book Festival (alle zwei Jahre: 1993, 1995 usw.); Burry Man Festival in South Queensferry, Lothian; Wikingerfestival in Largs, Strathclyde	
September	Braemar Royal Highland Gathering: Traditionelles Festival der Clans aus ganz Schottland. Information: Princess Royal and Duke of Fife Memorial Park, Braemar, Grampian		
Oktober	Glenfiddich-Dudelsack-Weltmeisterschaften in Blair Castle, Tayside		Glorious Tweed Festival in Tweed Valley, Borders
November	Schottlands Whisky-Festival in Aviemore		
Dezember	The Ba' Games in Kirkwall, Orkneys; Swinging Fireball Ceremony in Stonehaven, Grampian		

Tourist-Information, Wetterprognosen

Zur Vorbereitung einer Schottlandreise erteilt Auskunft in D: *British Tourist Authority (BTA)*, Taunusstr. 52–60, 60329 Frankfurt/M., Tel. (069) 2380711, in der Schweiz: *BTA*, Limmatquai 78, CH-8001 Zürich, Tel. (01) 26142-77 u. 97.
In Schottland selbst erteilt Auskunft das *Scottish Tourist Board*, 23 Ravelston Terrace, Edinburgh EH4 3EU, Tel. (0131) 2322433.
Hier kann man kostenlos die Broschüren des BTA und gegen Gebühr Landkarten und Stadtpläne erhalten. Daneben gibt es in allen größeren Städten und touristischen Zentren Schottlands *Area Tourist Boards*, die detaillierte Auskunft über die jeweilige Region geben. Schließlich gibt es in Schottland über 100 *Tourist Information Centres*. Im Anschluß an jede Tour sind unter den »Nützlichen Informationen«, die jeweils nächsten Tourist-Informationen angegeben, die zudem auf den Karten 1:50000 und in den Orten selbst durch ein blaues *»i«* kenntlich gemacht sind.
Die Bundesrepublik Deutschland unterhält in Schottland eine konsularische Vertretung unter der Anschrift:
Generalkonsulat der Bundesrepublik Deutschland, 16 Eglington Crescent, Edinburgh EH12 5DG, Tel. (0131) 3372323.

Einen aktuellen *Wetterbericht* kann man unter der Tel.-Nr. (0891) 333197 erhalten.
Eine 6-Tage-Vorhersage läßt sich unter der Tel.-Nr. (0891) 5009 abrufen, mit den zweistelligen Zusätzen
21 für Argyll
22 für Edinburgh und Fyfe
23 für die Grampian Mountains
24 für das Spey Valley und Inverness
25 für den Nordwesten und die Hebriden

Landkarten und Stadtpläne

Die Kartenskizzen im Buch dienen nur zur Orientierung des Routenverlaufs. Sie können die topographischen Karten 1:50000 nicht ersetzen. Außer Übersichtskarten, die in jeder Buchhandlung erhältlich sind und dem Überblick über die Verteilung der 38 Routen auf Schottland dienen, sind für die Wanderungen die Blätter der *Landranger 1:50000* erforderlich. Es sind ausgezeichnete Karten mit einem hervorragenden Druckbild, sehr detaillierter Höhenliniendarstellung (alle 10m) und großem Inhaltsreichtum. Die Blätter erscheinen 6farbig, Gewässer und Vegetation differenziert, Straßen 5farbig klassifiziert, Einzelhausdarstellung, touristische Informationen in Blau, Legende dreisprachig (engl., dt., frz.). An Qualität kann mit diesem kartographischen Werk nur noch die Landeskarte der Schweiz 1:50000 konkurrieren. Die Landranger ist ein äußerst zuverlässiger Begleiter für die Wanderungen im offenen Land.
Für die Regionen II bis VII benötigt man folgende Blatt-Nrn.:
Region II: 56 und 57;
Region III: 51 und 57;
Region IV: 35 und 36;
Region V: 9, 15, 16, (19), 20, 21, 26;
Region VI: 23 und 32;
Region VII: 33, 41, 49, 55 und 56;
insgesamt 17 Blätter. Der Preis pro Blatt betrug 1997 DM 19,50. Will man für alle Regionen die Karten auf einmal beschaffen, so wären also DM 331,50 erforderlich. Aber kaum jemand wird wohl alle 38 Routen in einem einzigen Aufenthalt absolvieren wollen, so daß sich die Anschaffung verteilt.

Für die Gebirgstouren 12 und 13 kann zusätzlich die Spezialkarte *Aviemore and the Cairngorms 1:25000* von Nutzen sein.

Alle Karten können bezogen werden durch das *Internationale Landkartenhaus (ILH)/Geo Center GmbH*, Postfach 800830, 70563 Stuttgart, Tel. (0711) 78194610. In den schottischen Buchhandlungen erhält man die Karten etwas preisgünstiger. Stadtpläne kauft man am besten in den Buchhandlungen, Information Centres oder Reisebüros der betreffenden Orte.

Literaturverzeichnis und Literaturnachweis

Die in deutscher und vor allem englischer Sprache über Schottland erschienene Literatur ist in ihrer Fülle kaum zu überblicken. Hier werden nur die wichtigsten Bücher, gegliedert in Sachgebiete, aufgeführt:

Reiseliteratur

1. *Baumann, Peter / Hoyer, Ole / Snowdon, Wendy:* Schottland, Highlands und Islands, Herder Verlag, Freiburg
2. *Cordes, Holger / Grosswendt, Antje / Braun, Andreas:* Schottland-Reisehandbuch, Rump Verlag, Bielefeld
3. *Grieben:* Schottland, Grieben-Reiseführer 284, Grieben Verlag, Ostfildern
4. *Hahn, Karl:* Schottland und seine großen Meister, Reiseeindrücke aus dem »Bonnie Scotland«, Rita Fischer Verlag, Frankfurt
5. *Jipp, Karl E.:* Nessie – das Rätsel von Loch Ness, Bertelsen-Jipp Verlag, Stuttgart

6. *Kalkhoff, Andreas:* 7 mal Schottland, Piper Verlag, München
7. *Kalkreuth, Barbara von:* Schottland, in der Reihe »Preiswert reisen«, Hayit Librif, Köln
8. *Latja, Hans:* Schottland, Polyglott-Verlag, München
9. *Kamm, Antony:* Schottland, Leben und Landschaft in Bildern (aus dem Englischen von Erwin Tivig), Belser AG, Stuttgart
10. *Kockskämpfer, Oliver:* Schottland (Travel Infos für Abenteurer, Bd. 38), R. Schettler Verlag, Hattorf
11. *Kohlmann, Barbara:* Schottland, Mit Hebriden, Orkney- und Shetland-Inseln, Artemis Kunst- und Reiseführer, Artemis, München
12. *Mehling, Franz N. von* (Herausgeber): Knaurs Kulturführer Großbritannien und Irland, Droemersche Verlagsanstalt Th. Knaur Nachf., München
13. *MERIAN:* Schottland, Merianheft 6/93, Hoffmann und Campe Verlag, Hamburg
14. *Ohff, Heinz:* Gebrauchsanweisung für Schottland, Piper Verlag, München
15. *Poziemski, Friederike und John:* Schottland, in der Reihe »Richtig wandern«, DuMont Buchverlag, Köln
16. *Rappel, Franz:* Schottland-Reisetips, M. Velbinger Verlag, Gräfelfing
17. *Rau, Werner:* Quer durch Schottland, Werner Rau Verlag, Stuttgart
18. *Rausch, Barbara / Schue, Anja / Brauch, Thomas:* Schottland, Ein Reisehandbuch, Barbara Rausch Verlag, Wetzlar
19. *Sager, Peter:* Schottland, DuMont Kunst-Reiseführer, DuMont Buchverlag, Köln
20. *Sahla, Peter / Raach K.H.:* Schottland (Bildband), Bruckmann Verlag, München
21. *Seiwert-Fauti, Udo:* Schottland, Eine »heimliche Liebe«, Manfred Schmitz Verlag, Gießen
22. *Schroeder, Konrad:* Schottland mit Hebriden, Orkney und Shetland, Kohlhammer Kunst- und Reiseführer, Kohlhammer, Stuttgart
23. *Sotschek, Ralf:* Schottland, Schroeder-Reiseführer, Bruckmann Verlag, München
24. *Stewart, Julie:* Schottland, in der Reihe »Merian super reisen«, Gräfe und Unzer, München
25. *Storer, Ralph:* 100 best routes on Scottish mountains, Warner Books, London
26. *Wocker, Karl H. / Fuhrmann, Rainer / Stewart, Julie:* Schottland, dtv Merian-Reisebücher, Nr. 3716, dtv, München

Geschichte

1. *Haute, Karl:* Auf den Spuren der Kelten, erschienen im BuchJournal 4/1992, Wilhelm Heyne Verlag, München
2. *Schreiber, Hermann:* Schottland, Geschichte eines Landes am Rand Europas, C. Katz Verlag, Gernsbach
3. *Sturm, Roland:* Nationalismus in Schottland und Wales, Brockmeyer Verlag, Bochum

Am Anfang der Wanderung zum Idrigill Point läuft man noch auf einem breiten Fahrweg am Loch Bharcasaig entlang (Tour 30).

Carbisdale Castle ist das Flaggschiff der Scottish Youth Hostel Association.

Literatur und Musik

1. *Burns, Robert:* The complete illustrated Poems, Songs & Ballads, Chancellor Press for Lomond Books, London

2. *Fontane, Theodor:* Jenseits des Tweed, entnommen aus: Werke, Schriften und Briefe, Abteilung III, Wissenschaftliche Buchgesellschaft, Darmstadt

3. *Hagemann, Susanne:* Die schottische Renaissance, Literatur und Nation im 20. Jh., Peter Lang Verlag, Bern

4. *Hensel, P.:* Die Familie Mendelssohn 1729 bis 1847, Band 1 (1911), Berlin

5. *Scott, Sir Walter:* The Lady of the Lake and other poems, Airmont Publishing, New York

Nachwort

Unser Dank gilt allen Tourist Information Centres in Schottland, die uns mit detaillierten Auskünften vor Ort behilflich waren. Zu wertvollen Informationen, besonders in der Aussprache gälischer Namen, halfen uns:

Mrs. Sìne Allan und Mr. Peadar Morgan, beide am Comunn na Gàidhlig, Inverness;

Mr. Guy Tindale, bis 1992 University of St. Andrews;

Dr. Gabriele Böhme, Akademische Rätin am Romanistischen Institut der Universität Stuttgart.

Aus einigen Werken haben wir uns erlaubt zu zitieren, so aus dem Kunst-Reiseführer »Schottland« von *Peter Sager* (DuMont-Verlag, Köln) oder aus dem Bildband »Schottland« von *Peter Sahla* und *Karl-Heinz Raach* sowie aus dem »Schroeder-Reiseführer Schottland« (beide Bruckmann Verlag). Was den bei DuMont in der Reihe »richtig wandern« erschienenen Schottland-Band von *Friederike und John Poziemski* betrifft, so waren wir bemüht, zu ihm nicht in Konkurrenz zu treten, sondern dieses Buch als Ergänzung zu verstehen. Nur bei 7 der 43 DuMont-Wanderungen gibt es Überschneidungen mit unserem Buch, weil man ohne sie auf die attraktivsten Gebiete Schottlands verzichten müßte.

Gaienhofen, November 1993
und Januar 1998
Dr. Henning und Ronald Böhme

Ortsregister

Gerade Zahlen sind Textverweise; *kursive* Zahlen verweisen auf Abbildungen; **fette Zahlen** bedeuten, daß hier ausführlich auf das Stichwort eingegangen wird.

Personenregister

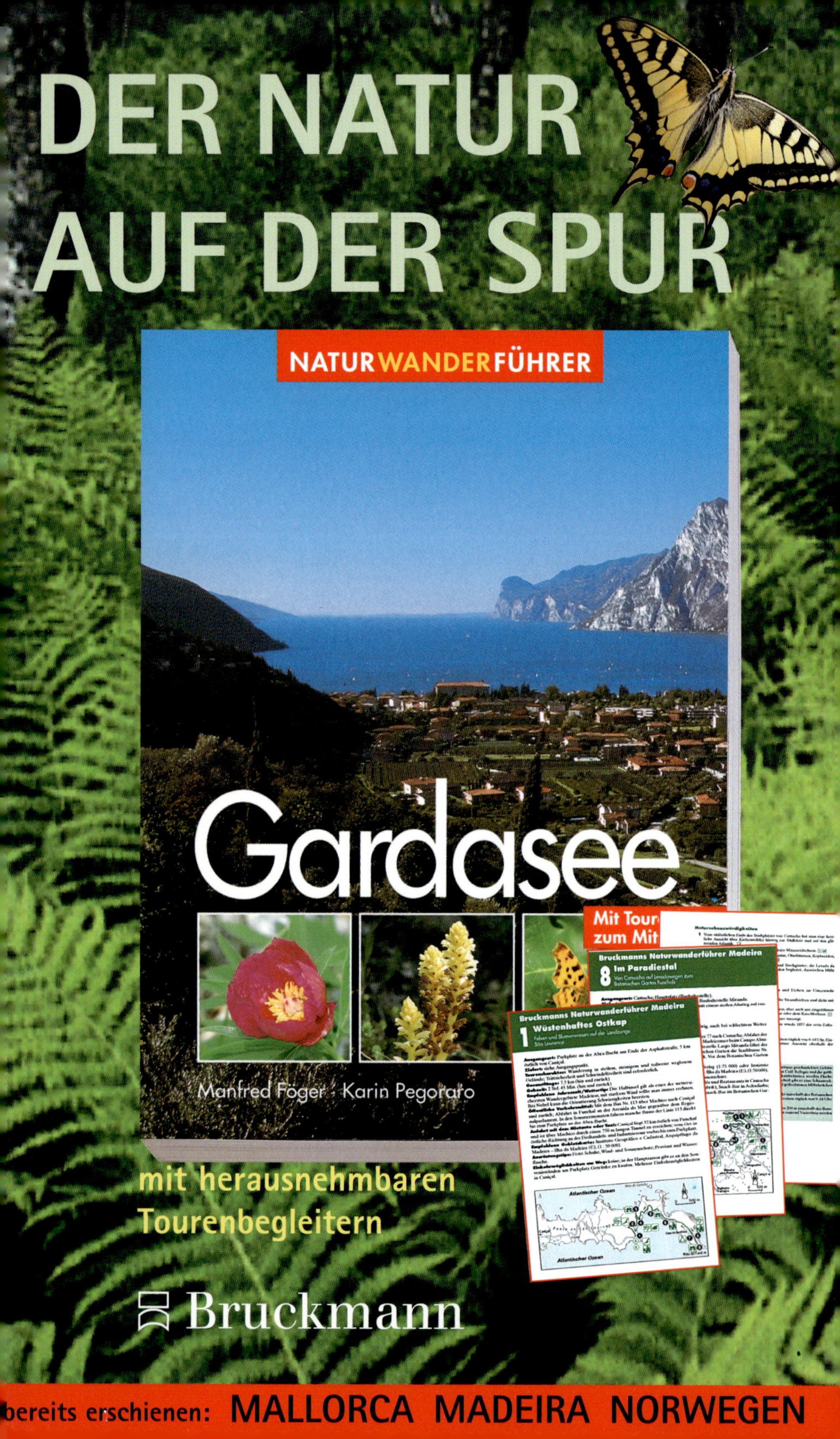
DER NATUR
AUF DER SPUR
NATURWANDERFÜHRER
Gardasee
Manfred Föger · Karin Pegoraro
Bruckmanns Naturwanderführer Madeira
8 Im Paradiestal
Bruckmanns Naturwanderführer Madeira
1 Wüstenhaftes Ostkap
Atlantischer Ozean
mit herausnehmbaren
Tourenbegleitern
Bruckmann
bereits erschienen: MALLORCA MADEIRA NORWEGEN